国家出版基金项目
NATIONAL PUBLICATION FOUNDATION

北流亡文学史料与研究丛书·史料卷

端木蕻良年谱

曹革成 著

北方联合出版传媒(集团)股份有限公司
春风文艺出版社
·沈阳·

主　编　张福贵
史料卷主编　李霄明

图书在版编目（CIP）数据

端木蕻良年谱/曹革成著. —沈阳：春风文艺出版社，2020.3（2022.2重印）
（东北流亡文学史料与研究丛书）
ISBN 978-7-5313-5719-3

Ⅰ. ①端… Ⅱ. ①曹… Ⅲ. ①端木蕻良（1912-1995）—年谱 Ⅳ. ①K825.6

中国版本图书馆CIP数据核字（2019）第268431号

北方联合出版传媒（集团）股份有限公司
春风文艺出版社出版发行
http://www.chunfengwenyi.com
沈阳市和平区十一纬路25号　邮编：110003
永清县晔盛亚胶印有限公司印刷

责任编辑：姚宏越　刘 维		**责任校对**：曾　璐	
封面设计：马寄萍		**幅面尺寸**：155mm × 230mm	
字　　数：251千字		**印　　张**：17.5	
版　　次：2020年3月第1版		**印　　次**：2022年2月第2次	
书　　号：ISBN 978-7-5313-5719-3			
定　　价：58.00元			

版权专有　侵权必究　举报电话：024-23284391
如有质量问题，请拨打电话：024-23284384

前　言

　　没有想到收集整理撰写叔父端木蕻良先生的年谱，从20世纪80年代开始，到现在整理出一部目前最完整的年谱，经历了近40年的时间。端木蕻良一生经历繁复、创作丰富。多年来缺少有关他的一部完整、相对准确的年谱，严重影响了对他的全面了解，也使理解他作品的产生背景、创作心理、创作环境等等缺乏清楚、真实、准确的依据，给研究造成许多障碍。

　　要编一部端木蕻良年谱的起因是很有意思的。20世纪70年代末，经过十年"文革"，国内文坛一片荒芜。众多老作家已经销声匿迹多年，读者迫切需要知道他们的近况。1980年，广东花城出版社给叔父端木蕻良和婶母钟耀群来信，提出要编一本《文坛老将》，收入有巴金、沈从文和端木蕻良三人的资料。每个人是三部分：一是作家本人的一篇作品，二是几篇近期介绍作家本人的文章，三是作家本人的著作简目。当时，端木蕻良已经完成长篇小说《曹雪芹》上卷，正在全力以赴地撰写中卷，近70岁的老人本来就是带着病体工作，自然没有精力。为《文坛老将》准备稿件又成了端木夫人钟耀群的一项任务。钟耀群已经非常忙了，一边要给端木蕻良到处联系，收集有关曹雪芹的资料；一边整理《曹雪芹》文稿，同时还要整理他要发表的散文等文章；另外，还有大量的对外书信联系，更不要说还要接待络绎不绝的登门拜访的海内外亲朋好友。

　　花城出版社需要端木蕻良本人的作品，是没有困难的。从1979年到1980年，端木蕻良在撰写小说《曹雪芹》上卷的同时，仅发表的散文、回忆、红学研究等等已经有40多篇。介绍他的文章，从1976年到1980年，仅香港方面写端木蕻良的文章就有40多篇。内地报刊上1980年发表介绍端木蕻良的文章也有十几篇。倒是提供端木蕻良著作简目，让钟耀群犯愁了。钟耀群是1960年和端木蕻良相识，半年后结婚的。婚后，一个在北京，一个在昆明，分居14年。"文革"刚刚结束，百废待兴，他们老两口就投入《曹雪芹》的写作中来，仅仅为创作，已经让钟耀群精疲力竭了。在与海内外新老朋友联系接触中，钟耀群已经深切感到自己对丈夫过去的文学成就了解得太少了，人家一问，多是答不上来，因此开始着手收集端木蕻良过去的作品。就在这个时候，花城出版社需要提供端木蕻良著作简目，钟耀群感觉压力太大了。端木蕻良对自己的作品，一直是只专注耕耘，写出来发表就得，基本不收集。1949年以前，许多作家一年出版一个集子，把自己一年里的作品收集保存了下来。端木蕻良除了1937年巴金和1939年郑伯奇给他出版了两部短篇小说集外，其他短篇都散失了，更不要说什么散文、回忆、评论等文章了。根据端木蕻良的零星记忆，钟耀群开始给香港、上海、重庆等当年端木蕻良写作发表比较集中的地区的朋友写信，请求收集、提供端木蕻良当年的作品。当时内地文化单位刚刚在恢复，倒是香港的朋友和美国的朋友复印来端木蕻良一些老作品。没有办法，钟耀群勉强交出了一份简目。里面提供的作品，除了长篇小说外，其他少得可怜。如除了两部短篇小说集，未收集的短篇小说只提供了4篇，其中还有两篇是1949年以后的作品。散文只提供了10篇，另有剧本8部。长篇小说《新都花絮》还列在中篇小说集里。为了扩大影响，引发海内外读者关注，帮助提供端木蕻良的作品信息，钟耀群将这个著作简目发表在《花城》杂志1980年第7期上。这期出了一个端木蕻良的专刊，同期登有秦牧、黄伟经、彭燕郊写的关于端木蕻良的文章和诗作。著作简目虽然简陋，却是端木蕻良创作生涯中的第一次，意义自然不言而明。《文坛老将》一出版，海内外立刻有了反响，纷纷对端木蕻良著作简目内容缺失太多表示遗憾，香港的许定铭还发表了《钟耀群：〈端木蕻良著作简目〉补遗》。

当年，从北大荒知青点回来的我正在哈尔滨师范大学历史系读书。每年寒暑假来北京与妻子团聚，隔三岔五就去叔叔端木蕻良家。婶母钟耀群对我说："看来不搞一个端木生平和著作年谱说不过去了。现在常常有人来家采访，了解端木的生平和过去著作情况。靠你叔叔每次讲，他也受不了；另外太占时间，《曹雪芹》还写不写啦？"这样，我和钟耀群有个大致的分工：她侧重现在的端木蕻良的作品和海内外发表的关于端木蕻良的文章报道，我侧重1949年前后的。我一边从端木蕻良的各种回忆文章中摘录他的经历和作品，一边从端木蕻良和我父母、伯父伯母以及亲友的口述中，记录家族的历史和端木蕻良的生平。正是在这个时候，1980年年底，河南师大的老师周启祥先生邮来一份当时令我们相当震撼的《端木蕻良创作年表》打印稿，收入了长篇小说6部、短篇小说40部、散文72篇、戏剧9部、论文41篇。1981年1月10日，钟耀群托人将这份资料带到哈尔滨转交给我，我兴奋地开始了新时期以来的第一篇日记，上面写着：这份年表"是我所见到的年表中最详细的一份"。这样结合我们自己的收集，一下子就让端木蕻良生平年表和作品目录粗具规模了。

1982年1月，我大学毕业分配到北京工作后，与钟耀群合作，收集、整理端木蕻良的生平与著作目录的进度开始加快。同年3月，辽宁学者任惜时首先在《辽宁大学学报》发表长文《端木蕻良的家世和生平》，接着李兴武和还是四平师范学院学生的沙金成分别发表《端木蕻良年谱》。他们都来拜访过端木蕻良，了解和确认端木蕻良先生生平的一些不确定之处。虽然离一份完整准确的年谱差距还非常大，字数不过万余，但是已经打下一个良好的基础。

同时期，又有许多友人和读者提供资料，有关端木蕻良的资料越来越丰富了。譬如有关端木蕻良在香港时期的资料，早在1981年4月，华岗夫人谈滨若邮来1940年至1941年，萧红和端木蕻良从香港给当年在重庆的华岗邮寄的9封书信。当时，有关20世纪40年代端木蕻良与萧红在香港活动的资料非常稀少，这9封信，不但为人们了解他们在香港前期的活动提供了十几条内容，也提供了他们有关创作、办刊、交往、生活态度、工作情绪等方面的宝贵信息。后来陆续有香港刘以鬯、小思、周鲸文、马鉴及张慕辛、沙逊（美国）、杨玉峰、苏珊娜·浩（英国）等人的回忆、考证，大大丰富了端木蕻良在香港期间方方面面的资料。特别是刘以鬯先生提供了端木蕻良在香港时期的创作情况，小思提供了端木蕻良参与香港文协活动的详细信息。1985年，我在《呼兰师专学报》发表《端木蕻良和萧红创作生活年表》，里面有关端木蕻良在香港期间的记录，就是这一成果的体现。后来得到萨空了先生的《香港沦陷日记》，基本把1941年年底至1942年年初太平洋战争期间的香港惨烈情况按日期列出，更加清晰地记录了端木蕻良为照顾重病的萧红所付出的常人无法想象的艰辛，以及香港地下党对二人的援助和关心。

再如现在是南京大学教授的沈卫威当年为写《端木蕻良传》，从20世纪30年代南开中学《南开双周》上找到端木蕻良中学时代发表的多篇文章和广告、通知等，涉及端木蕻良当年在南开中学活动的极其珍贵的资料。他慷慨地全部复印给我一份。我将其准确详细地补充进了端木蕻良年谱里面。其中，确认了作为学生的端木蕻良确实担任过《南开双周》总编辑；端木蕻良当年所住的宿舍，正是周恩来在南开中学读书时住过的宿舍，现在辟为周恩来在南开中学活动的一处纪念地；还发现端木蕻良在《南开双周》上发表的目前所知是他第一个剧本的《斗争》。

桂林时期是端木蕻良失去妻子萧红后，陷入怀念和孤寂的苦闷阶段，也是他改变写作风格，创作出不少隽永作品的重要阶段。当时，我们收集到的大多是他发表在桂林的作品，而生平活动的资料非常少。1985年柳亚子先生的《磨剑室诗词集》出版，柳老先生编年式的诗词和诗序里，提到端木蕻良的地方太多了，马上丰富了端木蕻良年谱在桂林时期的内容。后又有当年在遵义上学的陈福彬的多篇回忆和陈耀寰的日记，把端木蕻良在遵义时期的空白填补上了。

还应该提到的是，韦韬提供了整理茅盾先生遗物中发现的端木蕻良20世纪30年代在上海时期给茅盾的12封书信；袁权女士发现了30年代端木蕻良在上海、江浙、西安等地给胡风的13封书信，1941年端木蕻良和萧红寄给上海许广平的哑剧《民族魂鲁迅》手迹誊写本；还有朋友分别提供了完整的1933年端木蕻良和战友创办的北平左联刊物《科学新闻》复印件、1941年端木蕻良在香港主编的香港文协刊物《时代文学》的全部目录；等等。我从家里也找到了全套的1948年至1949年年初，端木蕻良在上海与石啸冲、张慕辛及我父亲创办的《求是》杂志。这些都极大地丰富了端木蕻良在有关时期的生平与创作内容。

1985年以后，随着端木、钟耀群夫妇年老体衰，投入《曹雪芹》和其他文章的精力越来越多，应酬也越来越多，端木蕻良年谱的收集整理工作就完全交由我来做了。到2012年，端木蕻良先生诞辰百年的时候，他的年谱经过多年的整理、甄别、补充、收集，已经达到十几万字的规模。尽管还是有许多缺项，但我已经尽力。这样的成果收入在铁岭市政协主编的《永远的怀念——纪念端木蕻良诞辰一百周年专辑》自印集里。2013年又得《新文学史料》主编郭娟和王培元兄的支持，在该刊物分4期连载。

这次春风文艺出版社魄力很大，要出版"东北流亡文学史料与研究丛书"，推进东北作家的研究和在海内外的影响力，邀请我编辑整理一部端木蕻良年谱。这些年，我的主要精力放在小说创作上，对于端木蕻良和萧红，虽然还关注和研究，但已经不是全力以赴地去做了。不过，我还是一直梦想，与人合作编辑整理一部端木蕻良年谱长编。因此，这次有正式出版年谱的机会，我还是很珍惜的。我放下正在进行的创作，又把原来的端木蕻良年谱检视一遍，略加修改补充，加进这几年收集到的内容后，就请我的朋友袁培力去把关了。

为什么要请袁培力来把关呢？我和袁培力相识于2012年1月。那些年，萧红传记一本本地出版，有关萧红情感的文章一篇篇地见诸报刊，内容多是道听途说，人云亦云，反复炒冷饭，那个真正的萧红完全被掩盖其中了。这时偶然看到了袁培力在新浪的博客，他博客的署名叫"樵夫"，我发现他是专门收集萧红资料的。他收集资料的特点是细致深入，提供不少当时极少人看到过的资料，分析过程有根有据，得出的结论往往与众不同，严谨、有力，推翻了许多加在萧红和端木蕻良身上的不实之词，给我留下深刻印象。这样我主动在博客上与他建立了联系。他应该是自学成才，他的最新成果《萧红年谱长编》刚刚由陕西人民出版社出版，现在他成为名副其实的收集和研究萧红生平最全面的行家之一了。他收集萧红的资料，自然也就涉及端木蕻良，我就请他把有关端木蕻良的资料给我，同时我们遇到疑问也互相交流。他慷慨无私，又是收集资料的行家里手，使我获益不小。我这边的端木蕻良年谱自然就又不断得到细化和充实。

2012年9月，辽宁省昌图县召开纪念端木蕻良诞辰百年大会和学术研讨会，有国内外70多位专家学者与会，我也提议邀请袁培力和袁权女士参加。袁培力提供了两篇考证文章《端木蕻良在西安》《端木蕻良与抗战三幕剧〈突击〉》。1938年春天，端木蕻良在西安的时间虽然不长，却是他人生旅途上一个节点。萧红与萧军彻底分手，与端木蕻良结合就发生在这里。因为待的时间短，一些资料语焉不详，端木蕻良从临汾到西安再与萧红回武汉的时间、活动都无法细化。而袁培力结合袁权找到的端木蕻良给胡风的书信，把这段时间人物活动、落脚地点等等条理清楚地一一析出，并且把话剧《突击》上演的详细经过、当时报刊的反响整理出来，特别是基本搞清楚了端木蕻良对这部话剧创作的贡献。这样学术态度严谨又有丰硕成果的行家，我当然要请他来把关。有他《萧红年谱长编》的成果和经验，我也愿意与他合作，把端木蕻良年谱再提高一个档次。

果然不负我的期望。袁培力在通读年谱的基础上，特别在1949年以前资料难寻的地方给予了很多补充。他在过去的报刊上找到当年关于端木蕻良的各种报道有一二十条。另外，他从网上把南开中学的《南开双周》完整地查询一遍，纠正了过去没有注意的错讹；通过萧军、胡风等人的日记和一些当事人比较难寻的书信、回忆，把1938年西安时期，端木蕻良与萧红、聂绀弩、艾青、萧军、丁玲等人的活动、发生时间、所在地点等脉络进行了更加准确清晰的梳理，纠正了不少过去似是而非的错误推论。他又把1938年至1939年端木蕻良与复旦大学的教学联系，编辑《文摘》文艺副刊的时间和内容，后又与靳以合作编刊的来龙去脉都非常不易地搞清楚了。考虑到1949年前的资料多不好寻找，许多事实不为读者了解，他还特别在每年的谱后增加了注释，以提高年谱内容的可信度。相信广大读者都明白，凡此种种，这样的工作都不是以文字的多少来衡量的。培力为这部《端木蕻良年谱》贡献了他多年的辛勤所得，成为这部年谱的合作者是理所当然的！

正是由于海内外朋友的大力协助，经过我们披沙拣金、集腋成裘的不懈努力，今天终于可以拿出一部目前应该说很有分量和质量的20多万字的年谱，来告慰端木蕻良先生，报答广大读者的殷切期待了！当然考虑年谱的容量，还有不少资料未收入。将来，我们若能看到钟耀群新时期以来的日记，看到那些不同时期的当事人的日记书信，能整理出端木蕻良本人的日记和尽可能全的来往书信、创作遗稿等资料，相信编著一部《端木蕻良年谱长编》不是不可能的。现在的年谱存在疏漏、舛错依旧难免，尤其间接转录的资料还是缺乏严格的考证与鉴别的，只能有待于以后的发现和补正。同时恳请专家学者和广大读者给予指正补充。

曹革成

凡 例

1. 本谱按公历纪年。

2. 谱主岁数为实龄。

3. 本谱表示大概时间范围词语："初"，为前3天；"底"，为后2天；"旬"，每月三旬；四季各按3个月记，"春"为公历3、4、5月，"夏""秋""冬"以此类推；"月""年"为自然月、年。

4. 本谱罗列目前所见的有关谱主生平的全部资料；谱主许多文章有显而可见的自述性质，审慎辑录采用。

5. 谱主作品，以写作时间入谱，同时发表时间一般也入谱；写作时间不详的，以发表时间入谱；注明初刊时间与报刊。

6. 本谱记事，遇同一时间有多条性质不同的事项者，另起单列。

7. 谱主著译、活动等日期和书刊报章卷期，一般用阿拉伯数字标记。

8. 本谱引用的原文，均以引号标示。

9. 本谱引用的原文中以前的语法习惯一概不做改动。

10. 本谱1949年以前部分，引用资料，适当备注详细出处；本谱注释采取年后注；一些必要注释采取括号加注。

11. 本谱人物，一般统称姓名或笔名，不加其他称谓。

端木蕻良年谱（1912—1996）

1912年（出生）

9月25日（农历八月十五中秋节） 端木蕻良出生于辽宁省科尔沁左翼后旗昌图县鸳鸯树乡和厚社苏家屯（今辽宁省昌图县下二台乡月亮村）一个地主家庭。取乳名兰柱（"拦住"的谐音）[1]，排行老四，上有3位哥哥，还有一位同父异母的大姐。父亲曹大凯，本名曹铭，字仲元。母亲黄遁玉，又名春仙，满族，曹家佃户出身，被曹大凯抢亲为妾。端木蕻良曾致信鲁迅说到母亲："我的母亲是一个被高贵的族从佃农的家里掠夺的女儿，从我有记忆那天起，她就告诉了伊身世的哀怨。"[2] 曹家子弟取名中间嵌一"汉"字，端木蕻良幼年取名曹汉文，另有一名为曹志兴。

10月中旬 因农村闹土匪，为了躲避，父亲曹大凯趁暴风雨，连夜举家搬入昌图县城，租住一个倒闭的当铺财东马志钧家的房子。由于途中受了惊吓，母亲黄遁玉奶水吓回去了，只好给端木蕻良喂炼

---

[1] 端木蕻良口述、钟耀群整理《自传》，载赵杰、王金屏主编《璀璨的星辰》，辽宁人民出版社，1995，第92页。

[2] 端木蕻良1936年7月10日致鲁迅信，载周海婴编《鲁迅、许广平所藏书信选》，湖南文艺出版社，1987，第206页。

乳,端木蕻良说他是吃英国"鹰"牌炼乳长大的。①

1913年（1岁）

年内　曹大凯正妻王氏病故,端木蕻良生母黄逎玉扶正。端木蕻良写道：父亲"原配死后,还要娶别的女人,不过,我母亲出来争得主妇身份之后,想到自己生的孩子,怎能容别的女人来虐待?就都给搅散了"②。

1915年（3岁）

妹妹曹志儒出生。

听哥哥们背诵白居易咏凌霄花的诗,自己也学会了,虽然不解其意。

1916年（4岁）

春　学会唱反对袁世凯复辟帝制的儿歌。

1917年（5岁）

曹家搬进昌图县城聚兴成大院,院子很大,住有十几户人家,中间的院落,可以停十几辆马车,端木蕻良回忆道："我们住在高台阶上坐北朝南的五间正房里,我不记得是怎样搬过去的,但是,我记得

---

① 端木蕻良：《思念妈妈片断》,载《友情的丝》,花城出版社,1993,第3—4页。

② 端木蕻良：《思念妈妈片断》,载《友情的丝》,花城出版社,1993,第4页。

在傍晚时,父亲在房前砖地上,放好地桌,独自喝茶,他很喜欢饮酒品茶。"①大院东边住着一家朝鲜人,母亲黄遁玉和他们有来往,她告诉端木蕻良他们亡国了,活不下去,逃到这里来,端木蕻良第一次从母亲嘴里听到"亡国"这个词。

随三哥听家庭塾师讲课。端木蕻良回忆道:"我的大哥、二哥在读县立小学的时候,父亲为他俩特请一位家庭教师,教他们一些在学堂里面学不到的东西,如对对子、旧体诗词、典故文之类的。另外,哥哥们还到堂姑姑们那里学唱歌。我在学龄前,就从他们读书声和唱歌声中,熟悉了许多自己并不理解的东西。比如:'澹澹长江水,悠悠远客情。落花相与恨,到地一无声。'"②

父亲教他对对子、猜谜语,给他讲徐文长、纪晓岚、蒲松龄、王尔烈等人的故事。哥哥们玩变戏法、放烟火等游戏,亦给端木蕻良留下深刻印象。

1918年(6岁)

入东学堂小学(后改名县立第一高初两等小学校)读书,学校设在天齐庙。端木蕻良回忆道:"我没有扎过小辫,没有读过四书。我读的是商务印书馆出版的共和国教科书。第一册就是'人、口、足、刀、尺',还附有一页五族共和、印着红黄蓝白黑条纹的国旗。"③在学校上音乐课,一首歌给端木蕻良留下了很深感受,他还记得歌词大概是:"微雨微情,微语杏花天。杨柳绿,草青青,奇花满地铺。读书乐,唱春歌,山水之间,明媚十九成。"④端木蕻良从小就对歌词很敏

---

① 端木蕻良:《思念妈妈片断》,载《友情的丝》,花城出版社,1993,第7页。
② 端木蕻良:《小学一页》,香港《大公报》1995年12月13日。
③ 端木蕻良:《我眼中的清王朝》,载《端木蕻良文集7》,北京出版社,2009,第32页。
④ 端木蕻良:《小学一页》,香港《大公报》1995年12月13日。

感,大约因此,后来他写了许多歌词,最著名的是《嘉陵江上》。父亲把自己收藏的孙中山倡导革命的照片和宣传画,以及太平天国编印的《三字经》拿给端木蕻良看。

1919年（7岁）

母亲鼓励他好好识字,将来把母亲受的苦都记下来。

在一刘姓教师指导下,每天学写大楷字,并从堂姑的家庭教师李载阳学作旧体诗。①

"五四"期间,曾经打着上面写着"勿忘国耻,还我河山"的小旗参加学校组织的游行示威。父亲经常向子女揭露日本妄图侵略中国的阴谋。端木蕻良回忆说:"我父亲是个革新派,他敬仰太平天国、孙中山、黄兴。他很佩服刺杀伊藤博文的朝鲜人安重根,他重金买了他的照片保留了起来。我父亲特别反对袁世凯,他认为北洋军阀是军人割据的开端。"②

舅舅们和表哥们常从老家苏家屯来曹家做杂役,端木蕻良由此感触曹家与黄家的贫富对立。

受哥哥们的影响,喜欢看家乡的皮影戏,并与哥哥们自做纸板的"影人"。还热衷于剪纸、画花样等工艺。

1920年（8岁）

曹大凯在昌图城北小壕子的杏树园子胡同买了一院宅子,全家搬了过去。这院子本是端木蕻良姑姑的陪嫁房,姑姑死了,家道中落,姑父家要卖这个院子,却不先告知曹家。但按民间传统,亲戚有优先

---

① 沙金成:《端木蕻良年表》,载《东北新文学初探》,吉林文史出版社,1989,第158页。

② 端木蕻良:《我眼中的清王朝》,北京《民族团结》月刊1996年第2期。

购买权，曹大凯硬把房子买了下来。端木蕻良想在院子里种果树，但父亲从安全起见支持母亲种菜的想法，这样院子就成了菜园。端木蕻良回忆说："这样我便只能在菜园中间种几棵小柳枝，使它成活，然后，在那儿修小桥、做假山，和妹妹一起玩。"① 曹家西边是西河沟，北边是清朝武将僧格林沁的祠堂，东边有老爷岭遥遥在望。端木蕻良后来曾经在西河沟躺在一棵倒在水面的树上，看完了鲁迅的小说集《呐喊》。②

春　二哥曹汉奇小学毕业，曹大凯送曹汉奇和大哥曹汉庭去天津就学，考入南开中学预科初三补习班。

1921年（9岁）

开始读古典小说。端木蕻良回忆道："父亲还有间藏书室，孩子们是不允许进去的。我在八九岁时，就会乘父亲不在家时溜进去看书，《红楼梦》就是那会儿偷看的，懂与不懂，都生吞活剥地一股脑儿往下咽，还看了《镜花缘》《花月痕》《孽海花》等。因为哥哥们都到天津去上学了，藏书室就成了我最爱去的地方。"③

对大自然产生特殊的爱好。关注星空、四季、动物、植物、土壤等的构成和变化。制作"七巧板""飞灯"等。

二哥曹汉奇考入南开中学初三年级，从此曹家与天津南开有了不解之缘。

---

① 端木蕻良：《思念妈妈片断》，载《友情的丝》，花城出版社，1993，第14页。
② 端木蕻良：《有人问起我的家》，上海《中流》半月刊1937年5月第2卷第5期。
③ 端木蕻良口述、钟耀群整理《自传》，载赵杰、王金屏主编《璀璨的星辰》，辽宁人民出版社，1995，第93页。

1922年（10岁）

自学绘画，曾画《韩康卖药图》《探梅图》等，按《广艺舟双楫》的方法练字读帖，仿丹麦安徒生做剪纸等。

夏　去天津读书。端木蕻良回忆说："我10岁那年，在昌图小学读书还没毕业，父亲就决定送我到天津去上学。母亲有些舍不得，因为三个哥哥都已经送出去了，但父亲却以儿子前途为重。"[1] 其时，三哥曹京襄初小毕业。二哥曹汉奇和大哥曹汉庭力主两个弟弟去天津读书，于是父亲曹大凯中断端木蕻良小学学业，卖地筹措经费送曹京襄和端木蕻良去天津读书，两人进南开中学预科班学习。曹氏四兄弟租住南开寿康里，天津大都市文化和海港文化，拓展了端木蕻良的视野。

1923年（11岁）

春　考入美国美以美教会办的汇文中学，端木蕻良说："本来也想考入南开中学的，但哥哥们商议，认为县立小学程度差，先补习一下再考，后来又商议，汇文中学比南开容易考，就报考汇文，免得考不上南开白白蒙受一次打击。第二年，我便考上汇文，开始在天津读初中了。"[2] 端木蕻良是走读生，仍与哥哥们住在南开寿康里，下学后，总在南开活动，在南开大操场上跑圈，和南开义塾的小学生踢野球。端木蕻良开始广泛接触新文化，接受"文学研究会"的"为人生而艺术"的主张，关注胡适等人的红学争论，喜看外国电影和南开学校自己演出的新话剧，学写白话诗，曾经聆听梁启超等人在南开的讲

---

[1] 端木蕻良口述、钟耀群整理《自传》，载赵杰、王金屏主编《璀璨的星辰》，辽宁人民出版社，1995，第93页。

[2] 端木蕻良：《我的中学生活》，北京《中国校园文学》月刊1992年第2期。

演。端木蕻良回忆道："这时，我陆续读到《晨报副刊》《语丝》《创造》《奔流》《小说月报》等刊物。看到鲁迅、郭沫若、茅盾等人的作品，还读了一些世界文学名著，使我大开眼界。课外几乎全部泡在文学的百花园中。《圣经》我也看，我喜欢《雅歌》。"①

本年　经曹汉奇倡议，兄弟四人集体改名，中间嵌一个"京"字，大哥曹汉庭改为曹京哲，二哥曹汉奇改为曹京实，三哥改为曹京襄，端木蕻良改曹汉文为曹京平。

本年　曹大凯为维持4个儿子的上学费用，在县城开办"储蓄亨"信托商号。

1924年（12岁）

父亲曹大凯在昌图车站商业区开设了一个信托交易所，失败，家运受到严重打击。② 按：端木蕻良1981年除夕致美国学者夏志清信中提到此事，但回忆为1926年，记忆有误。

曹大凯又做高利贷生意，经营得也不好。③ 曹大凯生意破产，无力支付4个儿子在天津的读书费用，端木蕻良与三哥曹京襄中断学业，带着许多报刊回到昌图。端木蕻良说："我在汇文只读了一年书，因为父亲做粮食'倒把'生意失败，不能同时供兄弟四个在天津上学，我和三哥就回家乡自学了。"④ 端木蕻良说："所谓自学，就是阅读二哥从天津寄回的书报杂志，特别是新出版的文学作品。他订有《晨报副刊》，也往家中寄。那时，我的兴趣都转到《晨报副

---

① 端木蕻良口述、钟耀群整理《自传》，载赵杰、王金屏主编《璀璨的星辰》，辽宁人民出版社，1995，第93页。

② 端木蕻良1981年除夕致夏志清信，载《端木蕻良文集8》（下卷），北京出版社，2009，第292页。

③ 端木蕻良：《科尔沁前史》，香港《时代批评》半月刊1941年2月16日第3卷第65期。

④ 端木蕻良：《我的中学生活》，北京《中国校园文学》月刊1992年第2期。

刊》上来了,和我的年龄极不相称,我得承认我的早熟。《晨报》合订本,几乎成了我真正的教科书。"①开始写古体诗词,学习绘画,写小说。

1925年（13岁）

阅读了二哥寄来的陈贤祥的《新教育大纲》,受到启发,开始在曹氏大家族里走动,并接触社会,了解汉、满、蒙古、朝鲜等各族、各阶层的人物及白俄、日本浪人的生活,了解家乡的政治、经济、文化、历史等方方面面,为他后来的写作,打下了深厚的知识基础。

1926年（14岁）

昌图发生白喉疫情。端木蕻良回忆道:"家乡发生了疫情——白喉,先是妹妹染上了,急忙打电报给在天津的哥哥速寄特效药来。但没等药到,妹妹就死了,埋葬她时,我拉着她手不放,母亲好不容易把我拉开。没两天,父亲也染上了白喉,同时还得了'丹毒',很快就去世了。接着我和小姑也染上了白喉,我拒绝吃家乡的汤药,只吃西药,幸亏这时哥哥们从天津回来奔丧,带回特效药,才使我和小姑得救。"②父亲去世后由于家境困难,大哥曹京哲中断了在北京民国大学的学业,回家操持家业。其后几年在北京、乐亭、绥远等地工作挣钱,维持家业和资助弟弟们的读书费用。

端木蕻良进入县立中学读书。

母亲娘家黄氏一族开始和曹家来往密切,端木蕻良从中了解到母亲一族的历史。

---

① 端木蕻良:《"五四"和我》,上海《新民晚报》1997年5月4日。
② 端木蕻良口述、钟耀群整理《自传》,载赵杰、王金屏主编《璀璨的星辰》,辽宁人民出版社,1995,第94页。

1927年（15岁）

受鲁迅《阿Q正传》影响，写出小说《真龙外传》，以"奉直战争"为背景，描写一位耳背长工的遭遇。原稿后丢失。[①]

1928年（16岁）

夏　已读南开大学的曹京实回家度假，接端木蕻良二次来天津，端木蕻良考入南开中学初中三年级三组，插班生。端木蕻良回忆道："二哥已在南开大学成为校长张伯苓的得意门生，他和校长的弟弟张蓬春商量，想接我到天津去上学，张蓬春同意我到南开中学，并说如果考不取，可先作'预备生'，等期考过了，再转为正式生。这样，我第二次来到天津，旋经考试被南开中学录取，成为初三三组插班生。"[②]"我在南开读书时，同学们每天都起得很早，到校园里读书，多半读英语，已经成为风气。……同学们自愿组成'美术研究会'，我还担任过会长。……邓肯派的美国女舞蹈家来校表演，我还写过一篇评论在《庸报》副刊'另外一页'发表。"[③]

1929年（17岁）

农历新年前　大哥曹京哲回昌图入商业学校教英语，每月40块大洋。为维持家用和端木蕻良他们的学习费用，曹京哲还加入了邻居王惠隆与端木蕻良的老奶家出资合伙组成的"聚泰宏"银号，做高利贷

[①] 端木蕻良：《我的第一篇小说》，《山西文学》月刊1984年第3期。
[②] 端木蕻良口述、钟耀群整理《自传》，载赵杰、王金屏主编《璀璨的星辰》，辽宁人民出版社，1995，第94—95页。
[③] 端木蕻良：《我的中学生活》，北京《中国校园文学》月刊1992年第2期。

放款。曹京哲挂名副经理,代表老奶家一方利益。

秋　升高中一年级。

10月17日　进入天津《南开双周》出版委员会,担任编辑股"东北"栏编辑(见天津《南开双周》第4卷第2、3期合刊)。南开中学民主气氛浓厚,实行普选制,校刊《南开双周》由学生们选出出版委员会来编辑。《南开双周》由《南中周刊》改编而来,是半月刊。《南中周刊》只登校规校讯,《南开双周》则发表师生自己的文章包括文艺作品。

12月3日　议论文《人生的探索》发表于天津《南开双周》第4卷第6期,署名京平。

12月17日　议论文《力量的世界》发表于天津《南开双周》第4卷第7期,署名京平。

本学期　学生们组织了一个"生物学会",请老师当导师,同学自己出钱购置了一些参考书和生物挂图,开展活动。上课做实验,业余时间制作各种标本,学期终了,举行了一个小型展览会,向学校做了汇报,还招待一些社会人士来参观,得到广泛的支持和赞许。[①]

新来的王德崇老师倡议成立"学术观摩会"。王老师当导师,端木蕻良当会长。"学术观摩会"举办过征文比赛、演讲会。按:王德崇,陕西高陵人,曾在南开中学读书,毕业于北平大学,1929年秋到南开中学任张伯苓秘书,主编校刊,曾经加入过中国共产党。

端木蕻良回忆说:"南开校长张伯苓在校中实行普选制,我曾被推选为校刊《南开双周》的主编,'南开义塾'的校长、美术学会会长、学术观摩会会长、合作社理事等职务。"[②]

本年　《庸报》聘请姜公伟、张鸣岐加盟副刊,并决定增加副刊的文艺色彩。姜、张等人将"天籁"改版为"另外一页",专门刊载

[①] 端木蕻良:《"生物学会"在南开》,天津《今晚报》1992年2月19日。
[②] 端木蕻良:《我的文学创作道路》,载全国政协文史委员会编《文坛档案:当代著名文学家自述》,中国文史出版社,2001,第326页。

文艺性内容。通过广泛向京津文化界名人征稿,"另外一页"吸引了很多文学爱好者和文艺青年的目光,增加了副刊以及《庸报》的号召力。①

1930年（18岁）

年内，由于局势不好，昌图的私人银号纷纷倒闭。曹京哲因给亲戚在"聚泰宏"银号借款做担保，亲戚无力还款，导致银号破产。王惠隆家状告曹京哲要求赔偿全部损失，曹京哲卖了家里200多亩土地，替被担保人还清债务。事后大病一场，教职工作也辞了，家境更加困难。端木蕻良申请补学金维持学业。

3月12日　完成《论辽赈》。揭露当局以辽宁水灾为由，借赈灾暴敛民众钱财，并揭露日本在东北的经济侵略造成东北农业的困境。

3月24日　南开中学平教委员会举行本学期第二次会议，端木蕻良出席，议决事项之一为："课程表由教务股会同于先生重新排定，至应用课本由曹京平君负责到书局调查有无半日学校课本，否则即采用普通课本加以删减。"（见《南开双周》第5卷第3期）

3月　《南开双周》第5卷第2期公布学校各委员会名单，读高一的曹京平为平教委员会委员。

春　在天津《南开双周》出版委员会担任"论说"栏和"东北"栏两个栏目的编辑。按：这个学期，天津《南开双周》共出版5卷7期，但没有发现署名曹京平或者京平的文章，按说端木蕻良既然担任了栏目编辑，应该有文章发表才是，抑或使用了别的笔名。

同期　结识了两个朋友，王德崇先生和陶宏。王德崇先生刚从北大毕业，陶宏是平民教育家陶行知的大儿子，陶行知托付张伯苓让陶

---

① 李文健:《记忆与想象：近代媒体的都市叙事》，南开大学出版社，2015，第58页。

宏到南开中学读书。[①]本年4月7日，国民政府训令陶行知办的晓庄师范暂行停办，4月13日，国民政府下令通缉陶行知，陶行知避难上海，10月10日，陶行知逃离上海去日本。端木蕻良本来"就对晓庄有着一种精神的渴望"，陶宏来了后，通过交谈，更加了解了晓庄师范的生活和教育方法，便经常和陶宏讨论离开学校，去读"社会大学"。

暑假　到北京作游，在北海写诗歌《邂逅》。

秋　升入高中二年级四组。住学生宿舍四斋十五号（此宿舍之前曾为周恩来读书时所住，现辟为周恩来纪念室）。

同期　已经保送到中国银行担任高级职员的曹京实厌倦无所事事的工作状态，退职回南开中学任训练课课员。

9月1日　新学期开学。

9月18日　北方左翼作家联盟（以下简称"北方左联"）在北平大学法学院礼堂成立。

10月6日　端木蕻良任《南开双周》出版委员会委员、编辑股总编辑、"论说"栏和"书报介绍"栏编辑。

同日　议论文《青年运动》（署名曹京平）、议论文《法国的大大（达达）主义文学》（署名编者）发表于天津《南开双周》第6卷第1期，另有"书报介绍四则"，署名曹京平。本期"投稿简章"稿件投递地址有"四斋十五号——曹京平"。

10月7日（中秋节次日）　夜，为王晶的《心的病害——第二次》写题记。

10月中旬　议论文《生命解放与青年联谊会》《因廿六周年纪念而希望双周的话》发表于《南开双周》第6卷第2期，署名曹京平；该期还有端木蕻良的《编后》，署名曹京平；另有曹京平启事，曰："闫君恐见本刊第一期之启事，方有今日之启事，但因为时间关系，该启事已无效用，上期存稿鄙人已先闫君之启事，而处理之矣。"

[①] 端木蕻良：《追悼陶行知先生》，载陶行知先生纪念委员会编印《陶行知先生纪念集》，1946，第257页。

10月25日　午夜，为新来校的王子修先生旧作《流云诗集·序》要在《南开双周》发表写题记。

同期　南开学校二十六周年大庆。

11月上旬　散文《写在〈流云诗集·序〉后面的几句话——另一个青年的自白》及对《流云诗集·序》《心的病害——第二次》《谈心处》三文的简评，发表于天津《南开双周》第6卷第3期，署名曹京平或京平。

11月15日　议论文《诗的讲话》、诗歌《给〇〇》发表于天津《南开双周》第6卷第4期，署名曹京平，另有关于本期"诗歌展览会"的附志，署名京平。本期还刊有诗歌《邂逅》，署名佚名，《端木蕻良文集》收录此诗。

11月19日　午后，召集《南开双周》出版委员会开会，商议刊物的费用、封四广告收费、本学期再出两期《南开双周》等五项议题。

11月下旬　议论文《论辽赈（附表）》、消息《三三半月刊》发表于天津《南开双周》第6卷第5期（此期为南开中学双周学术专刊），署名曹京平，另有"书报介绍"，署名编者。按：端木蕻良所在的南开中学初中三年级三组，组织了"文艺研究会"，出版《三三半月刊》，已经出了两期。

冬　发起主持进步文学团体"新人社"，成员有冯厚生、胡思猷（胡适的侄子）、刘克夷、韩宝善等十数人，国文教员万曼为顾问。办刊物《人间》，出版一期后改名《新人》，端木蕻良在该刊发表小说《水生》。① 端木蕻良回忆说：开学后，"和喜欢文艺的同学办了个文艺刊物，创刊号叫作《人间》，用的是日本一个同名杂志的版头。出了一期后改名为《新人》，又办了两期，因没有经费，便停

---

① 中共北京市委党史研究室、中共天津市委党史资料征集委员会编《北方左翼文化运动资料汇编》，北京出版社，1991，第663页。

了下来"①。

12月8日 夜半,端木蕻良与刘姓同学在校园交谈,因遭更夫怀疑受到惊扰,此事被同学写成小文《夜月深谈》发表于《南开双周》第6卷第6期"幽默味"栏里,文中称"总编辑曹君文学家兼哲学家也"。

12月30日 议论文《青年与文艺》,诗歌《邂逅》《躲》发表于《南开双周》第6卷第6期,署名曹京平。按:本期诗歌《邂逅》与《南开双周》第6卷第4期的诗歌《邂逅》虽然同诗题但内容完全不一样。

本年 曾给天津《庸报》副刊"另外一页"投过稿,开始第一次用笔名,署名"黄叶",因为母亲姓黄。②

1931年（19岁）

1月16日 完成议论文《论杜威德育原理》。

1月 《天津私立南开中学校学术观摩会会刊》第一集出版,刊有端木蕻良文章《服务学术观摩会的感想》,署名曹京平。端木蕻良的文章排在第三,第一、第二均是王德崇老师的文章。

3月16日 议论文《论杜威德育原理》发表于《南开双周》第7卷第1期,署名曹京平。该期"最后一页"消息:"曹京平君主编上年双周成绩可观,他现在到北平养病去了。承他赐以杜威《德育原理》,无任感谢。此篇在中学生诚为难得之作。排版漏了曹君署名,特此道歉!"按:端木蕻良在学校和陶宏交好,两人要上"社会大学",王德崇先生在北平有一所小院,欢迎他们去住,两个人就离开

---

① 端木蕻良:《北京是我的一本大书》,北京《学习与研究》月刊1986年第2期。

② 端木蕻良:《答客问——谈我的笔名和出生地》,《济南日报》1992年7月18日。

南开中学去了北平。端木蕻良天天泡在文津街北海图书馆。[1] 端木蕻良回忆道："没有几天,王先生便去陕西,留下我和陶宏和他的女儿,我们三个住在一个院子里。不久陶宏收到陶先生的信,他回南方去,王先生的女儿毕了业,我和王兴让就到齐山去了。"[2] 端木蕻良1994年3月30日致信西北大学刘承思,信中说:"王德崇原是我南开中学老师。他的女儿,我和陶行知的儿子陶宏三个孩子一起在北京度过一段时间(王去西安离婚)。"端木蕻良给学校的借口是到"北平养病"。

3月下旬　陶行知由日本潜回上海,住北四川路,给陶宏写信让他翻译《爱迪生传》。陶宏回忆道:"二十年(注:即1931年)我在北平。他从日本回到上海,给我寄了一本《爱迪生传》,叫我翻译,他说他总想在学习上对我有什么帮助,可是总没有找到最适当的机会,如今发现一个最好的办法,由我在北平将原文译好,寄到上海给他改(他另有一本原文),改好才寄回给我,将他的修改和我的原译对照研究,一方面在英文上可有进步,而另一方面又可学习爱迪生的求知精神,并可增加科学知识,实在是再好没有了。"[3] 端木蕻良回忆道:"我和陶宏两人住在北京东不压桥。陶宏无师自通地翻译《爱迪生传》。我跑图书馆,写诗和小说。"[4]

8月6日　与同学曹世瑛、韩宝善等参加学校组织的"华北海口旅行团",游历了大连、旅顺、葫芦岛、秦皇岛、山海关、北戴河、长山列岛、黑山岛、庙岛、蓬莱、烟台、刘公岛、威海卫、石岛、青岛、塘沽等十几个渤海口岸,观看了华北海军舰队的实弹、鱼雷、探照、陆战演习,参观了日、美、英、法、意各国舰艇。

---

[1] 端木蕻良:《我的中学生活》,北京《中国校园文学》月刊1992年第2期。
[2] 端木蕻良:《追悼陶行知先生》,载陶行知先生纪念委员会编印《陶行知先生纪念集》,1946,第260页。
[3] 陶宏:《我和我的父亲》,载陶行知先生纪念委员会编印《陶行知先生纪念集》,1946,第599—600页。
[4] 端木蕻良:《我是中国人》,上海《解放日报》1982年11月4日。

秋　升入高三年级。

9月1日　《编后——旧委员会工作的结束》发表于《南开双周》第8卷第1期，无署名。文中提到本届编委会工作到此期结束，"第二期《双周》由新委员负责"。下期内容预告中提到"下期当有京平君剧本《斗争》，诸君可安心等待"。

9月18日　22时25分左右，日军在沈阳制造了九一八事变。

9月19日　与同学去南开大学八里台秀山堂野营，抓螃蟹。夜晚赏月，开螃蟹宴。

9月20日　上午，天津《大公报》传来日军占领沈阳北大营的消息，端木蕻良与同学们赶回南开中学。

9月21日　在星期一例行的"总理纪念周"上，千余名同学聚集在礼堂前或沉默或哭泣。

9月22日　南开大学、北洋大学、中西女学、南开中学等22所学校发起组成天津市学生抗日救国会，发表《泣告同胞书》，号召全市人民一致对外。[①]端木蕻良与韩宝善、于惠敬等同学将南开中学"新人社"更名"学生刻苦团"，并起草了刻苦团的宣言，剃光头、不吃早点，为准备参与长期抗战锻炼体魄和吃苦耐劳的精神，引起社会广泛关注。不久又改名为"抗日救国团"。

9月下旬　曹世瑛回忆说："此后，我们便开展了一系列的爱国活动。东北籍的学生站在运动的最前列，曹京平（端木蕻良）、于惠敬、韩宝善等，发起组织刻苦团，大家约定一律理光头，每天早晨不吃早点，这是一个卧薪尝胆的团体，立志收复失地。我也是团员之一。"[②]

10月　为表达全体同学团结和要求收复国土的决心，东北学生发

[①] 中共北京市委党史研究室、中共天津市委党史资料征集委员会编《北方左翼文化运动资料汇编》，北京出版社，1991，第665页。

[②] 曹世瑛：《难忘的南中斗争生活》，载中共天津市南开区委党史资料征集委员会编《南中星火：南开党史资料汇编（一）》，1991，第139页。

起成立学生自治会,布告贴出,得到全体同学的热烈响应。端木蕻良在学生宿舍四斋墙上贴出英文的美国立国文书之一《独立宣言》。

11月2日　晚,与曹世瑛等同学开会决定成立学生自治会的各项事宜。

11月3日　凌晨,学生自治会成立,张敬载为执委会主席,端木蕻良与胡思猷、韩宝善、曹世瑛等被推举为执委会委员。在礼堂召集全体同学大会,宣告学生自治会成立,执委在会上表态。会后,执委们在范荪楼前合影留念。

11月4日　天津《庸报》发表消息,报道南开中学成立学生自治会及执委名单。

11月中旬　议论文《学者与政客》、话剧剧本《斗争》发表于《南开双周》第8卷第3期,署名曹京平。

11月　议论文《青年民族》发表于《南开双周》第8卷第4期,署名曹京平。

同月　在日军制造"天津事件"期间,又与同学在校内组织"护校团"开展护校活动。[①] 端木蕻良任"总纠察"。

同月　学生自治会"接办了校刊《南开双周》,由张敬载、曹京平、冯厚生担任编辑,每期封面不同。……学生会便发起组织到南京向国民党政府请愿的代表团,表达学生们的要求,揭露反动派的不抵抗政策。由胡思猷向张校长提出,要求支援,遭到严词拒绝。……后来经学校的职员周旋,张伯苓才批了旅费的条子。代表团有30多人,由唐凤都任领队。当时天津还没有戒严,他们便绕道出发了。我(曹世瑛)在报社还有工作,没有参加"[②]。

年底　因组织学生自治会,发起向南京请愿的示威活动,被校方秘密除名。端木蕻良回忆:"学生会成立了,而我却被学校除名了。

[①] 端木蕻良:《不能忘记》,北京《光明日报》1991年9月11日。
[②] 曹世瑛:《难忘的南中斗争生活》,载中共天津市南开区委党史资料征集委员会编《南中星火:南开党史资料汇编(一)》,1991,第140—141页。

那时，我受高尔基的影响，一心想走入'社会大学'，所以就去北京了。"① 当时端木蕻良三哥曹京襄在北平中国大学读书，端木蕻良来到了三哥身边。

本年 南开中学1931年通讯录记载：曹京平，20岁，昌图，辽宁昌图大北街。

1932年（20岁）

年初 曾去唐山开滦煤矿短期体验生活，回来后构思小说《矸子堆》，"矸子就是煤矸石，它含煤量最低，运出矿场也没有人要，但工人家属、孩子们便在这里捡拾，我便从这儿作为开展故事的场景。这篇东西并没有写出来，但它已使我开始懂得，什么叫作现实了"②。

春 随三哥曹京襄去绥远加入当时抗日的孙殿英部队。随孙殿英部队在伊克昭盟和卓索图盟抗日，充分了解旧式部队和军事战争诸方面的知识和当地民情风俗。端木蕻良后来把这段经历构思写成小说《龙门锁的黑砂》。端木蕻良回忆道："我三哥曹京襄在北京中国大学读书，'九一八'后，和东北同学曾去山东找冯玉祥将军，要求参军抗日。冯玉祥手中没有部队，要他们就地投入西北军，三哥就去绥远参加了当时举着抗日旗帜的孙殿英部队，稍后，我也随着三哥一起去了。"③ "孙殿英要我们这批青年学生，在对老百姓宣传抗日的同时，为他编写抗日史料。我在绥远热河一带，跑了许多地方。到过赤城、郑家窑子、塔子沟以及承德附近，特别是大阁一带。我们利用写标语、发传单、教唱歌、到群众家里访问种种方式，宣传抗日的大道

---

① 端木蕻良：《走出草原》，北京《外国文学评论》季刊1992年第4期。
② 端木蕻良：《我开始走上文学道路》，北京《中华英才》半月刊1991年第4期。
③ 端木蕻良口述、钟耀群整理《自传》，载赵杰、王金屏主编《璀璨的星辰》，辽宁人民出版社，1995，第95页。

理。"后来孙殿英要去攻打宁夏，扩大地盘，端木蕻良就以写孙的抗日军史为名回北平了。①

同期　曾经回东北昌图，住了两三天，接母亲来北平治病，住皇城根丰盛胡同。去昌图路经沈阳逗留时目睹伪满洲国现状。在昌图，欣闻家乡红顶山抗日义勇军的英雄事迹，后来曾构思小说《牧笛之歌》。

5月　加入北方左联。端木蕻良回忆道："一直住在北大红楼对面的公寓里。这里居住的多半是大学生。这期间，我结识了北方左联陆万美、臧云远等同志，经他们介绍，于1932年5月加入了北方左联，任出版部部长，和南开中学同学冯厚生一起编《四万万报》，和韩宝善、方殷一起编《科学新闻》。"②"我是一九三二年春，在北京，由陆万美、徐突微介绍加入北平左联，当时用的名字是'老曹'和'罗旋'。"③

同月　北平文化总联盟（简称"北平文总"）在北平成立。

夏　回北京完成孙殿英部队的"抗日史"，稿子交给孙殿英，至此完全脱离了孙部。④

同期　在曹京实劝导下报考大学。"考期只有十五天，我只报了燕京清华两校，每校都有四五千人投考，所以报名各占去了一天，检验身体又各占了一天，共去四天，我便在十一个夜晚开起夜车……燕京先发榜，中了，现在还记得，第八名……对我家人有话说了。后来清华发表了。我想我还是住清华，我到清华是免费，一年生免费我是

---

① 端木蕻良：《不能忘记》，北京《光明日报》1991年9月11日。
② 端木蕻良口述、钟耀群整理《自传》，载赵杰、王金屏主编《璀璨的星辰》，辽宁人民出版社，1995，第96页。
③ 端木蕻良："左联"盟员谈"左联"》，载《中国现代文艺资料丛刊》（第5辑），上海文艺出版社，1980，第146页。
④ 端木蕻良1994年1月1日致孔海立信，载《端木蕻良文集8》（下卷），北京出版社，2009，第486页。

第一个。"[1] "我是一九三二年暑期考入清华大学第八班,历史系,系主任是蒋廷黻,但因我英语考分高,被分到外文系上英语课(英国文学系)。是陈福田的学生。我在清华仅读了一年多,第二个学年即离开了。"[2]

9月　继续参与左联工作,在校内邮政局,化名"黄叶"设立个人邮箱,与外界联系。

10月17日　诗歌《吉普西小唱》发表于《清华周刊》第38卷第3期,署名丁宁。

12月19日　小说《母亲》刊登于《清华副刊》第38卷第12期,署名曹京平。这是目前所见端木蕻良发表的第一部小说。《清华副刊》是《清华周刊》编辑部出的一份不定期刊物。《母亲》是端木蕻良后来的长篇小说《科尔沁旗草原》的一个片段。

下半年　被选为清华大学学生编辑的《清华周刊》编委。

同期　完成小说《乡愁》,初收于《十年(续集)》,上海开明书店1936年12月初版。

1933年（21岁）

2月20日　下午在北平车站,参与进步学生欢迎英国作家萧伯纳来京仪式。

2月23日　散文《萧伯纳在北平素描》发表于天津《庸报》副刊"另外一页",署名黄叶。

4月15日　响应鲁迅先生提议,北方左翼作家联盟机关刊物《文学杂志》在北平创刊。陆万美回忆说端木蕻良写有新作,但四期《文

---

[1] 端木蕻良1937年致茅盾信,载《端木蕻良文集8》(下卷),北京出版社,2009,第10页。

[2] 端木蕻良1981年除夕致夏志清信,载《端木蕻良文集8》(下卷),北京出版社,2009,第291页。

学杂志》上没有发现署名曹京平的作品，或者没有刊登或者使用了别的笔名。①

4月中旬　和韩宝善、冯厚生等编辑出版《四万万报》。《四万万报》报名是端木蕻良想出来的，代表四万万人民大众，报纸图案也是端木蕻良设计的。报纸一上报摊就被查禁抄没，只出了一期。②

4月23日　参加北平地下党发起的公葬李大钊活动。端木蕻良的任务是"先到城里，住到我母亲处，等到公葬游行这一天，不要正式参加游行示威，而是在李大钊烈士灵柩确实已经走出西直门时，便立即赶回清华园，告诉大家城内的情况，以便确定我们该采取什么步骤来进行；还要我准备一篇演说，讲述李大钊同志的革命事迹"。当日在燕京大学西门口为李大钊举行路祭，端木蕻良发表演讲，路祭遭当局武力阻挠。③

6月　受北方文总领导指示，与方殷、臧云远、韩宝善等筹备北平左翼文化刊物《科学新闻》。端木蕻良回忆道："接受上级领导的指示，要我主编一个文艺报导刊物。我便组织了几个人，为了避开敌人的注意，要做得巧妙些，并不叫它作《文艺新闻》而决定叫它作《科学新闻》。这样一来，既不违反科学原则，又可麻痹反动派，使刊物寿命可以长些。恰巧，我看到日本报上广告栏里，有个《科学新闻》期刊，便剪下它的美术字，作为我们的《科学新闻》的刊头。这在中日文化交流史上，也许是一桩令人感兴趣的花絮呢！"④

---

① 陆万美：《忆战斗的"北平左联"和"北平文总"》，载中共北京市委党史研究室、中共天津市委党史资料征集委员会编《北方左翼文化运动资料汇编》，北京出版社，1991，第350页。

② 冯厚生：《我参加编辑〈四万万报〉的回忆》，载中国左翼作家联盟成立大会会址纪念馆、上海鲁迅纪念馆编《"左联"纪念集1930—1990》，百家出版社，1990，第195—198页。

③ 端木蕻良：《回忆郊祭李大钊同志》，载中国社会科学院文学研究所《左联回忆录》编辑组编《左联回忆录》，知识产权出版社，2010，第486—490页。

④ 端木蕻良：《编辑〈科学新闻〉的回忆》，北京《新闻研究资料》季刊1979年第1期。

6月11日　下午出席由科学新闻社、文学杂志社、文艺月报社、北平文艺研究会等8家左翼文化团体召集的第一次文艺座谈会。地点在北大二院礼堂，与会者20余人。各团体互相沟通，并研究丁玲被捕如何声援等事宜。

6月24日　端木蕻良、方殷、臧云远主编的四开小报型周刊《科学新闻》第一号正式出版。刊物通信处为"清华大学辛人转"，实为端木蕻良化名"辛人"设立的信箱。刊物设有时事分析、国内文化新闻、国际文化新闻、北平天津文化动态、人物介绍、世界语、北平木刻等栏目。本期端木蕻良作品有发刊词《开展，动向和联系的中枢》（署名螺旋）、书评《春蚕》（署名丁宁）、《编后》（无署名）。二版为追悼日本革命作家小林多喜二的特辑。《科学新闻》出版后，端木蕻良以"辛人"名义将《科学新闻》及其他北平左翼文化刊物寄给上海鲁迅先生，但"并未附什么话"。《科学新闻》为北方左翼文化总同盟刊物。

7月1日　《科学新闻》第二号出版。端木蕻良作品有：《打击左联右倾机会主义》，署名螺旋；《丁玲的死》，署名科新编辑部；《批判"上海新诗歌"的路线》，署名丁宁；另汇编有《国外文化消息》等。

7月19日　出席在中国大学召开的第二次文艺座谈会。有科学新闻社、文学杂志社、文艺月报社、冰流社等十几个团体与会。商讨丁玲牺牲（后知是误传）举行追悼会、出版丁玲全集、设立丁玲奖金等事宜。

7月22日　《科学新闻》第三号出版。端木蕻良作品有《〈文艺杂志〉简评》，署名螺旋。本期还以快讯方式登出《茅盾被捕》和猜测茅盾可能已遭杀害的《最后消息》。这是北平左联成员徐百灵从上海寄来的消息。

7月下旬　《科学新闻》第四号发排。到编辑部成员江篱家开会，商议出席北平文化界欢迎巴比塞调查团来京筹备会人员。《科学新闻》决定派方殷出席。

7月29日 《科学新闻》第四号出版。本期为"八·一反战斗争日特辑号"。端木蕻良作品有《反战斗争中的文学底活动》，署名科学新闻编辑部。《国内文化琐闻》透露8月10日前后《螺旋月刊》将创刊的消息，"内容登载小说、诗歌、报告文学、议论文及一切新兴文学的理论斗争文字"。在《读者之声》中登出读者点名批评自己和刊物存在"语言大众化""批判的态度"等方面的不足，表示"诚恳接受"。本刊还登出世界反帝非战巴比塞调查团要来中国调查日本侵略东北罪行，上海和北平方面发起迎接筹备会的消息，以及苏联纪念马克思逝世50周年出版马恩书信等消息。《科学新闻》第四号出版后，《科学新闻》停刊。

7月 北方文总领导指示端木蕻良，联合几家进步刊物，把《科学新闻》改组成一个大型刊物。端木蕻良分别与《文艺月报》陈北鸥、《冰流》田牛和泥鞋及《北国月刊》《新大众》等刊物负责人商议，经组织批准筹办新刊物《螺旋月刊》。

本月 北平左联常委会改组。端木蕻良列为常委负责出版部工作。这届常委由原组织部的李文甫任书记，另有研究部陆万美、组织部徐突微等。第一次常委会会议在北京大学红楼后面的宿舍召开，主要研究对左联各种刊物（时已有七八种）加强领导。徐突微，原名徐长吉，"1933年7月北平左联常委会改组，任组织部部长。不久被捕叛变"[①]。

8月1日 鲁迅致信《科学新闻》编辑部："今天看见《科学新闻》第三号：茅盾被捕的消息，是不确的；他虽然已被编入该杀的名单中，但现在还没有事。……关心茅盾的人，在北平大约也不少，我想可以更正一下。至于丁玲，毫无消息，据我看来，是已经被害的了，而有些刊物还造许多关于她的谣言，真是畜生之不如也。"按：鲁迅此信寄给端木蕻良设在清华大学的信箱，端木蕻良的一位同学陈

---

① 姚辛编著《左联词典》，光明日报出版社，1994，第204页。

松泠取走此信，又转交给同学杨德基。1949年后，杨德基将此信捐给鲁迅博物馆。《科学新闻》出版后，端木蕻良每期都寄给鲁迅，《科学新闻》创刊号上刊有丁玲被逮捕并被害的消息，第二号上刊登《丁玲的死》的短评，故鲁迅回信谈及丁玲事。

8月初 北方文总召开第四届常委会会议。其工作报告中指出：北方左联"现有十个支部盟员在四十人以上"。《科学新闻》《文艺月报》《文学杂志》《冰流》四刊物为北方文总及左联的"领导刊物"。

8月4日 北方文总和左联、社联等团体在北平大学艺术学院开会，研究欢迎巴比塞率领反战大会国际代表团来京事宜。由于叛徒徐突微告密，军警包围会场，与会的方殷、臧云远等19名代表被捕。此后左翼组织系统相继遭到破坏。8月仅北平报纸登载的被当局抓捕的左翼团体成员就达近百人，秘密抓走者不计其数。《科学新闻》《北平文化》《文学杂志》等十几种刊物被查禁。大部左翼团体停止活动，人员分散到其他中小城市或农村，北方左翼文化运动遭受严重挫折。

同日 韩宝善从印刷所取回第四号《科学新闻》去找徐突微，在徐突微住处被捕。端木蕻良从清华大学来徐突微住处看第四号《科学新闻》，到北大二斋时，门房告知端木蕻良，韩宝善已被捕，示意他快走，端木蕻良立即躲避到城里友人处。进城途中遇见同学陈松泠，被告知有像是鲁迅的信放入他的"辛人"联系信箱里，端木蕻良告诉陈松泠等他回去自取，但端木蕻良再无机会回到清华大学了。①

8月5日 避难天津。住在二哥曹京实的南开昆裕里家中，从此结束了他的学生时代。

8月上旬 化名"叶之琳"给上海鲁迅先生写信，告诉鲁迅自己因为离开北平没有收到鲁迅寄到清华的信，不知信中内容，能否再告

---

① 端木蕻良：《编辑〈科学新闻〉的回忆》，北京《新闻研究资料》季刊1979年第1期。

知一下。① 这是端木蕻良第一次致信鲁迅。鲁迅收到信后即复,说《科学新闻》上面登有茅盾先生被捕的消息,是不确实的,如能更正最好。

8月18日　收到鲁迅复信。端木蕻良回忆道:"忽然有一天,我收到鲁迅先生的信,信封上写着'叶之林小姐收'。开首写'之林小姐',我就觉得有意思,次说到'上海虽已秋,但天气还热,毛背心已经晒过,请释锦注耳',其次说到茅盾被捕的消息是造谣言,请在北平的刊物上代为更正。……那一天,我找到了稿子和笔我就开始写下了《科尔沁旗草原》的第一页……我的《科尔沁旗草原》大概在八月十八日开始写的。在十二月中旬就完成了。"② 收到鲁迅信后,端木蕻良即以"隼"为笔名写一短文,寄给天津《益世报》马彦祥主编的副刊"语林",据端木蕻良回忆,此文已刊出。之后,端木蕻良复信鲁迅。

8月25日　《鲁迅日记》载:"得叶之琳信,夜复。"

秋　与燕京大学的郑振铎教授建立联系,将完成一多半的《科尔沁旗草原》寄给郑振铎请他过目,以后写完一部分,就寄一部分。"我写得很快,其中有许多章是抄了两遍才寄出去"。

12月中旬　30万字的长篇小说《科尔沁旗草原》完稿。

12月18日　郑振铎看完全部稿件,致信端木蕻良:"你的原稿已经全部收到了!当你的最后的一大卷的稿件递到时,我是如何的高兴啊!这将是中国十几年来最长的一部小说,且在质上,也极好。我必尽力设法,使之出版!唯如有违碍之处须删去者……这样的大著作,实在是使我喜而不寐的!对话方面,尤为自然而漂亮,人物的描状也极深刻。近来提倡'大众语',这部小说里的人物所说的话,才是真

---

① 端木蕻良:《鲁迅先生和青年》,载鲁迅博物馆鲁迅研究室编《鲁迅诞辰百年纪念集》,湖南人民出版社,1981,第534页。

② 端木蕻良:《我的创作经验》,桂林《文学报》1942年6月20日第1号。

正的大众语呢！出版后，预计必可惊动一世耳目！"①信中还透露，端木蕻良要接着写《科尔沁旗草原》第二部。

12月下旬 去北平燕京大学拜会郑振铎，郑振铎正为商务印书馆编一套丛书，答应将《科尔沁旗草原》列入。②端木蕻良回忆道："我认为没有什么'有碍'之处，因为东北义勇军已经组成，小说中只写了一个苗头。由于我不愿改动，出书便拖了下来。这时他正编辑一套'文丛'，如曹葆华有一本'诗论'就被列入，但其中没有小说。我不想将《科尔沁旗草原》列入其中，想以单行本问世，所以一直压在他手中。我母亲还想出资印刷，我告诉她自家出书没有发行网络不行，她才罢了。但她一直关心书的问世。"③

年底 《科尔沁旗草原》写完了，端木蕻良的心松开了，滑了一个冬天的冰。

1934年（22岁）

春 《科尔沁旗草原》原来准备写三部，端木蕻良说："第一部写完后，我的身体不行了；在清华时，我就有了肺病，因此，没能再写下去。"④

3月 鲁迅和茅盾为美国伊罗生选编现代中国作家短篇小说集《草鞋脚》，由伊罗生译成英文。鲁迅、茅盾在此书后提供一份当年国内左翼刊物的名单和简介。其中北平的刊物提到三种：《文学杂志》《文艺月报》和端木蕻良参与主编的《科学新闻》。对《科学新闻》的

---

① 端木蕻良1936年7月10日致鲁迅信，载周海婴编《鲁迅、许广平所藏书信选》，湖南文艺出版社，1987，第208—209页。

② 端木蕻良口述、钟耀群整理《自传》，载赵杰、王金屏主编《璀璨的星辰》，辽宁人民出版社，1995，第97页。

③ 端木蕻良：《烽火连天文学路》，北京《中华儿女》月刊1996年第4期。

④ 彦火：《端木蕻良访问记》，载《当代中国作家风貌》，昭明出版社有限公司（香港），1980，第73页。

介绍是："这是一般文化的小刊物，不过更加注重文艺，这些小型刊物的主要内容是国内外文艺情报（关于左翼的）以及短小的文艺批评。"按：当时《草鞋脚》海外出版未果，直到1974年才在美国出版。

夏　到北京与母亲同住，"每天坐在葡萄架下的摇椅上静静地看着碧绿的叶子，什么也不做"①。左腿患风湿性关节炎，每天做电热治疗。

年内　开始撰写长篇小说《集体咆哮》。以自己经历的天津学生运动为小说背景。仍是与郑振铎联系，请他过目。

1935年（23岁）

年内　曹京实因患腰椎骨结核需动手术和疗养，来北京住在护国寺棉花胡同。母亲和端木蕻良搬过来同住，端木蕻良住在东跨院。端木蕻良腿有风湿病，他回忆："我每天除了'烤电'以外，便坐在葡萄架下的摇椅上，看见叶子繁密了，变黄了，脱落了，一直坐到深夜很晚很晚才睡。"②

完成25万字的小说《集体咆哮》，主题为天津事变中的学生运动，但因采用现代派手法写作，不被郑振铎看好。后遗失其中的一部，准备补写。

12月9日　一二·九运动爆发。北平学生数千人举行声势浩大的示威游行，反对"华北自治"，反对日本帝国主义，要求停止内战，一致对外。游行示威遭到当局的镇压。

12月上旬　萧红中篇小说《生死场》以上海容光书局名义自费印行，为"奴隶丛书"之三。该书收鲁迅作《序言》和胡风作《读后记》。《生死场》正文后附有奴隶社《小启》，曰："想要知道一些关于在满洲的农民们，怎样生，怎样死，以及怎样在欺骗和重重压榨下挣

---

① 端木蕻良：《我的创作经验》，桂林《文学报》1942年6月20日第1号。
② 端木蕻良：《记一二·九》，汉口《七月》半月刊1937年第2期。

扎过活，静态和动态的故事，就请你读一读这《生死场》吧。"《生死场》的印行使萧红在中国文坛一举成名。

12月15日 端木蕻良到协和医院看病，听大夫说12月9日学生大游行，一些学生受伤正在医院治疗，端木蕻良离开医院到燕京大学找到老同学刘克夷，得知他们12月16日还要举行一次游行示威。端木蕻良当天住在刘克夷处。① 晚上端木蕻良参加燕京大学学生的组织大会，大会决定第二天早6时集合出发。

12月16日 燕京大学、清华大学、辅仁大学、北京大学等校的学生，举行更大规模的游行示威活动。端木蕻良随着燕京大学的游行队伍走上街头，并担负起燕京大学第二队的队长责任。端木蕻良后来写散文《记一二·九》记述这次游行示威活动。

12月底 端木蕻良为躲避当局的抓捕，拖着病腿离开北平南下上海。离京前，去西山福寿岭结核疗养院看望患病的二哥曹京实，并去樱桃沟、卧佛寺等地探访曹雪芹家族故地。②

1936年（24岁）

1月2日 到达南京。当天去拜谒中山陵。又乘火车来到上海。③ 住在南开中学同学胡思猷的学生宿舍里，当时胡思猷在大夏大学读书。端木蕻良在胡思猷宿舍住了近一个月。

年初 与已经在上海的陶宏、陶行知、郑振铎等建立联系。经他们介绍，又与邹韬奋、王统照、金仲华、张仲实等结识。

1月上旬 经陶行知写信介绍，拜见邹韬奋，讲述了北平一二·九

---

① 端木蕻良：《回忆"北方左联"片断》，载中国左翼作家联盟成立大会会址纪念馆、上海鲁迅纪念馆编《"左联"纪念集1930—1990》，百家出版社，1990，第190页。
② 端木蕻良：《红楼梦醒黄叶村》，上海《解放日报》1984年3月26日。
③ 端木蕻良：《我的创作经验》，桂林《文学报》1942年6月20日第1号。

运动的情况，邹韬奋给端木蕻良讲了生活书店的情况，说："生活书店为什么会越来越大呢？这就得'感谢'国民党了。国民党要停刊，广大读者支持，来信说不要退订书款，款子就捐给你们了，何时重出，何时重订。"①

1月24日　农历元旦，胡思猷的姑妈在上海川沙开店，胡思猷约端木蕻良去川沙过年，胡思猷姑妈看见他们很高兴，给他们下大馄饨，还煮茴香豆给端木蕻良吃。②

1月底　一个人回到上海，碰到南开同学王兴让，从他那里得知饶斌在上海医科大学读书，端木蕻良便去善钟路找到了饶斌，饶斌独自住一间房，邀端木蕻良同住，端木蕻良便住了过去。后端木蕻良又搬到花园村一人租房居住。

2月中旬　以"叶之琳"之名，给鲁迅先生去信，希望与先生见面。端木蕻良回忆说："我曾写过信请求和鲁迅先生相见，我没提到我就是一九三二、一九三三年期间寄给他刊物和信的人，只是说出我的倾慕之情，因此，失去了见面的机会。"③

2月20日　鲁迅收到端木蕻良信，即回信，婉拒端木蕻良希望马上见面的请求。

2月　开始"日里夜里来写《大地的海》"，这是端木蕻良的第三部长篇小说，也是他设想的"红粮"三部曲的第二部——《大地的海》。

6月18日　完成长篇小说《大地的海》。这一天，苏联作家高尔基逝世。

6月下旬　将小说《大地的海》寄给上海《作家》月刊，不久即被退回。

---

①　端木蕻良：《生活的火花》，载《化为桃林》，上海古籍出版社，2000，第187—188页。

②　端木蕻良：《烽火连天文学路》，北京《中华儿女》月刊1996年第4期。

③　端木蕻良：《鲁迅先生和青年》，载鲁迅博物馆鲁迅研究室编《鲁迅诞辰百年纪念集》，湖南人民出版社，1981，第535页。

7月10日　端木蕻良以"曹坪"之名给鲁迅写信。信中简要介绍了自己的家世和经历，并附上小说《大地的海》的两章请鲁迅审阅。

7月11日　《鲁迅日记》："午得曹坪信。"按："曹坪"即端木蕻良。端木蕻良将《大地的海》寄给了《作家》，他想着鲁迅和《作家》关系很深，《作家》会把他的稿子转给鲁迅的，但很快被退稿。他发现《作家》没有看他的稿子，因为他故意把一页倒置，稿子退回后那一页还是倒置着，端木蕻良很生气，就写信告知了鲁迅。

7月12日　鲁迅复信端木蕻良，要端木蕻良把《大地的海》寄给他看看。

7月18日　端木蕻良给鲁迅寄去别人写的小说《门房》，作者是端木蕻良在南开中学当"南开义塾"校长时的义塾学生，将自己当门房的经历写出小说。端木蕻良为帮助他摆脱困境，把他小说转呈鲁迅。此小说终因水平差些被退回未能发表。寄稿同时，端木蕻良有信给鲁迅。信上介绍自己已完成的三部长篇小说写作情况，和今后的三部长篇的创作设想，并抄录1933年12月18日郑振铎在北平给他的那封对《科尔沁旗草原》高度评价的信。

7月19日　鲁迅午后收到署名曹坪的信和稿件。

7月29日　端木蕻良致信鲁迅，并附有稿件，信署名曹坪。按：端木蕻良这次寄的稿件可能是《大地的海》。

7月30日　鲁迅日记："上午得曹坪信并稿。"由于鲁迅在病中，他委托胡风看看《大地的海》。胡风看后，把小说介绍到上海杂志公司去出版。[①]

7月　听从郑振铎、茅盾的建议，开始短篇小说的创作。

8月1日　小说《鹭鹭湖的忧郁》发表于上海《文学》月刊第7卷第2期，王统照在编后记中说："……作者在本刊上还是头一次发表

[①] 晓风编《梅志文集：胡风传》，宁夏人民出版社，2007，第246页。

作品……就描写的特别手法与新鲜的风格上论,《鹭鹭湖的忧郁》一篇很值得我们多看几遍的。"按:这篇小说是郑振铎介绍给王统照的,王统照时任《文学》主编。《鹭鹭湖的忧郁》是端木蕻良的成名作,在这篇作品中,他第一次使用端木蕻良这个笔名,从此这个笔名伴随他一生。本来署名是"端木红粮",后按王统照提议,改成"端木蕻粮",王统照又改为"端木蕻良",端木蕻良对此不满意,说对笔名中的"良"字始终反对。①小说发表后,王统照来到端木蕻良住所,约他为《文学》写稿。茅盾后来从王统照那里,得知了端木蕻良住址。

9月10日　端木蕻良致信鲁迅,并附有"百哀图"系列短篇小说第一篇《爷爷为什么不吃高粱米粥》,信署名曹坪。端木蕻良回忆说:"鲁迅先生看完《大地的海》,说是好的,但鉴于当时出版长篇,不是很快就可以办到的,要我赶快写点短篇给他,好改变我的处境。我便将正在赶写的短篇小说《爷爷为什么不吃高粱米粥》寄给先生。"②这部小说是为纪念"九一八"五周年而作。

9月11日　《鲁迅日记》:"上午得曹坪信并稿。"

9月14日　鲁迅致茅盾信:"先前有称端木蕻良的,寄给我一篇稿子,而我失其住址,无法回复。今天见《文学》八月号,有《鹭鹭湖的忧郁》一篇,亦同名者所作。因思文学社内,或存有他的通信处,可乞先生便中一查,见示。"

9月22日　《鲁迅日记》:"寄曹坪信。"按:鲁迅看了端木蕻良的《爷爷为什么不吃高粱米粥》,指出小说的一些缺点,"一般的'时式'的批评家也许会说结末太消沉了也许不定,我则以为缺点的开初好像故意使人坠入雾中,作者的解说也嫌多,又不常用的词也太多,

---

① 端木蕻良1937年6月13日致茅盾信,载《端木蕻良文集8》(下卷),北京出版社,2009,第13页。

② 端木蕻良:《鲁迅先生和青年》,载鲁迅博物馆鲁迅研究室编《鲁迅诞辰百年纪念集》,湖南人民出版社,1981,第536—537页。

但到后来这些毛病统统没了。"①

10月3日　端木蕻良复信鲁迅，提出把小说《爷爷为什么不吃高粱米粥》寄回修改一下，信件署名曹坪。

10月4日　鲁迅收到端木蕻良信。

10月5日　上海《中流》半月刊第1卷第3期刊登胡风的创作批评《生人的气息》，文中评论端木蕻良的小说《鹭鹭湖的忧郁》，"这一篇，与其说是小说还不如说是一首抒情的小曲"。按：据端木蕻良说："《鹭鹭湖的忧郁》发表后，鲁迅先生读后，就要胡风写了一篇介绍性的文章。《生人的气息》，就是谈到《鹭鹭湖的忧郁》和罗淑的《生人妻》。这是鲁迅先生逝世后，胡风告诉我的。"②

10月13日　端木蕻良致信鲁迅，署名端木蕻良。信里关注先生的病，并请先生不要回信了，要静。

10月14日　《鲁迅日记》："得端木蕻良信，下午复，并还稿一篇。"按：端木蕻良回忆道："鲁迅先生回信说，'已将这篇稿子寄给《作家》了，并告诉我，就是他介绍去的稿子，也未必刊出，待到十六号便知道了。《作家》这期延到是十八号才出版'。"鲁迅同时对自己的肺病态度淡然，说："但肺病对于青年是险症；一到四十岁以上，它却不能怎样发展，因为身体组织老了，对于病菌的生活也不利的。……五十岁以上的人，只要小心一点，带着肺病活十来年，并非难事，那时即使并非肺病，也得死掉了，所以不成问题的……"③按：鲁迅寄还的稿子是小说《门房》。

10月15日　端木蕻良收到鲁迅的信。

10月18日　小说《爷爷为什么不吃高粱米粥》发表于上海《作

---

① 端木蕻良：《永恒的悲哀》，上海《中流》半月刊1936年11月5日第1卷第5期。

② 端木蕻良：《我的第一本书》，载《化为桃林》，上海古籍出版社，2000，第89页。

③ 端木蕻良：《永恒的悲哀》，上海《中流》半月刊1936年11月5日第1卷第5期。

家》月刊第2卷第1期。端木蕻良不久撰文说："这是先生第一次发表我的稿子也是第末次了，是的，第一次也是第末次了。"①

10月19日　上午5时25分，鲁迅先生病逝。端木蕻良因腿疼、反胃，一直没有出门，没能及时获得鲁迅先生病逝消息。

10月20日　上午9时到下午5时在万国殡仪馆，举行瞻仰鲁迅遗容仪式。傍晚6时，端木蕻良出门吃饭才获知鲁迅先生病逝消息。②

10月21日　上午9时到下午2时，继续瞻仰鲁迅遗容仪式。端木蕻良5次默立在先生棺梓前。

10月22日　下午近2时，端木蕻良拖着病腿，与数万人参加鲁迅出殡活动，一直送到虹桥万国公墓。送葬回来，写一首七律诗哀悼鲁迅，末句曰："未接慈渥先知死，夜夜开眼怒秋风。"③当夜，开始写"红粮"第三部《在瑰春》。

10月27日　致信胡风，署名端木蕻良："先生是迅师生前所知重的，我昧然想，关于迅师看我那篇长篇的事，大概你也知道，因为迅师尚未来得及告诉我是谁代他看的和是谁愿意设法使它出版，便……永远的不能告诉我了，所以我唯有向先生打听，倘若先生或已看过，请指给我的漏罅和缺点吧，否则如能得先生的翻检也是我愿望的……或则最低限度告诉我一点消息。我的通讯处是辣斐德路桃源村54号曹京平收即可。"④端木蕻良打听的长篇是《大地的海》。按：以下谱文中出现的端木蕻良致胡风信，注释均同于本注，不再另行注释。

11月1日　小说《遥远的风砂》发表于上海《文学》月刊第7卷第5期。

---

① 端木蕻良：《永恒的悲哀》，上海《中流》半月刊1936年11月5日第1卷第5期。

② 端木蕻良：《永恒的悲哀》，上海《中流》半月刊1936年11月5日第1卷第5期。

③ 端木蕻良：《哀鲁迅先生一年》，汉口《七月》半月刊1937年10月第1期。

④ 袁权辑注《端木蕻良致胡风的二十一封信》，载北京《新文学史料》季刊2013年第1期。

11月5日　纪念鲁迅先生的散文《永恒的悲哀》发表于上海《中流》半月刊第1卷第5期。

11月25日　上海《大光图书月报》第1卷第3期刊登读书随笔《端木蕻良的〈遥远的风砂〉》，文章说："作者端木蕻良君，是一个新人——题材也新，背景也新，笔调也新，风格也新；没有口号，没有公式；我喜欢这一篇小说。这写的是义勇军的抗战的故事，但是，并不落俗。"

11月29日　致信胡风，署名红莨："关于《大地的海》那么能在联华出，'就赶快出'。其中如先生发现在有对不起读者的地方，赶快告诉我，否则在序文里好点如有固可指出，缺点也要指出才好。……印刷当然尽可能的求好，大概以十二行三十五字为一页吧。封皮如无好的设计，就如《猎人日记》那样，写作一日本式图案字的锌版和作者名字便完了。……印出如在四百页以上。定价应该怎样？我想定九角否则一元。不知如何？……文中如无大错，由先生润饰一下即付印好了。我也不看了。"

11月　与胡风赴宋之的之约，在大东酒家，与茅盾、姚克等人相识，茅盾告诉了端木蕻良他的住址，以后，端木蕻良经常去茅盾家做客。

12月5日　小说《万岁钱》发表于上海《中流》半月刊第1卷第7期。

12月20日　小说《遥远的风砂》和《鹭鹭湖的忧郁》收入《二十人所选短篇佳作集》，赵家璧辑，良友图书公司（上海）初版。

12月25日　周立波《1936年小说创作的回顾》发表于上海《光明》半月刊第2卷第2期。文中对端木蕻良小说《遥远的风砂》《鹭鹭湖的忧郁》《爷爷为什么不吃高粱米粥》各有专节评价。

12月30日　小说《雪夜》发表于上海《中流》半月刊第1卷第8期。

12月　小说《乡愁》收入《十年（续集）》，夏丏尊编，开明书店

（上海）初版。《十年（续集）》1944年3月由开明书店（桂林）再版。

同月　小说《遥远的风砂》收入《现代文选》（第1辑第1集），沙汀等著，世界文学编译社编，世界文学编译社（上海）初版。

冬　萧军与雨田（许粤华）发生情事。端木蕻良1986年4月14日致信香港作家刘以鬯，信中写道："在上海萧军和雨田发生不正常关系。雨田即黄源之妻，当时许多人知道。黄对此深表愤慨，但不易声张耳。"[1]

1937年（25岁）

春　茅盾出面组织"月曜会"，每周一在上海的中小餐馆聚会，有时候隔两周。大家议论时局与文坛现状。经常出席者有端木蕻良、王统照、张天翼、沙汀、艾芜、蒋牧良、朱凡、陈白尘等。此活动陆陆续续到八一三上海抗战停止。[2]

1月9日　致信胡风，署名曹京平："我的通讯地址变更如下：亚尔培路212号杨菊痕先生转曹京平收……我十一号就搬过去。"按：杨菊痕即杨体烈。端木蕻良住花园村时，经常去一家俄国餐馆吃饭，遇到了学音乐的杨体烈，端木蕻良对音乐很感兴趣，就和杨体烈结识了。

1月11日　搬到上海亚尔培路212号。

1月中旬初　致信胡风，署名曹京平："我已移居到'亚尔培路''212'杨菊痕先生处，你来信当然寄此处，以后找我也到此处。前边为一木器作（坊），后边亭子间即是（二楼）。……文化生活社想印我的短篇小说集，说了预支卅元还是例外。我想不用预支了，等几月之

---

[1] 端木蕻良1986年4月14日致刘以鬯信，载《端木蕻良文集8》（下卷），北京出版社，2009，第381页。
[2] 茅盾：《抗战前夕的文学活动——回忆录（二十）》，北京《新文学史料》季刊1983年第3期。

后再说好了。……我的同屋是一四川人，音专的学生，人很忠厚，无甚大作为。他对我很好，极力劝我到他这来，因他很顾虑我的腿（轻微的Atherosclerosis）说还是趁早养好的好。我到此地像冬天的蛇'冬蛰'一样，因为自己生不起火炉的。不妨趁火打劫的。我在此每月出八元钱。"

2月1日　小说《浑河的急流》发表于上海《文学》月刊第8卷第2期。

2月5日　小说"百衰图"之二《吞蛇儿》发表于上海《中流》半月刊第1卷第10期，1941年4月收入《文艺丛刊》第一集《第一流》。

3月9日　致信胡风，署名曹京平："先生嘱写的短篇，已经完成。大概稍加润饰便完了。……昨天接到统照先生来信说开明兑来一百六十八元，我想就是科尔沁旗草原的代价了。……我在姓杨的这位朋友这里避难，一个冬天也极容易就混过去了。虽然在朋友的'温情'里讨生活也不是我所情愿的。"

3月10日　小说《突击》发表于胡风主编的《工作与学习丛刊》第1期《二三事》。本期"编校后记"提到："《突击》为作者长篇四部曲第四部《在瑰春》底第一首。因为内容自成段落，可以独立，由作者交本刊首先发表。"后收入端木蕻良小说集《江南风景》时改名《柳条边外》。

3月15日　小说《憎恨》发表于上海《文丛》月刊第1卷第1期。

3月18日　完成短篇小说集《憎恨》的"后记"。

3月20日　小说《被撞破了的脸孔》发表于上海《中流》半月刊第2卷第1期。

3月30日　致信胡风，署名之林："我想《轭下》应改之处甚多，因我尚写一篇其他篇什，此时殊无心情去改它。……此篇为红粮第四部——《红了瑰春》之第一章——写风土人情尚说得过，亦未见佳也。……二月号《文学》有我的《浑河的急流》尚过得去。"

4月10日　夜，给一位东北同乡的读者回信，信中谈到自己的创作体会，并说："新作家萧军极好，气魄很大。"①

4月19日　收到由中流杂志社转来读者方龄贵的信。

4月20日　《大地的海·后记》发表于《中流》第2卷第3期。

4月24日　给方龄贵回信，提出可阅读的中外名家作品及创作思路等。

5月1日　萧军致信日本中野重治："必要按次序提一提去年出现的新人。荒煤，罗烽，舒群，端木蕻良，他们都是去年前后涌现出来的，也是比较受读者欢迎的。"②

5月7日　小说《眼镜的故事》刊载于上海《国民》周刊创刊号。

5月10日　小说《𱎼下》发表于《工作与学习丛刊》第3期《收获》。唐弢曾经写过评论《端木蕻良〈𱎼下〉》。

5月19日　致信胡风，署名之林："书收到，谢谢。编排印刷，皆甚精彩。所可惜者，就是使读者摸不着头脑，丛书非丛书，杂志非杂志了。"按："书"指的是《工作与学习丛刊》第3期《收获》。

5月20日　散文《有人问起我的家》发表于上海《中流》半月刊第2卷第5期。此文是应读者方龄贵的信中所问而写。

5月中旬　致信茅盾，署名端。信中向茅盾讨教作家如何体验生活等问题。信中提到已经完成的小说《眼镜的故事》是由茅盾先生提议写的，是讽刺伪满洲国皇帝溥仪的。另外希望茅盾催问一下《科尔沁旗草原》出版情况等。并对有人认为端木蕻良小说中有一种"冷艳"的风格表示异议。③

5月下旬　致茅盾信，无署名。信中一是谈到自己在北平的经历；二是为茅盾女儿介绍北平天津的中学；三是说明重要的经历对写

---

① 端木蕻良：《致读者》，载《端木蕻良文集8》（下卷），北京出版社，2009，第20页。

② 萧军：《萧军全集》（第17卷），华夏出版社，2003，第218—220页。

③ 端木蕻良1937年致茅盾信，载《端木蕻良文集8》（下卷），北京出版社，2009，第8—9页。

作的作用等。信中还提到，茅盾认同"冷艳"是端木蕻良小说的一种风格。①

5月30日　完成小说《三月夜曲》，初刊于1937年7月15日上海《文丛》月刊第1卷第5期。

5月　小说《轵下》收入小说集《收获》，克夫等著，生活书店（上海）初版。

6月10日　小说（原标为"散文"）《腐蚀》发表于《工作与学习丛刊》第4期《黎明》。

6月13日　端午节。致信茅盾，署名之林。信中一是提到有精印《科尔沁旗草原》20部，定价较高，售卖的收入捐给鲁迅先生纪念委员会；二是对王统照先生把自己的笔名"端木蕻粮"改成"端木蕻良"不满意；三是透露自己7月上旬要去青岛住两个月，之后是回沪还是回北平还未定。随信还将自己当天绘的一幅素描自画像送给茅盾。②

6月15日　书评《漫题"云"和"牧羊女"》发表于上海《文丛》月刊第1卷第4期。

6月20日　小说《生命的笑话》（上）发表于上海《中流》半月刊第2卷第7期。

6月中旬　致信茅盾，署名之林。信中一是提到当天《科尔沁旗草原》前四章清样已经收到，说这部小说"可以说完全是我家世的具体叙述"。二是对中国的文学评论家提出不足之处。另提到《文学》杂志已经要连载《大地的海》，第1期发表8章。③

同旬　同学饶斌暑假要回青岛参加哥哥的婚礼，约端木蕻良暑假

---

① 端木蕻良1937年致茅盾信，载《端木蕻良文集8》（下卷），北京出版社，2009，第9—12页。

② 端木蕻良1937年致茅盾信，载《端木蕻良文集8》（下卷），北京出版社，2009，第13—14页。

③ 端木蕻良1937年致茅盾信，载《端木蕻良文集8》（下卷），北京出版社，2009，第12—13页。

去青岛游玩。

6月21日　致信胡风，署名之林："关于《大地的海》出版问题，我前两天问茅盾先生请他探问，生活可以出否。昨天茅盾先生来信说生活有意，不过他以为既是红粮之二何不在开明出，故又写信问开明，尚未得复。……不过茅盾先生来信说，应在此时向胡风先生声明一下，因为联华印稿，都有中间人，不比开明，愿印就印，不印也没什么，因为是由作者出版者直接关系的。所以特写此信，使先生知道。我想联华也没什么吧，倘使他有所不满或有所损失我情愿负的。"信中还提到了为鲁迅捐款事："还有一件事情，上次先生来时提到为鲁迅先生捐款事，我想既然捐的不多，我想不在认捐人之少，而仍在主事者的无时间与客观环境的限制。是不是可由先生和茅盾先生发起，征求十人左右，每人捐出一篇短篇小说稿来，凑成一本二三十万的集子，用低价的定价售出，所得全部，定为鲁迅先生文学奖金：不是轻而易举的事吗？如嫌过少，可以年征一册，或索性就由得奖者提抽回来补充之，我想只要凑足六百，就不会动摇了，不知先生意下如何？"

6月27日　与萧红、茅盾、景宋、巴金、白朗、胡风、聂绀弩、黄源、舒群、萧军、孙陵等140人在《上海文艺界反对〈新地〉辱华片宣言》（载上海《大晚报》）上签名。

6月　短篇小说集《憎恨》由文化生活出版社（上海）出版，为《文学丛刊》第五集之一。小说集包括《鹭鹭湖的忧郁》《爷爷为什么不吃高粱米粥》《遥远的风砂》《万岁钱》《雪夜》《吞蛇儿》《浑河的急流》《乡愁》《憎恨》《被撞破了的脸孔》等10篇小说，除了《乡愁》写于1932年北平，其他9篇都写于1936年、1937年上海。

同月　散文《关于〈科尔沁旗草原〉》发表于上海《文艺新潮》月刊第1卷第9期。

同月　诗歌《关东水歌》发表于上海《国民》周刊第1卷第9期。

同月　小说《腐蚀》收入《黎明》，茅盾等著，生活书店（上海）初版。

同月　小说《遥远的风砂》收入《中国文艺年鉴1936》，杨晋豪编，北新书局（上海）初版。

7月1日　长篇小说《大地的海》在上海《文学》月刊第9卷第1期开始连载1—8章。

7月5日　小说《生命的笑话》（下）续载于上海《中流》半月刊第2卷第8期。《生命的笑话》1939年12月收入端木蕻良小说集《风陵渡》，改名《可塑性的》。

7月6日　和饶斌乘船离沪去青岛游玩。之前在沪小病数日。走前茅盾托他了解青岛的中学状况。

7月7日　下午到青岛。与饶斌住在他哥哥饶鸿焘的青岛海军工厂的俱乐部。

7月8日　早晨致信茅盾，署名之林，谈初到青岛的感受。当晚，北平收复丰台廊坊的消息传来，端木蕻良与青岛民众上街欢庆胜利。[1]

同日　致信胡风，署名之林："我已于七日下午抵青来了，此间甚风凉，有如秋天，我的通讯处是青岛海军工厂饶鸿焘先生转曹之林收即可，可以长久通用。"

7月15日　小说《三月夜曲》发表于上海《文丛》月刊第1卷第5期。

7月20日　书评《〈崖边〉偶拾》发表于上海《中流》半月刊第2卷第9期。

7月31日　致信胡风，署名之林："青岛尚称安适，逃难者如缕。轮船很难买到票，海滨只余一片沙漠。坐飞机南去者不乏其人，我何日回沪尚未可定。"

7月下旬　致信茅盾，署名之林，向茅盾详细介绍青岛圣功中学

---

[1] 端木蕻良1937年7月8日致茅盾信，载《端木蕻良文集8》（下卷），北京出版社，2009，第14页。

及其招生情况和要求。上午信写的是间接了解的情况，午间特地去圣功中学见到了女校长，回来将学校环境和具体招生情况写入信中。①

8月1日　长篇小说《大地的海》在上海《文学》月刊第9卷第2期续载9—13章。不久因八一三上海抗战爆发，刊物停刊，未能续载。

8月2日　致信茅盾，署名之林，信中一是介绍青岛临战的混乱时况；一是将二哥曹京实从北平来信讲述养病时听到看到的战乱情况转述给茅盾，透露自己不日要回沪。②

8月8日　乘船离开青岛前往上海。

8月9日　抵达上海，住在亚尔培路。这里是端木蕻良朋友杨体烈的住处，端木蕻良和他合住，杨体烈在上海江湾国立音专上学。

8月13日　下午3时50分，日军大举进攻上海闸北地区，中国军队奋起还击，史称"八一三事变"。日军炮轰引发大火，烧毁房屋无数，包括商务印书馆和华美印刷所等。端木蕻良陪茅盾在远处观察火势。当时端木蕻良还不知他的《科尔沁旗草原》正在华美印刷所印刷中。回到茅盾家，徐调孚送来《科尔沁旗草原》和茅盾《一个真正的中国人》的两部手稿，不久又重新发排。③

8月14日　到外滩与巫一舟、杨体烈观看中日空战。亲眼看到日军指挥舰"出云舰"中弹起火。

8月中旬　茅盾代表《文学》出面，把因战乱一时停刊的《文丛》《中流》《译文》等刊物联合起来，筹备出版一种32开本的新刊物，第一本取名《呐喊》。向端木蕻良约稿。端木蕻良邮去散文《青岛之夜》。

8月21日　把议论文《中国的命运——兼答日本室伏高信》邮寄

---

① 端木蕻良1937年7月致茅盾信，载《端木蕻良文集8》（下卷），北京出版社，2009，第14—15页。

② 端木蕻良1937年8月2日致茅盾信，载《端木蕻良文集8》（下卷），北京出版社，2009，第15—16页。

③ 端木蕻良：《茅盾和我》，载《端木蕻良文集8》（下卷），北京出版社，2009，第467页。

给茅盾。

8月22日　致信茅盾，署名之林，信中提到，前寄去一稿"如不发顶好不发"。"昨天又邮去一稿，若赶不上一期，望能放在二期。"[1]按：端木蕻良先后给茅盾寄去的两稿分别为《青岛之夜》和《中国的命运——兼答日本室伏高信》。

同日　上海《呐喊》周刊第1期出版，8月29日第2期出版，随后改名《烽火》。

8月23日　致信茅盾，署名蕻，信中希望在《呐喊》上登出一个启事。因战乱失去一些亲友的联系地址，要求恢复联系。[2]

8月下旬　胡风出面邀请萧红、萧军、曹白、艾青、彭柏山、端木蕻良等作家商议筹办一个文学杂志。胡风提议刊物叫《战火文艺》，萧红说："这个名字太一般了，现在正七七事变，为什么不叫'七月'呢？用'七月'做抗战文艺活动的开始多好啊！"萧红的提议得到大家赞同。第1期《七月》有启事曰："刊名《七月》，系表示我们欢迎这个全面抗战的发动期底到来，别无深意。"此次集会上，端木蕻良与萧红第一次见面。上海《七月》是同人杂志，周刊，暂时不付稿酬。

8月　完成小说《萝卜窖》。后收入1998年《端木蕻良文集》第3卷。

同月　上海《关声》月刊刊登书报评介，评介《文学》杂志连载的《大地的海》，文章说："在乐文社文艺组的演讲会上，听到郑振铎先生郑重地介绍了端木蕻良，认为中国新进作家中最有前途的一位。……作品的内容，仅看到一个开始，还不知道，但根据作者已发表的短篇创作的成就，我敢相信，这个长篇创作里，将有更伟大的力

---

[1] 端木蕻良1937年8月22日致茅盾信，载《端木蕻良文集8》（下卷），北京出版社，2009，第18页。

[2] 端木蕻良1937年8月23日致茅盾信，载《端木蕻良文集8》（下卷），北京出版社，2009，第18页。

的表现!"

9月5日　上海《烽火》周刊创刊,收入端木蕻良散文《青岛之夜》。

9月6日　与茅盾会晤。

9月8日　晨,致信茅盾,说二哥转入北平同仁医院,三哥在杭州税局当股长,让到那里去。又说昨天去枫林桥、城隍庙、方浜路、民国路看了一看,又到中汇大楼上观夜战,又跑到中西女学去了一趟。①

9月11日　致信茅盾,署名兰,信中提到,因同住的朋友杨体烈要回四川江津老家,自己已找到新住地,在上海是留是走未定,但还不打算去汉口,因为环境不太好,纸张缺乏,另外对办好《烽火》提出一些建议。②

同日　上海《七月》周刊第1期出版,收有端木蕻良的特写《记孙殿英》。

9月12日　致信茅盾,署名兰,并附上昨日未发的信。端木蕻良在信中说:"中国的文学想在国际间占得地位,必须文学家的人格取得人类的承认。"另告知15日自己要搬家,地址未定再告。③按:11日信尚未寄出,即收到茅盾来信,此信连同11日的信一并寄出。

同日　议论文《中国的命运——兼答日本室伏高信》发表于上海《烽火》周刊第2期。

9月17日　胡风在家中约大家谈一谈,讨论凑钱出第3期《七月》的事情,参加者有端木蕻良、萧红、萧军、彭柏山、曹白。谈话进行得很快活,大家"不由得"笑了,结果,《七月》第3期是必须

---

① 端木蕻良1937年9月8日致茅盾信,载《端木蕻良文集8》(下卷),北京出版社,2009,第16页。
② 端木蕻良1937年9月11日致茅盾信,载《端木蕻良文集8》(下卷),北京出版社,2009,第19页。
③ 端木蕻良1937年9月12日致茅盾信,载《端木蕻良文集8》(下卷),北京出版社,2009,第17—18页。

胡风掏腰包了，还决定《七月》要搬到武汉出版，扩大篇幅。谈话完了，大家逼着胡风"请客"。胡风买了酒和花生来，大嚼一通之后，晚饭又议决要吃面，大家又逼着胡风"请客"，以香蕈和豆腐干丝下面，面由萧红煮。大家仍然"不由得"笑了。①

9月18日　上海《七月》周刊第2期出版，收有端木蕻良的杂文《机械的招引》。

9月19日　中秋节，怀念在北平的老母，写诗《中秋忆母》。

9月中旬　胡风得知端木蕻良一个人住，约端木蕻良住在他家，生活上可以方便些。

9月25日　端木蕻良和胡风从上海西站（原梵皇渡车站）乘火车离开上海，胡风转道南京去武汉，端木蕻良转道杭州去上虞。端木蕻良离开上海前，去茅盾家，告诉自己要去浙江上虞三哥处，并留下浙江上虞三哥处的通信地址。端木蕻良赴上虞途中路过杭州，游览灵隐寺等名胜。

同日　上海《七月》周刊第3期出版，收有端木蕻良的散文《记一二•九》。该期还刊有诗歌《古意新伤》，署名红粮，应该为端木蕻良所写。

9月28日　萧红与萧军离开上海，转道南京乘船去了武汉。

10月4日　胡风收到端木蕻良浙江上虞来信，信中说："匆匆握别，行抵此间，市乡沉静得很，竹篁遍野。不过完全停滞在农村自足状态。物质文明可谓低落，惟鸡子甚为便宜，每日吞食，且可足睡，海上烦嚣都付流水，未悉武汉能如是否。闻唤猪声，窗外竹影萧萧，曲水一泓，不知生于何时何代。三郎及红小姐已抵汉否，至为怀念，希望能得他们长住，则中国文坛可在汉口留得半壁天下。昨抵杭垣，大游西湖，船家非把我当作航空壮士招待不可，亦奇闻也。今日此间有人谓我中国才一担，东北占八斗，此语可转寄三郎，笑破肚肠

---

① 曹白：《呼吸》，上海文艺出版社，1983，第89页。

也。"端木蕻良此信约写于9月27日。

10月5日　胡风复信端木蕻良。武汉生活书店同意垫纸印刷《七月》并代售。

10月6日　胡风收到端木蕻良稿，在日记中以为"才子气太重，无严肃气氛"。

10月上旬　胡风在上海时委托熊子民在武汉登记出版《战火文艺》，湖北省当局未批，后来，再用《七月》登记，为半月刊，获批。

10月上旬底　自浙江上虞致胡风："五日信收到，甚慰。我因腿部又风湿作痛，不能行路，故迟迟不堪就道。……闻浙赣道炸毁数处，此段路途不知如何了也。希望我到九江打一电报给你，你可去接，免得作阿木之林。……茅盾先生已去长沙，他约定回来电邀至杭州相晤……我如去汉最初数月生活皆可维持，不过往后总以有把握为佳，因为生活一不安定文章便无从扎取了。"按：茅盾于本月5日离开上海送孩子去湖南长沙上学，给在浙江上虞的端木蕻良写信告知，端木蕻良收到茅盾信后给胡风写的这封信。

10月16日　汉口《七月》半月刊第1期出版，收端木蕻良散文《记孙殿英》《哀鲁迅先生一年》。

10月17日　胡风致信端木蕻良，并寄去《七月》一本。

10月　议论文《中国的命运——兼答日本室伏高信》发表于上海《怒吼周刊》第1期。

同月　散文《永恒的悲哀》收入《鲁迅先生纪念集（评论与记载）》，鲁迅纪念委员会编，文化生活出版社（上海）1937年初版。

同月　在上虞蒿坝养病期间，端木蕻良作散文《哀鲁迅先生一年》、小说《火腿》；搜集素材以后写成小说《蒿坝》，后改名《江南风景》。

11月1日　汉口《七月》半月刊第2期出版，收端木蕻良散文《记一二·九（救亡运动特写）》。

同日　胡风收到端木蕻良自浙江上虞寄来的信，信中说："信收悉，刊物亦今日到，皆满意，甚为兴奋。我因病腿，终日踞居床上，甚苦。现已好转，可以下地作书，当可写一些字寄去。……三郎夫妇近况何似，念念。汉口生活程度如何，去时，以如何走为佳，我想走浙赣铁路好不好，盼能赐知一二，以为参考，在汉找房月需若干？以我来住作标准。"按：此信大约写于10月下旬初。

11月5日　茅盾回沪途中抵达杭州，写信给端木蕻良约在萧山相见，端木蕻良因腿风湿病犯了，委托三哥曹京襄前去，但茅盾因为萧山遭遇日机轰炸，已于6日离开杭州到了绍兴，曹京襄未能和茅盾晤面。本来茅盾准备在杭州乘火车回上海，但因日军在金山卫登陆，杭州到上海的火车停开，茅盾只得立即赶往绍兴找船，所以曹京襄在萧山没找到茅盾。茅盾约于11日上船，12日晚回到上海。

11月8日　自浙江上虞致信在湖北武汉的胡风："今日得三郎夫妇信，何以又有去意，心甚怆感，吾辈能团聚如几时，又复东西！"按：萧红、萧军有信给端木蕻良，告知在本月15日去陕西，端木蕻良故有此叹。

11月10日　自浙江上虞致信在湖北武汉的胡风："前日接萧军萧红来信知他们打算十五日去陕，心中颇为悒悒，不知萧红也去否，看她样子身体不太好，那边生活甚苦，她能吃得住否？与军不能一欢会，便言离去，殊不能释。……鲁迅夫人海婴尚在沪否，应去信劝他们迁出，萧军能不去否。……萧红未走，告他我介绍她的那位女友，现在因爬山路和功课吃重惹得哭哭啼啼！入武汉大学借读故也，一笑！"按：端木蕻良要介绍给萧红的女友，是他三哥曹京襄的未婚妻刘国英，时在武汉大学借读。汉口《大公报》本年11月12日消息："武汉大学续招借读生，昨已发榜，共录取七十二名，并已通知各生于十三日前到校报到，缴费，办理入学手续云。"

11月16日　汉口《七月》半月刊第3期出版，收端木蕻良散文《寄在战争中成长的文艺火枪手们》。

11月22日　端木蕻良来到武汉，找到武昌小金龙巷二萧住处。萧军去通知胡风，胡风来二萧居所，端木蕻良的未婚嫂子刘国英亦在，大家一起到河阳门吃饭，逛黄鹤楼。胡风和端木蕻良、刘国英过江到汉口，去了汉润里一趟，又去刘国英处，又一道购物，回到武昌。① 当晚端木蕻良就住在小金龙巷21号。按：以下到年底谱文中出现的胡风日记，注释均同于本注。

　　之前胡风和萧军都写信催端木蕻良来武汉一起办《七月》，端木蕻良腿疾发作，拖了一个多月才成行。端木蕻良到小金龙巷找到二萧，看环境不错，要求也住在这里，二萧征求蒋锡金意见，蒋锡金同意，并向邻居借了一张竹床，让端木蕻良睡在外间书房。

　　过一两天，蒋锡金幼年时房东的女儿梁白波来到小金龙巷，蒋锡金将她介绍与二萧、端木蕻良认识。梁白波是漫画家，她创作的《蜜蜂小姐》是中国漫画经典作品，与漫画家叶浅予是同居关系，10月初她先来到武汉。与萧红对绘画谈论投机，表示要搬过来住。按照萧红的安排，萧红、萧军和端木蕻良住在里间卧室大床，梁白波和蒋锡金住在外间书房。没有几天，叶浅予来到武汉，梁白波搬了出去，和叶浅予住在一起。

　　11月23日　晚，胡风来，"都浮萍似的谈着天"。

　　11月24日　和萧红、萧军、田间到胡风居所，后一起去蛇山玩，又去汉阳门吃面。

　　11月29日　胡风日记："同三郎、之林（即端木蕻良，下同）等在天津馆吃饺子。"

　　12月1日　汉口《七月》半月刊第4期出版，收端木蕻良议论文《八·一三抗战的特质》。

　　12月5日　胡风日记："夜，三郎夫妇、之林来，谈笑很久始去。"

　　12月7日　胡风日记："上午十一时到三郎等处，等绀弩来了就

---

① 晓风辑注《胡风日记·武汉一年》，北京《新文学史料》季刊2016年第3期。

一同到馆子吃饭，席上大谈了一通《水浒》《红楼梦》。"

　　12月10日　武汉江汉关前广场群众集会，纪念一二·九运动两周年，会后游行，游行队伍经过民权路时，有暴徒向游行队伍开枪，打伤一东北青年。被群众抓住的开枪者说他是奉命行事，宪兵队来后将开枪者带走。蒋锡金乘渡轮返回武昌时，渡轮上游行的青年人问蒋锡金怎么办，蒋锡金说发动同学去医院慰问受伤者，这时人群中一个特务与蒋锡金发生争执。蒋锡金回到小金龙巷，将事情告诉了端木蕻良、萧红和萧军，大家都很气愤。

　　同日　胡风日记："午饭后曼尼来，三郎、之林等来，一直闹到四时过才走。"

　　12月11日　上午，蒋锡金的财政厅同事张鹤暄来小金龙巷送结余的薪金，蒋锡金请张鹤暄到长街吃饭，被4个特务押进了湖北省国民党党部反省院。张鹤暄赶快按蒋锡金吩咐去找了冯乃超，冯乃超让去找财政厅厅长贾士毅。贾士毅是国民党政学系的财政专家，有名的学者，与蒋锡金家是世交，贾士毅去找了在武昌的蒋介石，傍晚，蒋锡金获释。

　　同日　中午，蒋锡金被特务押走后，特务拿着蒋锡金写的"蒋锡金到"的条子到小金龙巷，说罗隆基请吃饭，蒋锡金已经到了，请萧军他们也去。萧军他们刚吃过午饭，萧红正在收拾碗筷。萧军和特务争辩，拒绝跟特务走，要求找警察，特务找来了两个警察。争辩的时候，萧红跑去找了胡风，胡风过来后赞成萧军去警察局，胡风说他到汉口去报告消息。特务要求端木蕻良也去警察局，萧军和端木蕻良带了寝具，准备在警察局过夜。临行时，张鹤暄过来报信，特务看见了，把他也带到了警察局。到警察局后，萧红以及拜访萧红的两个女高中生也被特务带来。胡风看见他们被带走，赶快去找关系，打听到是国民党湖北省党部特务组干的，胡风又托金宗武找到他在省党部的学生去疏通关节。冯乃超去武汉八路军办事处，告知了萧红他们被带走的事情，武汉八路军办事处也做了营救工作。傍晚，端木蕻良、萧红等人被释放，警察告诉他们，带他们来是因为他们没有报户口的原因。①

同日　下午，胡风日记："下午午睡时，悄吟跑来，说是有三个流氓似的人物来逼三郎去。去那里一看，晓得是什么特务机关派来的，派他们同到警察所去。我出来到行营找曹振武处长，他答应去交涉。回来托宗武找人打听，回信是党部来捕的。再找曹振武，他说是省党部特务组捕去的，回来找金老伯去找特派员，M（即梅志）来说之林已在我处，他们都出来了。看来他们是想秘密弄去的，后来见外面有人知道，无法下台，只好说是因为他们没有报户口。看来武汉的情形一天一天严重了。他们吃过饭到这里来闲谈了一通。"

同日　萧军的回忆说是胡风打电话给邓初民，邓初民打电话给董必武，董必武打电话给湖北省政府主席何成濬，这样事情就公开化了，有关当局只能放人。②

12月12日　胡风日记："晨……之林、三郎夫妇来。……夜，之林等来，闹到深夜始去。"

12月13日　国民政府军事委员会第六部武汉办事处招待文化界，端木蕻良、萧红、萧军、蒋锡金、冯乃超、孔罗荪等参加招待会。《民族战线》创办人邓初民先生发言说，前几天有几个青年作家被捕，我不认识，听说他们在场，请他们不妨出来证实一下。会场上顿时一片静寂。

12月16日　汉口《七月》半月刊第4期出版，收端木蕻良议论文《文学的宽度、深度和强度》，还刊有启事："端木蕻良征求载有《大地的海》续稿的《文学》第九卷第二期，有愿割让者，请来信说明条件。"

12月17日　胡风日记："田间、艾青、之林来。"

12月19日　胡风日记："夜，艾青、田间、之林、悄吟来。之林

---

① 梅志：《"爱"的悲剧——忆萧红》，载《花椒红了》，中国华侨出版社，1995，第14页。

② 萧军1979年3月23日致蒋锡金信，载《萧军全集》（第16卷），华夏出版社，2003，第192页。

想逃去武汉之念甚切，好像以为我另有上好的安全的办法。"

12月20日　胡风日记："萧军来，说是之林、悄吟想马上离开武汉。"

12月21日　胡风日记："绀弩来，一道到三郎处谈了些最近的情形。"

12月22日　胡风日记："在子民家吃晚饭，为《七月》事，大起争执。端木等要成立编委会，否则退出。看来他们蓄意已久，想争取什么权力似的。结果是不欢而散。"按：胡风称"端木等"中应该有萧红。

12月24日　胡风日记："我想把《七月》停刊，但绀弩、子民皆不赞成，子民底意思是设法扩大，不要被一二人所左右。"

12月26日　胡风日记："回家后，知端木来过。艾青、田间来，对于三东北作家底态度大为不满。"

12月27日　夜，萧红、端木蕻良给胡风送稿件，拿的是旧稿，胡风日记里说是"敷衍"。

12月30日　胡风日记："下雨，到三郎处，略坐即回。他们又谈到怎样撤退的问题。"

12月31日　胡风日记："上午，田间、艾青来，艾青说昨晚为了谈诗，和端木吵起来了。"

1938年（26岁）

1月1日　议论文《文学的宽度、深度和强度》发表于四川万县《新文摘》旬刊第1卷第1期。

1月3日　《武汉日报》消息：2日，武汉文化界抗敌协会召开常务理事会，决议由老舍、胡风、萧红、冯乃超、萧军、端木蕻良、罗荪、艾青、蒋锡金、高兰、田间、白朗等36人组成文艺工作委员会。

1月初　端木蕻良出席阳翰笙在汉口味腴别墅召集筹建中华全国

文艺界抗敌协会（简称"文协"）的讨论会。端木蕻良主张由作家共同发起的建议后被采纳。①

1月8日　胡风组织了"七月社"在武昌兰陵路（今解放路）民众教育馆的抗敌木刻画展览会，历时三天，约有万人参观。端木蕻良、萧红等《七月》同人参与抗敌木刻展览会的服务工作，展览会结束后，端木蕻良写了散文《木刻爱好》。

1月9日　阳翰笙借座蜀珍酒家邀请端木蕻良、穆木天、聂绀弩、王淑明、马彦祥、冯乃超、王平陵等20余人，就筹组中华全国文艺界抗敌协会一事进行研究和讨论，一致认为成立协会是急需和必需的。

1月10日　胡风日记："五时后，同艾青、田间、江烽、李又然、宛君姐弟等收拾木刻，和M携回家来。除宛君姐弟外，他们都来了，加上萧军等三个，在这里大吃一顿牛肉面。"②按：以下到5月底谱文中出现的胡风日记，注释均同于本注。另，当时端木蕻良多与萧红、萧军在一起行动，所以胡风称"萧军等三个"。

1月13日　胡风日记："萧军三人来，对于《七月》好像要怠工的样子。听他们罢。我说交出编辑权，他们又不肯接受。"

1月14日　胡风日记："端木及艾青来。"

1月15日　散文《木刻爱好》发表于武汉《新华日报》。

同日　彭柏山自上海致信在武汉的胡风："瞧吧：丁玲是在怎样战斗着。奚如是在怎样战斗着。对于他们，我的心，是虔诚地向往着。同样，我也虔诚地向往着你。绀弩、萧红、端木、田军、田间诸兄均此。"③

1月16日　下午，胡风在家里组织文艺座谈会，参加者有萧红、

---

① 端木蕻良：《胜利以来的文坛》，武汉《大刚报》1948年1月1日。
② 晓风辑注《胡风日记·武汉一年（续一）》，北京《新文学史料》季刊2017年第1期。
③ 彭柏山：《彭柏山文选》，上海文艺出版社，2003，第344页。

胡风、艾青、田间、端木蕻良、冯乃超、楼适夷、王淑明、聂绀弩、丘东平等10人，"萧军因病不能出席"。这次座谈会的记录整理完成后，刊登在汉口《七月》半月刊第2集第7期上，题目为《抗战以来的文艺活动动态与展望——座谈会记录》。这期杂志版权页注明是1月16日出版，实际出版日期在1月23日以后。

1月17日　楼适夷致信胡风，请他为《团结》拉稿："望兄能于百忙中给我最大的帮助，写稿，拉稿。……艾青处今晨不及另去，见时乞致意，并望他于诗歌之外，写点短文。数日后拟举行一茶话会，稿子望能带下。艾青、田间、萧红、蕻良、萧军、淑明诸先生均此。"

1月20日　《新华日报》刊登端木蕻良10日写的文章《木刻爱好》，编者按：端木先生此稿，原为木刻专号而作，因送到较迟，不及编入特（刊），补刊于此。

本日　胡风日记："饭后，艾青、田间、端木来，不久萧军亦来。"

1月21日　史沫特莱到武汉后，史沫特莱的旧友萧红、萧军等人找到史沫特莱，约她和一些作家聚谈，史沫特莱接受了邀请。参加聚谈会的作家联名发表给前线战士的致敬信，端木蕻良参加聚谈会并签署致敬信。

1月22日　胡风日记："一行人到外面吃饭，由田间请客。饭后，同奚如夫妇、绀弩回家，坐了一会后，一同到萧军那里，谈了一会闲天。萧军想拖我和绀弩等一同到临汾去，好像没有《七月》一样。端木则如有所待似的。"

1月24日　胡风日记：出门期间，"臧云远来过，要我和萧军等去民族革命大学。晚，萧军夫妇及端木来。萧军是想去的，端木被拖着，结果还是决定他们先去。他们还拖艾青、田间去。"

1月26日　胡风日记："在子民处同端木、萧军等谈《七月》，他们说应该维持下去，似乎也感到这刊物底重要了。"

1月27日　与萧红、萧军、聂绀弩、田间、李又然，以及艾青携妻子张竹茹和女儿七月到汉口玉带门车站乘火车离开武汉，前往山西临汾民族革命大学任教。胡风、冯乃超、蒋锡金等前往玉带门车站送行。他们乘坐的车厢是篷车，萧军称之为"五等铁皮卧车"。

1月30日　这天是农历腊月二十九，除夕。本年腊月没有三十日，但因为是除夕，这天老百姓仍然俗称为"年三十"，端木蕻良他们乘坐的火车在河南省陕县会兴镇发生出轨事故，滞留。

1月下旬　"文协"临时筹委会召集在武汉的作家，其中就有端木蕻良。

2月4日　乘火车抵达陕西潼关，风大，不能渡河。

2月5日　午后，自陕西潼关乘木船渡黄河到山西风陵渡，乘坐北同蒲线窄轨火车前往临汾。临汾距风陵渡236公里，从风陵渡坐火车到临汾需要十四个半小时。

2月6日　早晨抵达临汾，住学校安排的民房，位于鼓楼东大街的"狮子巷"——青狮子口。晚上民族革命大学举行欢迎会，欢迎到临汾的教师和学生。

2月上旬　民族革命大学学生回忆端木蕻良等人在临汾的情况："有一次，端木蕻良，萧红，田军，聂绀弩，艾青，李又然，田间等诸先生到临汾，我们就发起邀他们开一个'抗战文艺座谈会'，一面表示欢迎，一面也是向他们领教。他们在谈笑之间，都发表些意见。当时记下来的稿子，就在《斗争》上发表。我觉得这个座谈会，实为《斗争》出版以来有意义的佳作，于是我们就约他们多开几次座谈会，他们也乐意地答应了。"[①]"有名的田军，萧红，端木蕻良，欧阳红缨等也来做指导员，他们吸引力大，也很受学生欢迎。"[②]

同旬　日军发动京汉线方面黄河左岸地区及山西省南部推进平定作战，目的是占领豫北晋南。日军动用5个师团，其中第二十师团从晋中榆次南下攻击，第一〇八师团从河北邯郸向西攻击，第十四师团

---

① 非非：《民族革命大学生活录》，上海《宇宙风》半月刊1938年第76期。

② 德先：《民族革命大学（回忆）》，武昌《战时青年》半月刊1938年第8期。

从豫北安阳南下西进再北上攻击晋南运城。临汾作为山西军政机关所在地，是日军这次作战的重要目标。

2月14日　元宵节，晴，月明。临汾各界在临汾体育场举行反侵略运动大会，民族革命大学师生整队前往，每人都提着灯，会场有上万人。

2月15日　聂绀弩自临汾给武汉胡风信中说："到此多日　已由萧君函告　想已察及　一路之上据我观察　端木情绪最劣　处事为人亦有问题　艾青又然常在私人问题上闹纠纷　毫无较大眼孔　比较起来　萧军夫妇尚有做事能力及意志　且不甚涉及私人恩怨　实为难能可贵者　现艾青又然均被派负（赴）运城分校　萧君亦拟于日内赴运　我与端木及萧夫人在此工作　惟前工作尚未分配　仅出席几次课外文艺活动指导　情形甚佳……田间赴洪洞游历未返　在彼处当可碰见老丁　我已嘱其转达你收到彼函之意　我等三数日后或亦往洪一游。"[①] 按：原信无标点。

从聂绀弩信中可以看到：同去临汾的7人中，田间去了洪洞找西北战地服务团，艾青、李又然被派往运城民大分校，萧军也准备去运城，端木蕻良、萧红和聂绀弩留在临汾，但学校还没有给安排正式工作。学校让他们做"文艺指导"；端木蕻良和萧红、聂绀弩准备过几天去洪洞一游，找西北战地服务团和丁玲。

2月17日　萧军自山西临汾致信在湖北武汉的楼适夷："二月六日我们到的临汾。在这里除掉出席几次民大同学们的文艺座谈会外，还没有上一次正式的课堂。"[②]

2月19日　自临汾致信胡风，署名端木蕻良："相别已近半月，近来好否，嫂夫人近况如何，回籍否，念念。此间工作尚好，学生水准甚高，对来的七人观念尚好，很有信（欣）慰之感。……近传丁玲

---

① 晓风整理辑注《胡风保存的老书信一束》，北京《新文学史料》季刊2002年第2期。

② 萧军：《萧军全集》（第16卷），华夏出版社，2003，第220—221页。

舒群想编一《战场》，也在杂志局出版，也是半月刊，也是纯文艺，颇为气愤。不知有此消息否？……七月要那（哪）一类稿子请告我，我甚至可以每期写。"

2月20日　西北战地服务团在著名女作家丁玲率领下，自洪洞县万安镇抵达临汾，23日离开临汾。其间，民族革命大学开会欢迎西战团。丁玲和老熟人聂绀弩见面，并和端木蕻良、萧红、萧军相识。

2月中旬　结识了东北作家马加。马加是本年1月从西安来到临汾的，马加在北平参加了北方左联，在临汾碰到北方左联的朋友夏英喆，夏英喆介绍马加去晋西北岚县动委会工作，上汽车的时候，被阻拦，端木蕻良在北平见过马加，就和在一起的朋友赵宗绶介绍马加是个作家，让他上车吧。赵宗绶的父亲是山西省政府的实力人物，赵宗绶说了话，马加得以上车。端木蕻良和马加交谈相识，两人相见恨晚。

2月22日　日军占领安泽，距临汾60多公里。日军第一〇八师团自2月13日由河北武安西进以来，16日破东阳关，21日占领长治。对临汾构成威胁。丁玲西北战地服务团奉命回延安，准备从运城走。

2月23日　夜，端木蕻良、萧红、聂绀弩随丁玲西北战地服务团到临汾车站，准备乘车去运城民大第三分校。萧军执意留在临汾。两萧情感纠结由来已久，这次萧红走后，萧军把他的书稿和书信托人送交丁玲保管。聂绀弩1946年在《在西安》一文中写道：萧军和萧红的"临汾之别，大概彼此都明白是永久的了"。萧军晚年在《萧红书简辑存注释录》一书中说："在临汾时我和萧红就决定基本上各自分开了，当时还尽管未和朋友们公开申明。"

2月24日　到运城。端木蕻良和萧红、聂绀弩准备随丁玲去延安看看。萧红当日给在延安朋友高原信，表示估计2月底从运城动身，3月5日到延安。此信未当日发出。

在运城期间，端木蕻良曾经到池神庙游览。萧红在民族革命大学三分校演讲，受到学生空前欢迎。端木蕻良回忆：本来"萧红看人太多，不想讲。女同学就包围住她，请她无论如何要讲几句话。她开玩笑对我说：'端木，你给我写了稿子，我去朗诵吧！'我说：'这怎么可以，其实这很好讲，你从法国大革命，圣女贞德，苏联苏维埃政权建立后……再说到西班牙的热情之花——伊巴露丽。这些人的事迹，你都是熟悉的。再说说我国妇女的今天和明天，以及应该做的，不就可以了吗？'她听了眨眨眼睛，就上台去了"①。

  本日 胡风日记："得端木信，说要每期都写稿来。"

  2月27日 胡风复信端木蕻良。

  3月1日 凌晨，西北战地服务团行军至运城火车站，乘坐火车前往风陵渡。西北战地服务团为去西安宣传演出，需要新的切合现实的节目。在火车上，由丁玲提议，端木蕻良、萧红、聂绀弩被"拉夫"，和西北战地服务团团员塞克编写一个话剧。四人你一句我一句，确定了剧本的人物和情节，西北战地服务团团员陈正清、何慧做记录。他们还在火车上作诗联句玩。②

  到达风陵渡后，下车乘木船渡黄河抵达陕西潼关，集体住在县城西关潼关棉花机器打包股份有限公司。萧红在24日写给延安高原的信上又补充一句："现在我已来到潼关，一星期内可以见到。"信在潼关寄出去。

  同日 因为丁玲西北战地服务团奉八路军总部命留在西安宣传中共抗日主张，端木蕻良、萧红、聂绀弩等接受丁玲建议，与西北战地服务团到西安做抗战宣传。

  3月2日 在潼关。丁玲带领西北战地服务团几个人员到西安打前站。几天等待里，端木蕻良和萧红、聂绀弩游览了黄河、风陵渡、潼关城。

  3月4日 上午，乘火车随西北战地服务团离开潼关。黄昏，抵

---

① 端木蕻良：《山西，有我的心印》，载《化为桃林》，上海古籍出版社，2000，第71—72页。

② 塞克：《吼狮——塞克文集》，文化艺术出版社，1993，第559页。

达西安火车站。随西北战地服务团住西安梁府街"女子中学",住处没有铺盖,没有用具,大家在黑屋子里坐了一夜。

3月5日　西安《新秦晚报》消息:"西北战地服务团全体成员共四十余人昨由潼关抵省,下榻女子中学,文学作家端木蕻良、萧红、戈矛、聂绀弩,青年诗人田间,戏剧家塞克等,亦随行。"

3月7日　聂绀弩自西安致信在武汉的胡风:"我现在住在西安,和端木萧红住在一块儿,我们又和丁玲住在一块儿。艾青又然也都住在西安。总之,我们都从临汾运城出来了,只有萧军跟学校一同走了。除了他,请安心,我们都安全无恙。想他也会安全无恙的吧。……我们到西安已经好几天了,一到就想给你写信,无奈住的地方没有桌子椅子。做事很不方便。窗外正霏着鹅毛大雪,地上已经尺把深了。西安的街道很难走,自然不能出去。……我们本想到雪苇那里去看看的,手续都办好了,却被雪阻住了。"①按:刘雪苇当时在延安,端木蕻良和萧红、聂绀弩有计划去延安。

3月上旬　周恩来从陕西延安经西安去湖北武汉。周恩来约在4日到西安,10日已回到武汉,1998年中央文献出版社出版的《周恩来年谱》写道:"三月上旬　和王明等回到武汉。"西北战地服务团到西安后,端木蕻良、萧红、聂绀弩随丁玲到北新街七贤庄"西安八路军办事处",周恩来和凯丰接见他们,并合影留念。

3月11日　与塞克、萧红、聂绀弩合作的三幕话剧《突击》剧本由塞克整理完成。初刊于1938年4月1日汉口《七月》半月刊第2集第12期(刊期编号延续了第1集,实际应该是第2集第6期),署名塞克、端木蕻良、萧红、聂绀弩;1939年3月生活书店出版《突击》单行本,署名塞克,但正文题目下方标明塞克、端木蕻良、萧红、聂绀弩合作。

同日　端木蕻良撰写了"《突击》公演特刊"里的"节略",后来

---

① 晓风整理辑注《胡风保存的老书信一束》,北京《新文学史料》季刊2002年第2期,第173—174页。

将"《突击》公演特刊"寄给在香港的茅盾。丁玲著文说："剧本是临时拉夫的，因为是有修养的作家们，所以就一口气答应了，几天之内，居然于十一号就脱了手。"①西北战地服务团开始在驻地排练《突击》。

同日　西安《西北文化日报》发布消息《〈突击〉将在本市公演》，消息称："闻该团现又编定三幕剧，名《突击》，剧本为端木蕻良塞克等集体创作，现正赶制布景及加紧排练中，约于本月十六日可在本市公演。"

3月14日　西安《西北文化日报》发布消息《西战服务团定期公演》，消息称："主要节目有名作家，塞克、端木蕻良、萧红、聂绀弩集体创作之三幕抗战剧《突击》。"

3月16日　《突击》在西安武庙街（今西一路）易俗社剧场开始公演，每天两场，演到20日。演出时间日场为下午3时，夜场为晚上7时半，票价6角。最后一日还加演早场，时间为上午10时，免费招待军人。这样，《突击》在西安共演5天11场。《突击》的公演在古城西安引起轰动，媒体争相报道。

3月21日　《突击》公演胜利结束，大家都很高兴，端木蕻良、萧红和西北战地服务团的团员结伴去大莲花池街的莲湖公园游玩，萧红在大门外铁栅栏前留影，端木蕻良躺在公园里土丘斜坡上留影。

3月26日　西北战地服务团的晋陕之行，公开说是经西安回延安，但是能在西安多待些日子，就可以有力地宣传共产党八路军的抗战主张，扩大影响。这个时候，延安让丁玲去延安"述职"，丁玲离开西安前往延安，聂绀弩同行。端木蕻良回忆萧红知道萧军到延安所以不去，端木蕻良想去延安。据萧红致胡风信，是因为汽车坐不下没去延安。

同日　汉口《新华日报》刊登消息《西北战地服务团在西安》，

---

① 丁玲：《关于本团抵陕后的公演》，载《一年》，生活书店，1939，第116页。

消息称:"(西北战地服务团)最近因为塞克的加入,与聂绀弩、端木蕻良、萧红等经常就近帮助他们,他们的工作更加活跃。塞克、聂绀弩、端木蕻良、萧红等四人给他们集体创作的编了一个剧——《突击》,在西安上演。团员们因为过去都只是在乡村里工作,演剧只是一种口号式的鼓励,这次要在舞台上演,不能不注意技巧,因此许多天来忙着排演,揣摩表情动作,已经有两个晚上没有睡。十六日起,《突击》已在易俗社演出。"

3月27日 中华全国文艺界抗敌协会(简称"文协")在汉口正式成立。端木蕻良与冯玉祥、茅盾、胡风、田汉、冯乃超等97人为发起人。

3月30日 萧红自陕西西安致信在湖北武汉的胡风,端木蕻良同署:"胡兄:我一向没有写稿,同时也没有写信给你。这一遭的北方的出行,在别人都是好的,在我就坏了。前些天萧军没有消息的时候,又加上我大概是有了孩子。那时候端木说:'不愿意丢掉的那一点,现在丢了;不愿意多的那一点,现在多了。'现在萧军到延安了。聂也去了。我和端木尚留在西安,因为车子问题。为西北战地服务团,我和端木和老聂、塞克共同创作了一个三幕剧,并且上演过。现在要想发表,我觉得《七月》最合适,不知道你看《七月》担负得了不?并且关于稿费请先电汇来。等急用,是因为不知什么时候要到别处去。……萧红 端木 三月卅日 塞克附笔问候 电汇到西安七贤庄八路军驻陕办事处萧红收。"①按:艾青决定带着妻子女儿回武汉,萧红托他将此信和《突击》剧本捎给胡风。

3月下旬 在西安八办设在通济南坊27号的招待所住过一段时间。1938年3月至4月,陕甘宁边区政府和西安八办设立了八路军伤兵遣送委员会,遣送老弱残废军人回原籍,老弱残废军人就住在西安八办设在通济南坊27号的招待所。萧红在《无题》一文中说:"在西

---

① 晓风:《萧红佚信一封》,《中华读书报》2001年1月8日。

安和八路军残废兵是同院住着，所以朝夕所看到的都是他们。"端木蕻良等人在西安和萧红同行，端木蕻良他们也在通济南坊27号的招待所住过。

同期　据端木蕻良回忆，在西安住过西安招待所、住过民族革命大学在西安的招待所，这可能说的是一回事。民族革命大学在西安并没有招待所，对撤退到西安的民族革命大学教员们，民族革命大学有责任安排他们到旅社住，做善后工作，安排的旅社应该是位于崇仁路（今解放路）与崇礼路（今西五路）十字西南角的西京招待所，这是当时西安最豪华、现代化程度最高的旅社。住了不长时间，端木蕻良他们就搬到西安八办通济南坊招待所住去了。

同期　端木蕻良和萧红、艾青等人在西安游览。去过碑林，观看了《集王圣教序碑》及颜真卿、柳宗元的名碑。端木蕻良觉得萧红想象力非常丰富，不论看到什么，都会引发她一些联想。有一天晚上，他们几个人从外面回来，不知是谁拿着手电筒在前面边走边照路，萧红看到手电筒射出圆圆的光，便对端木说："你看，那手电筒射出的光，像不像海蜇在海里浮游？"[①]

3月　见到抗战歌曲《松花江上》的作者张寒晖。[②]张寒晖是河北定县人，中共地下党员，当时在距梁府街女子中学500米的北大街西安省立二中教书。

4月1日　汉口《文艺月刊·战时特刊》第9期刊登《中华全国文艺界抗敌协会发起旨趣》，发起人有田军、端木蕻良、田间、白朗、艾青、茅盾、胡风、梅林、冯乃超、蒋锡金、聂绀弩、罗烽等97人。

同期　《自由中国》创刊号在汉口出版，四十日刊，国民政府第二战区出资创办，发行人阎云溪，编辑臧云远、孙陵，后国民政府第二战区撤资，《自由中国》在汉口出版了三号。《自由中国》创刊号发

---

① 钟耀群：《端木与萧红》，华文出版社，2014，第31—32页。
② 端木蕻良：《嘉陵江上》，广州《花城》双月刊1980年第5期。

布了一条消息《萧红端木前往延安》，消息称："萧军、端木蕻良、萧红，从前在临汾民族革命大学担任文艺指导员，临汾陷落后，萧军随着学校退到××，端木和萧红已经从西安转到延安去了。"按：端木蕻良1933年在北平和臧云远认识，他俩都是北平北方左联盟员，一起编过北方左联的《科学新闻》周刊。这则消息当是端木蕻良初到西安时写信告知臧云远的，可见当时端木蕻良、萧红在西安还是有去延安的计划，只是信发出后，因为下雪、找车等原因，却没走成。

同期　汉口《七月》半月刊第2集第12期刊登抗战三幕剧《突击》剧本，署名塞克、端木蕻良、萧红、聂绀弩。这个剧本是萧红让艾青从西安带到武汉给胡风的，胡风立刻安排在汉口《七月》半月刊第2集第12期刊登，这期杂志版权页上的出版日期是4月1日，但实际出版日期据胡风日记记载，在4月25日。

4月4日　西北战地服务团假南院门正声剧社举行第二次公演，连演3天，演出通俗节目大鼓书、小调、相声、快板、秧歌等。端木蕻良、萧红寓居西北战地服务团驻地，应该去观看过。西安南院门是西安当时繁华所在，端木蕻良、萧红在西安游览，应该去过南院门。

4月5日　在延安，萧军接受丁玲劝说，愿意到西安参加西北战地服务团做抗战宣传工作，萧军和丁玲、聂绀弩离开延安前往西安。

4月7日　丁玲、聂绀弩自延安返回西安，萧军随行，来到西安梁府街"女子中学"西北战地服务团驻地。

4月9日　胡风日记："艾青带来了萧红的信，说是有了孕，艾青则说她和端木同居了。"按：艾青将萧红托带的《突击》剧本交给了胡风，胡风立即安排在《七月》刊登。

4月10日前后　端木蕻良自陕西西安致信在湖北武汉的胡风："风兄：我，萧红，萧军，都在丁玲防地，天天玩玩。绀弩一定带去许多我写不出来的消息。我有一套西装，是我顶喜欢的，所以我只带出一套了。希望你能把他托人带出，带到汉口，交给孔凡容寄给我。

寄到兰州炭市街四十九号白危转端木蕻良。"①作家白危（即吴渤）1938年1月从上海到甘肃兰州从事抗日救亡工作，参加王氏兄妹剧团，当时甘肃省教育厅要把王氏兄妹剧团合并到官办的兰州西北抗战剧团中，兰州八办指示白危可以合并，官方出钱，剧团演戏，演什么戏权力在剧团手里。白危考虑到王氏兄妹剧团人少，合并过去后力量单薄，就向甘肃省教育厅提出要求，从西安请几位戏剧人才过来，并把这个消息写信告诉了在西安的塞克。甘肃省教育厅同意后，白危立即就给塞克发电报让他组织人前来兰州。王洛宾、罗珊、朱星南都表示要去，端木蕻良给在广州的茅盾写信，"谓他与萧红拟到兰州后再赴新疆"，也和塞克的这个消息有关，从信中可以看出端木蕻良已计划去兰州了。

4月上旬末中旬中　萧军刚到西安，住在梁府街"女子中学"，和萧红维持着表面关系，大家一起在西安游玩，看望朋友。二萧公开分手起因，这就是4月10日端木蕻良给胡风信上提到的，表面上，他们还在"天天玩玩"。实际上，是"绀弩一定带去许多我写不出来的消息"。据端木蕻良回忆，是因为萧军一到西安，就表态要萧红和端木蕻良结婚，说他要和丁玲结婚，萧红对此非常生气。萧红、端木蕻良都和萧军吵了起来。②钟耀群则说是萧军到了西安一两天之后发生的这件事。③事情可能发生在4月9日或者10日。萧红越想越生气，就向萧军提出分手，萧军同意了。萧军随之又反悔，萧红不允。萧红和萧军彻底分手大约在15日或16日。萧红这次表现得极其决绝，萧军不甘心会是这样的结果，于是在西北战地服务团驻地大闹，威胁萧红和端木蕻良。萧红将萧军威胁"要杀"她和端木蕻良的事情，写信告

---

① 袁权辑注《端木蕻良致胡风的二十一封信》，北京《新文学史料》季刊2013年第1期。
② 曹革成：《我的姊姊萧红》，江苏文艺出版社，2010，第200—201页。
③ 钟耀群：《端木与萧红》，华文出版社，2014，第32—33页。

诉了在武汉的好友池田幸子。①萧军此举没有改变萧红的决心，尴尬之余，只能是离开西安前往兰州。两萧分手后，同情萧红的端木蕻良与萧红确立了恋人关系。

萧军之所以宣布他要和丁玲结婚，与丁玲去延安有关。丁玲到延安后，在陕甘宁边区政府招待所碰见了萧军，"丁玲住在萧军隔壁的院子，半夜，萧军越围墙而入室，丁玲称其无法拒绝"②。丁玲和萧军有了特别的关系，她领着萧军回到西安，这样，在萧红、萧军和丁玲之间，有了一种微妙的氛围。端木蕻良说萧军，"谁知在临汾时，与丁玲相遇，故态复萌。临汾沦陷，萧军从洛川入延安，由延安返西安，他公然宣布要与丁玲结婚，谁知丁玲不予承认"③。萧军向萧红、端木蕻良宣告他要和丁玲结婚，这固然与他和丁玲的特殊关系有关，但应该是萧军的个人任性所为，相信丁玲作为一个有身份的名人，不会赞同萧军这样做。

4月16日　端木蕻良自陕西西安致信在湖北武汉的胡风："嘱老兄将我的西装寄到兰州的事，请兄不要执行，因为还是存在武汉，等着我以后再麻烦你，或许就从此不麻烦了也，一笑！"按：表明端木蕻良准备和萧红回武汉。

同日　广州《文艺阵地》半月刊第1卷第1期"文阵广播"消息："以群（在汉口）来信说：'艾青、端木、绀弩等（原在临汾民族革命大学），听说都转运城到了西安……只有萧军还跟着民大学生在山西跑。'"

同日　萧军准备明天离开西安去兰州。一个月后，萧军在兰州写日记说这天被"重重的苦痛缠绕着"。

---

① 晓风辑注《胡风日记·武汉一年（续一）》，北京《新文学史料》季刊2016年第4期。

② 朱鸿召：《天上星星：延安的人》，红旗出版社，2016，第101页。

③ 端木蕻良1986年4月14日致香港刘以鬯信，载《端木蕻良文集8》（下卷），北京出版社，2009，第381页。

4月17日　端木蕻良与萧红准备由西安赴武汉。

同日　田间作诗《你们到国境线上去》，为萧军等送行，诗前语："洛宾、罗珊、塞克、萧军四兄弟离开我们，远去新疆。……一九三八年，四，一七，记于西安。"

同日　萧军和塞克、王洛宾、罗珊、朱星南乘汽车离开西安走西兰公路西行，前往兰州。

同日　田间作诗《给萧红》，诗前语："一九三八年四月十七日夜在西安，为告别萧红姊而写。"

4月18日　晨，田间诗赠端木蕻良《给端木蕻良——一九三八年四月十八日早晨告别端木蕻良兄所写》，诗前语："一九三八年四月十八日早晨告别端木兄所写。"诗中写道："在浑河底激流上，水芹子拥抱着小刀，要去复仇。——守护她呵！"[1]

4月18日—5月4日左右　端木蕻良和萧红滞留在西安，度着"蜜月"的日子。[2]

4月19日　胡风收到端木蕻良信。

同日　胡风日记："过江后，鹿地[3]在等，把《读卖新闻》登载的关于他们的消息给了他。夜，到他们那里闲谈了很久。萧红给池田的信，说是她和萧军已离开，萧军要杀她和端木云。"按：这段时间胡风经常和鹿地亘夫妇在一起，胡风日记记载很详细，没见鹿地亘夫妇

---

[1] 两首诗载田间《呈在大风砂里奔走的岗卫们》，生活书店（汉口），1938，第28—31页和第32—33页。

[2] 4月18日，萧红和端木蕻良没有走，又在西安住了十几天，大约在5月4日离开西安前往武汉。这十几天萧红和端木蕻良在西安的情况没有资料记载，但从萧军的日记里可以看到一些端倪。萧军6月12日携新婚妻子王德芬从兰州来到西安。6月13日，萧军在日记里写道："到西安，见到了（丁）玲，也听到了一些关于我走后吟他们欢快和得意的情形，使自己似乎又感到一点烦乱，但这很快就过去了。"日记里"吟"就是悄吟，萧红早期的笔名。"他们"是指萧红和端木蕻良，"欢快和得意"，说明这十几天萧红和端木蕻良在西安过得很舒心。

[3] 鹿地，即日本作家鹿地亘。

提起萧红和萧军分手的事情，可见萧红给池田幸子的信是当天收到的。当时从西安寄信到武汉，交通受阻的情况下需要10天左右，顺利的话5天左右，据此推测，萧红给池田幸子的信当写于4月中旬。

4月26日　胡风收到端木蕻良信。

4月28日　萧军一行抵达甘肃兰州，住炭市街49号白危好友王德谦家中，与王德谦妹妹王德芬相识。

5月1日　广州《文艺阵地》半月刊第1卷第2期"文阵广播"消息："前在临汾'民大'的一批作家，大多已赴西安，据田间来信：绀弩将返武汉，萧军等加入西北战地服务团（田间亦在内），又据端木蕻良来信。谓他与萧红拟到兰州后再赴新疆云。"

5月3日　萧军在甘肃兰州开始追求房东的女儿王德芬。

5月4日　萧红和端木蕻良离开西安乘火车去武汉。在火车上，萧红对端木蕻良提到武汉后在报上登一份关于她和萧军分手的启事，端木蕻良认为都是鲁迅的弟子，何必让右翼舆论借机抹黑！[1]

同日　田间自陕西西安致信在湖北武汉的胡风："幸而端木、萧红兄在这里，他们和我谈到诗，尤其关于我的诗，而且一首诗，都一个字一个字地解决清楚，这对于我，假如诗有进步，他们的力量不小。……托端木、萧红带去的书，盼你替我保存！"按：端木蕻良和萧红离开西安去武汉，田间托他们带信给胡风，并托他们把一些书带到武汉，请胡风替他保存。端木蕻良离开西安时间当在本月4日或者5日。[2]

5月9日　和萧红回到武汉。

同日　胡风日记：晚，"回家时，端木萧红从西安来，于是一路到馆子吃饭，还有鹿地夫妇。"按：萧红回武汉后，接受池田幸子邀请，住在鹿地亘夫妇家。

5月10日　胡风日记："上午过江，五时回来。端木已在，随

---

[1] 钟耀群：《端木与萧红》，华文出版社，2014，第40页。
[2]《田间致胡风的信》，北京《新文学史料》季刊1995年第3期。

后，萧红及鹿地夫妇来。一道到馆子应张止戈夫妇之宴。……端木带来田间的信。"

5月上旬底　端木蕻良和萧红到汉口三教街找到蒋锡金，端木蕻良继续租住蒋锡金小金龙巷的房，萧红暂时到池田幸子那里去住。①

5月11日　胡风日记：晚八时，"萧红、端木来，谈萧军和萧红的离居纠纷，到十一时始去"。

5月12日　胡风日记：夜，"萧红及端木来，池田偕俞副官来，在院子里坐到十时过始去"。

5月14日　中华全国文艺界抗敌协会会报、汉口《抗战文艺》三日刊第1卷第4号"文艺简报"消息："萧军、萧红、端木蕻良、聂绀弩、艾青、田间等，前于一月间离汉赴临汾民大任课。临汾失陷后，萧军已与塞克同赴兰州，田间入丁玲西北战地服务队，艾青聂绀弩先后返汉，端木蕻良和萧红亦于日前到汉。"

5月16日　散文《燃烧——记池田幸子》和萧红散文《无题》同期发表于汉口《七月》半月刊第3集第2期。这期杂志版权页注明是5月16日出版，实际出版日期为5月23日。

5月17日　胡风日记："雨在下着，到家后，M告诉我鹿地夫妇来坐了几小时，说是寂寞得很，想找我谈天。端木、萧红也来过。"

5月18日　胡风日记："饭后到鹿地处，又同他们及端木、萧红一道回来，坐到九时始陆续散去。"

5月19日　当局弃守徐州，进入保卫"大武汉"时期。

5月24日　胡风日记："上午艾青来，说端木不满意奚如、东平云。"

5月28日　胡风日记：晚，"到家时，鹿地、萧红、端木、艾青等在。不一会儿，池田买东西转来了。坐到九时过，陆续散去。"

5月29日　胡风日记：午后，"端木、萧红、冯乃超、鹿地、奚

---

① 蒋锡金：《乱离杂记——序〈萧军萧红外传〉》，载庐湘《萧军萧红外传》，北方妇女儿童出版社，1986，第25页。

如、辛人、艾青、适夷等来，开座谈会，到五时过。在这里吃晚饭后，闲谈甚久"。座谈会参加者有10人，除了胡风日记提到的8人，还有宋之的和胡风。这次座谈会的记录整理完成后，刊登在《七月》第3集第3期（总第15期）上，题目为《现实文艺活动与〈七月〉——座谈会记录》，但该"座谈会记录"将会议时间误写为4月29日。这期杂志版权页注明是6月1日出版，实际出版日期是6月10日。

5月31日　下午2时，中华全国文艺界抗敌协会在汉口中山公园举办游园会，端木蕻良、萧红、老舍、王平陵、胡风、艾青、臧云远、梅林、锡金、老向等47位会员参加。游园会上有人报告，中午敌机空袭，我空军在郊外迎战，击落好几架敌机，大家兴奋地鼓起掌来。刚从各地来武汉的人都站起来发表讲话，气氛热烈。后来大家各自结伴游园，到傍晚活动才结束。[①]

5月　长篇小说《大地的海》由上海生活书店出版。

同期　端木蕻良和萧红在汉口的一家旅馆里，见到诗人臧克家。臧克家方搞清楚端木蕻良是曹京平的笔名。[②]

同期　完成散文《寄民族革命大学同学》。

6月1日　散文《寄民族革命大学同学》发表于汉口《七月》第3集第3期，这期杂志实际出版时间为6月10日。

同日　茅盾评论《突击》发表于《文艺阵地》第1卷第4期。

6月4日　胡风日记："上午，艾青、端木来，谈了将近一小时以上。"[③] 按：以下到9月底谱文中出现的胡风日记，注释均同于本注。

6月5日　胡风日记："晚……端木、萧红来。"

[①]《园会》，汉口《抗战文艺》周刊1938年第1卷第7期。
[②] 臧克家：《诗与生活》，载《臧克家回忆录》，中国工人出版社，2004，第150页。
[③] 晓风辑注《胡风日记·武汉一年（续完）》，北京《新文学史料》季刊2017年第2期。

6月7日　出席在汉口味腴酒家举办的三哥曹京襄与刘国英（时为武汉大学学生）订婚宴会。胡风日记：晚，"六时半到'味腴'，端木底哥哥订婚请客。到六席，嘻嘻哈哈，太太们都大声地约着在昆明见。"

6月8日　胡风日记："晚饭后端木来，萧红来。"

6月9日　胡风日记："夜，鹿地夫妇、端木、萧红来，谈到十时过始去。"

6月11日　胡风日记："上午端木来，下午萧红、竹如来（看）M的病。"按：昨日梅志在去医院路上晕倒，大家得知消息，过来探望。

6月17日　胡风日记："艾青、端木来。"

同日　萧军自西安致信武汉的胡风："六月十日我们由兰州来西安，明日（十八日）拟赴宝鸡、汉中、成都，而后或许转道武汉。"信末萧军托付胡风，"附端木信一封请代转。"目前不知萧军此信内容。

6月20日　议论文《行动的艺术》发表于汉口《自由中国》四十日刊第1卷第3号。

6月22日　胡风日记："下午过江校《七月》第三集第（1期），艾青来帮忙，端木、萧红来打诨。"按：应该是第3集第2期。

6月26日　胡风日记："晚饭后，端木引白薇来。"

6月30日　胡风日记："未起时艾青来，谈了些闲天，说是端木反而揩他们底油，对于他做一部分《七月》的事情加以恶意的嘲笑。"

6月下旬　端木蕻良与萧红在汉口大同饭店结婚，艾青、池田幸子及刘秀珥、刘国英等亲友出席。端木蕻良回忆道："一九三八年，萧红和我在汉口结婚。那天，池田幸子把一块很好的衣料亲自送来，作为贺礼。"①

---

① 端木蕻良：《鲁迅先生和萧红二三事》，北京《新文学史料》季刊1981年第3期。

6月　一天天气很闷热，萧红听刘国英说过东湖游泳池开放了，提议去游泳。端木蕻良找了出租车，到武汉大学约上刘国英和她的同学窦桂英，一起去了东湖游泳池。①

7月1日　完成《诗的战斗历程》。

7月2日　散文《为保卫大武汉而控诉》发表于汉口《抗战文艺》周刊第1卷第11期。

7月7日　端木蕻良夫妇参加"七七"献金活动。

7月12日　胡风日记："夜，端木、萧红来，晓得政治部被炸，鹿地夫妇亦在那里吃了惊云。"

7月14日　胡风日记："十时左右，警报又响了，这次没有进到市空。凡海夫妇、萧红、端木等躲到了这里。"

7月19日　日军飞机39架，狂炸武汉三镇。

7月中旬　散文《寄〈少年先锋〉》发表于《少年先锋》第10期。

7月26日　日军攻占九江。

7月27日　丘东平在新四军中致信在武汉的胡风："聂、艾、田、萧、端诸兄的情形怎样？无时不在念中。"②按：信中"萧、端"即萧红、端木蕻良。丘东平于1938年1月21日离开武汉去南昌参加新四军，此后一直与胡风有书信来往，丘东平已经得知萧红和端木蕻良结合，并知道萧军不在武汉，这封信是关心萧红和端木蕻良等朋友的近况。

7月30日　胡风自武汉致信在湖北宜都的梅志："端木、萧红两位还没有走，大概得快走罢，他们不到这里来了。"

7月下旬　艾青带着夫人女儿告别端木蕻良、萧红去了湖南。③

7月　端木蕻良曾经找到汉口《大公报》，想去做一名战地记者，

---

① 钟耀群：《端木与萧红》，华文出版社，2014，第47—48页。
② 张晓风辑注《丘东平致胡风的一束信》，长沙《书屋》月刊2003年第3期。
③ 艾青：《艾青全集》（第4卷），花山文艺出版社，1991，第545页。

报道前线情况，《大公报》同意，但因为战局变化快，端木蕻良没有去成。①

8月初　萧红托罗烽购买两张去重庆的船票，罗烽只买到一张。端木蕻良提议放弃这张票，再买票一起走。有孕在身的萧红认为去重庆的船票非常紧张，他们去重庆又人生地不熟，找房子困难，执意让端木蕻良先走。

萧红和端木蕻良争论走不走和谁先走的时候，安娥来看萧红，表示萧红可以和她一起去重庆。这样端木蕻良乘船离开武汉前往重庆，同船的还有罗烽、梅林、陈波儿。

梅林回忆，萧红本来和梅林约好一起走，但萧红因为要坐后面直达重庆的船，所以才没乘这趟船。

8月5日　第九战区拟订保卫武汉计划。武汉市民开始撤离。

8月上旬　萧红搬到汉口三教街9号孔罗荪寓所，冯乃超夫人李声韵亦搬来。三教街邻近法租界，日军不轰炸，是安全区域。

8月中旬　端木蕻良到重庆，找不到房子，住在南开同学曹士英（即曹世瑛）处，即售珠市（今民生路）《国民公报》单身宿舍。曹士英是《大公报》记者，《大公报》移渝，借用《国民公报》办公并出版。复旦大学新闻系毕业生有在《国民公报》当记者的，复旦大学《文摘》杂志编辑委员贾开基闻知端木蕻良来重庆的消息，就到售珠市《国民公报》，请端木蕻良移住重庆苍坪街79号黎明书店（《文摘》编辑部也在这里）楼上的单身宿舍②。

8月15日　汉口《七月》半月刊第3集第6期印出，这期杂志版权页上是7月16日出版，这期杂志印出后，汉口《七月》半月刊即停刊。

---

① 端木蕻良口述《我和萧红》，载曹革成《我的婶婶萧红》，江苏文艺出版社，2010，第203页。

② 端木蕻良：《写在前边》，载《端木蕻良小说选》，作家出版社，1993，第2页。

8月　完成歌词《嘉陵江上》，1939年4月贺绿汀谱曲。按：歌曲《嘉陵江上》在很多刊物上刊登，比如：1939年12月丽水《抗战歌声》第4集（歌名为《嘉陵江》），1940年1月重庆《乐风》双月刊第1卷第1期，1947年上海《邮汇生活》月刊第10期，1948年北京《大众呼声》杂志第1期。歌曲《嘉陵江上》广为流传，成为既具有深刻思想性，又具有高度艺术性的抗战歌曲精品，1993年被列入《二十世纪华人音乐经典》。

9月1日　议论文《诗的战斗历程》发表于香港《文艺阵地》第1卷第10期。

9月6日　萧红小说《汾河的月亮》刊载于香港《大公报》。

9月8日　《文摘战时旬刊》第30号出版，注明为重庆版，仍由汉口黎明书局刊行。

9月18日　重庆《大公报》刊登冈记的文章《东北作家近影》，文章写道：端木蕻良"他是七月社的一个主角，业被人目为最有希望的作家，今天出版一本《大地的海》很受人欢迎。现在重庆"。

同日　萧红散文《寄东北流亡者》发表于汉口《大公报》副刊"战线"第191期。按：据端木蕻良晚年回忆，这篇文章是他执笔用萧红名义发表的。

9月中旬　萧红与冯乃超夫人李声韵结伴乘船赴渝，行至湖北宜昌时李声韵大咯血，萧红在同船的《武汉日报》副刊"鹦鹉洲"编辑段公爽帮助下，将李送进宜昌医院。萧红误了当班船，乘下一班船一个人前往重庆。

萧红留汉期间，与端木蕻良书信来往频繁。端木蕻良已经安排好萧红到了重庆住在他南开中学的同学范士荣家，萧红告诉端木蕻良说安娥不来重庆了。按：9月安娥跟郭沫若到第五战区采访去了。

9月下旬　萧红乘船抵达四川重庆朝天门码头，端木蕻良雇了滑竿在码头迎接。先一天端木蕻良按萧红提供的船期去码头接，没接到人，第二天再去才接到。①

10月4日　日军飞机首次空袭重庆市区，中弹地点有菜园坝。

10月初　搬到歌乐山上的乡村建设社的招待所居住。端木蕻良夫妇住在二楼，楼右前方路那边有一个小小的荷花池。小楼正面对山顶上的云顶寺。端木蕻良回忆道："在重庆风景区歌乐山最高峰灵庙，当时有个叫乡村建设的招待所，背景不清，它就是要钱，我们租了房安顿下来，萧红开始写文章。"②按：歌乐山当时归巴县管辖，巴县隶属四川第三行政督察区。四川省立教育学院（前身是四川乡村建设学院）筹备开发歌乐山，得到国民政府主席林森的支持，经四川省政府的同意，于1938年2月成立歌乐山乡村建设社，进行歌乐山景区和山上水电设施的建设。歌乐山有环山公路，可通城区到景区的交通车。歌乐山乡村建设社在歌乐山修建了一些房屋，供单位和私人租用。

10月8日　端木蕻良作《衷心的纪念》一文，文末注明"写于歌乐山，中秋节"。可见此时端木蕻良和萧红已经住在歌乐山。《衷心的纪念》发表于1938年10月20日重庆《抗战文艺》第2卷第7期，该期为《鲁迅逝世二周年特辑》。

10月19日　萧军自四川成都致信在湖北宜都的胡风："关于端木等办《鲁迅》，我还未听到这消息。有的说他们在重庆，有的又恍惚，因为我也没工夫来留心他们，所以也就不去细问。"③按：萧红到重庆后，和端木蕻良计划编一本名叫《鲁迅》的刊物，赶在鲁迅逝世二周年前出版。这本刊物没有编成，萧红后来说当时心太急了。萧红和端木蕻良筹办《鲁迅》刊物时，可能告知了胡风，胡风又告诉萧军，萧军故有此信提及。

---

① 钟耀群：《端木与萧红》，中国文联出版公司，1997，第46~47页。
② 端木蕻良口述《我和萧红》，载曹革成《我的婶婶萧红》，江苏文艺出版社，2010，第203页。
③ 萧军：《萧军全集》（第16卷），华夏出版社，2003，第119页。

10月底　端木蕻良开始创作小说《蒿坝》。写两万余字后搁笔，后在香港完成。

10月　靳以自香港来到四川重庆，住在他弟弟家。

11月4日　中华全国文艺界抗敌协会出版部于11月4日下午3时在重庆会所召开临时座谈会，端木蕻良、梅林、胡绍轩等16人参加，所谈中心问题为建立沦陷区域的文艺工作。

11月5日　小说《螺蛳谷》发表于重庆《抗战文艺》周刊第2卷第9期。

11月8日　小说《找房子》发表于重庆《文摘战时旬刊》第34号、35号合刊"文艺栏"。

复旦大学文摘社编辑的《文摘战时旬刊》从第34号、35号合刊开始移渝编印，由重庆黎明书局刊行。该合刊登载启事称："本社汉口编辑部现移重庆市苍坪街七九号，以后各项函件请径寄是处为幸。"《文摘战时旬刊》主编为孙寒冰，编辑委员为张志让、贾开基、汪衡、冯和法，发行者为徐毓源、吴道存。这期合刊增加了"文艺栏"，由端木蕻良主辑，特约撰稿人为：丁玲、白朗、茅盾、叶圣陶、台静农、罗烽、巴金、老舍、靳以、舒群、楼适夷、萧红。端木蕻良致姜德明信中说："《文摘》的负责同志孙寒冰、贾开基约我去《文摘》刊物开辟一个专栏，每期刊小说一篇，我便答应下来。"[1]

11月18日　《文摘战时旬刊》第36号刊行，"文艺栏"刊载了萧红的《朦胧的期待》。

11月上旬　萧红临产，考虑到重庆诸多不便，主要是坐月子请不到人照料，萧红去白朗家生产。白朗当时和婆婆同住江津县城守镇，罗烽多数时间住在重庆文协会所，很少回江津。白朗回忆她和萧红，"在重庆一个小镇上，我们有幸又在一起生活一个较

---

[1] 端木蕻良：《端木蕻良文集8》（下卷），北京出版社，2009，第320页。

长的时期"①。

11月28日 端木蕻良创作诗歌《痛悼范筑先将军》。发表于11月29日重庆《新华日报》。

同日 《文摘战时旬刊》第37号刊行,"文艺栏"刊载老舍的《一份家信》。

11月29日 香港《文艺阵地》半月刊第2卷第6期"文阵广播"消息:(端木蕻良)十一月廿九日来信谓"……萧红仍住医院……"。按:该期《文艺阵地》出版于1939年1月1日。

11月底 萧红在江津县一家妇产医院产下一名男婴,不几天,白朗早上去看萧红,萧红告诉白朗,孩子头天夜里抽风而死。②罗烽给端木蕻良去信说萧红"产一子已殇"③。

冬 端木蕻良在歌乐山创作小说《风陵渡》和《嘴唇》。

12月3日 端木蕻良杂文《两个后方》发表于重庆《抗战文艺》周刊第3卷第1期,署名"蕻"。该期刊有"文艺简报"消息,称:"端木蕻良将创办一文艺月刊,由黎明书店发行。创刊号决定于二十八年一月出版。"

12月4日 在上海的许广平给萧红写信,请收集重庆方面纪念鲁迅逝世二周年的报道。

12月8日 《文摘战时旬刊》第38号刊行,"文艺栏"刊载舒群的《夜景》。

12月上旬 萧红离开江津回到重庆。

12月16日 香港《文艺阵地》半月刊第2卷第5期"文阵广播"消息,"端木蕻良及萧红现在重庆,端木给文摘编'文艺栏'"。

---

① 白朗:《遥祭——纪念知友萧红》,延安《文艺月报》月刊1942年6月15日第15期。

② 玉良:《一首诗稿的联想——略记罗烽、白朗与萧红的交往》,《香港文学》月刊1996年第174期。

③ 端木蕻良口述《我和萧红》,载曹革成《我的婶婶萧红》,江苏文艺出版社,2010,第204页。

12月18日　小说《义卖》发表于重庆《新华日报》。

同日　《文摘战时旬刊》第39号刊行，"文艺栏"刊载台静农的《大时代的小故事》。

12月19日　萧军自四川成都致信在重庆的胡风："端木君既拥巨资，又有刊物，如果来拉我，大约我也要被'拉'了。呜呼呜呼……《七月》能够有'对台'那是值得欢喜的，有竞争才有进步。"[1]按：萧军所说的端木蕻良"又有刊物"，指的是《文学月刊》，此刊最终未出版。端木蕻良要编刊物的消息是胡风告诉萧军的，可能萧军、胡风认为端木蕻良办刊是和《七月》唱对台戏。端木蕻良所办《文艺月刊》，封面已设计好，稿子也组齐，但报批迟迟未下来，纸张本来由《新华日报》予以支持，但华岗受陈绍禹排挤，纸张供应也出了问题，刊物夭折。

12月20日　重庆《民声报·晚刊》第3版报道："作家端木蕻良主编之纯文艺之《文学月刊》，定于下月出版。创刊号有台静农、萧红、罗烽等之小说，艾青、贺绿汀之诗歌。绿川英子、克夫曹娃、戈宝权、欧阳凡海亦有文章。由生活书店发行。"

12月中旬　孙寒冰自香港经云南昆明来到四川重庆，在复旦大学担任教务长和法学院院长。

12月21日　萧军成都日记："萧红有信来向刘借200元钱。"[2]按："刘"当为刘鲁华，是萧红和萧军在青岛时的朋友，此时他将在上海开办的燎原书店迁到成都。萧红要借这么多钱，大约是为办刊所用。

12月22日　端木蕻良陪同萧红在重庆枣子岚垭塔斯社重庆分社，接受社长罗果夫的采访。采访主要内容是关于鲁迅的情况。

同日　即将分娩的池田幸子，随郭沫若、于立群夫妇，乘飞机自

---

[1] 萧军：《萧军全集》（第16卷），华夏出版社，2003，第123页。
[2] 萧军：《萧军日记补遗》，牛津大学出版社（中国）有限公司（香港），2014，第85页。

广西桂林抵达四川重庆。

12月25日　小说《嘴唇》发表于重庆《全民抗战》周刊第44号。

同日　日军驻扎在湖北武汉的陆航第一飞行团团长寺仓下达命令，"攻击重庆市街"。

12月26日　日军陆航第一飞行团29架飞机轰炸重庆。

12月29日　端木蕻良《世界语和文学》和萧红的《我之读世界语》，发表于重庆《新华日报》。

12月　端木蕻良回忆道：到重庆后，"复旦大学'文摘社'主编贾开基向复旦大学教务长孙寒冰介绍我去主办'文摘'专栏，孙寒冰不但同意，而且和系主任商量，要我在复旦新闻系开两小时的课，这样，我便在重庆安顿下来"[1]。按：当时上海复旦大学已内迁到四川，学校分为两部，校本部在嘉陵江三峡乡村建设试验区黄桷镇，分部在重庆菜园坝。嘉陵江三峡乡村建设试验区区署所在地北碚乡在嘉陵江西，黄桷镇在嘉陵江东，之间有渡船沟通，北碚乡、黄桷镇都属于嘉陵江三峡乡村建设试验区，这个试验区是四川的一个一等县的地方行政机构，因为区署设在北碚乡，后来人们习惯用北碚来称代嘉陵江三峡乡村建设试验区。1938年秋，重庆复旦中学在化龙桥建成新校舍，菜园坝校址空出。复旦大学因在重庆市区比较容易聘请教师和进行教学实习，将商学院各系及新闻系、经济系从北碚迁往菜园坝，是为分部。端木蕻良在复旦大学重庆菜园坝分部做兼任教授，教授"杂志文"。

同月　池田幸子到重庆后住在米花街（今八一路），邀萧红到米花街与她同住。当时池田幸子身怀六甲，也需要朋友陪伴，端木蕻良支持萧红住在米花街帮助池田幸子，他也经常去池田幸子寓所。不久绿川英子来重庆找不到房子，暂时住在池田幸子寓所，三位女士在一

---

[1] 端木蕻良：《我与文协》，《北京晚报》1998年8月23日。

起度过一段"享乐"时光。

  同月 萧红和端木蕻良居住在歌乐山期间，端木蕻良经常要下山去重庆市区，或者去菜园坝复旦大学新闻系授课，或者去苍坪街79号编辑《文摘战时旬刊》"文艺栏"。歌乐山乡村建设社招待所到重庆市区约有20公里路，有时候晚了没坐上车回歌乐山，端木蕻良就得在市区找地方住下。

1939年（27岁）

  1月1日 端木蕻良小说"百哀图"之二《卓雅》发表于重庆《文艺月刊》第2卷第9期、10期合刊。

  同日 香港《文艺阵地》半月刊第2卷第6期"文阵广播"消息："端木蕻良在重庆为《文摘》编'文艺栏'，十一月廿九日来信谓：'池田，鹿地在衡阳，无消息。胡风去宜都，据人说陈子展请彼赴复旦任教，流传如此，尚未证实。冯乃超由武汉退去，尚无消息，恐去长沙。曹禺，宋之的合编《总动员》，张道藩、白杨串演。萧红仍住医院。史沫特莱大概仍在汉口。曹白、柏山去江西，圣陶先生去嘉定武汉大学，艾青去广西，编《桂林日报》副刊。台静农即来渝应教部编青年读物。'"

  同日 《文摘战时旬刊》第40号刊行，"文艺栏"刊载靳以的《被煎熬的心：一个女孩子的故事》。

  1月9日 小说《风陵渡》在重庆《大公报·战线》开始连载，分11期刊完，刊登日期为10、11、12、13、15、18、19、21、23、24日。

  1月15日 日军飞机29架午后1时许轰炸重庆市区学田湾、三门洞等地及江北，市民伤亡惨重，引起一定程度的社会恐慌。

  1月16日 《复旦大学校刊》1939年第2期出版，刊登消息《文摘编辑室》，消息称："本校出版孙寒冰先生主编之文摘旬刊，风行全

077

国,为最畅销之第一流杂志,文摘编辑部自汉移渝以后,因觅屋不易,故暂借用黎明书店,今因便利工作起见,移至菜园坝本校宿舍中,文摘编委贾开基先生等现已在菜园坝办公。"

1月17日 靳以创刊并主编重庆《国民公报》副刊"文群"。靳以到重庆后,和端木蕻良、萧红有来往,萧红的《旷野的呐喊》于本年2月1日起在靳以主编的《国民公报·文群》上连载。

1月18日 重庆《文摘战时旬刊》第41、42号合刊刊行,"文艺栏"刊载萧红的《逃难》。该合刊登载文摘社启事曰:"以后各方惠赐函件,请径寄重庆菜园坝复旦大学本社是幸。"按:孙寒冰本月组织成立复旦大学文摘出版社,设在重庆临江门川盐三里,《文摘战时旬刊》改由该出版社刊行,脱离了黎明书局,文摘社编辑部自重庆苍坪街79号移到重庆菜园坝复旦大学内。

1月 戴望舒自香港致信在重庆的端木蕻良,约他写个长篇,刊登在戴望舒主编的《星岛日报》副刊"星座"上,刚好端木蕻良也计划写一部长篇小说,于是就立即答应下来,开始创作长篇小说《大江》。

同月 致信巴人,请教"阿Q是不是旧社会里的一个低能儿的典型,阿Q的思想和他的哲学属于什么种类"[①]。

2月1日 端木蕻良开始动笔写作长篇小说《大江》。

同日 香港《文艺阵地》第2卷第8期"文阵广播"消息:端木蕻良来信说"我编月刊即发稿,有戈宝权,台静农,萧红,绿川英子,高尔基遗作,论石川达三,论姜布耳,艾青诗,贺绿汀歌。……萧红人甚健,现与池田同住,将来也许同沈先生去新疆。弟生活甚好,勿念。正计划写一长篇《大江》"。按:端木蕻良编的这个月刊就是《文学月刊》,已经发稿,但未能出版。

端木蕻良此信透露出萧红有和端木蕻良随茅盾去新疆的想法。茅

---

① 端木蕻良1939年1月致巴人信,载《端木蕻良文集8》(下卷),北京出版社,2009,第23页。

盾于1938年12月20日离开香港，经昆明、兰州，于1939年3月中旬抵达新疆迪化（今乌鲁木齐）。茅盾去新疆是应新疆学院杜重远院长邀请前往任教，当时新疆督办盛世才打着"亲俄联共"的口号，来维持自己在新疆的统治。后来盛世才开始大肆迫害共产党员、进步人士的时候，茅盾于1940年5月在惊险中逃离新疆，到了延安。茅盾在决定赴任新疆时，曾给端木蕻良与萧红去信告知，端木蕻良和萧红想到新疆和茅盾一起工作，茅盾说等他去看看再说。茅盾到新疆后，感觉到了恐怖的气氛，给端木蕻良夫妇来了几封信，只字不提去新疆之事，言语中似乎有不太自由的意味，端木蕻良和萧红于是就放弃了去新疆的想法。

同日　《文摘战时旬刊》第43号刊行，"文艺栏"刊载楼适夷的《孤岛去来》。

同日　丽水《战时中学生》月刊第1卷第1期《学生园地》，刊登处州中学高中学生吴菡芬的文章《大地的海》，文章最后说："这本书——大地的海——太好了，它使我一口气读完了它，更一口气写出了这么一段深刻的印象。"

2月15日　端木蕻良与萧红被列为《大路》综合画报月刊特约撰稿人，该月刊由楼适夷、钱君匋、马耳、蒋锡金在上海主编，向南洋发行。

2月21日　《文摘战时旬刊》第44号、45号合刊刊行，"文艺栏"刊载台静农的《电报》。

2月28日　作小说《火腿》。这篇小说端木蕻良文后备注作于菜园坝，可见端木蕻良去菜园坝复旦大学授课或编辑《文摘战时旬刊》"文艺栏"，如果晚上回不去歌乐山，就住在菜园坝。

3月11日　小说《火腿》发表于重庆《文摘战时旬刊》第46号、47号合刊"文艺栏"；再刊于1940年上海《学生生活》半月刊第1期。

3月14日　萧红致信在上海的许广平，信中提到他们在筹办文艺刊物《鲁迅》。[1]

3月15日　在歌乐山完成小说《青弟》。

同日　池田幸子生下一女孩儿。萧红下山去重庆市区看望池田幸子，端木蕻良陪同，天晚了，萧红和端木蕻良就在池田幸子家客厅打地铺住下。

同日　复旦大学本学期结束。

3月16日　戴望舒主编的香港《星岛日报·星座》开始连载端木蕻良的长篇小说《大江》，刊头书名为萧红所题。

3月19日　复旦大学聘请端木蕻良为文学院新闻系兼任教授，任职时间从本年4月1日至7月31日，每周授课2小时，每小时酬金4元，副校长吴南轩在聘书上盖印。按：新闻系在重庆菜园坝复旦大学分部。

3月21日　重庆《文摘战时旬刊》第48期"编者几句话"曰："本期文艺栏取消，自下期起改出文艺副册，每三期附出一册，由靳以、端木蕻良两先生主辑。"端木蕻良1982年7月20日致姜德明信中说：靳以"倡议出版'文摘副刊'专登文艺，由我俩来编，我同意了"[2]。按：端木蕻良在《文摘战时旬刊》主辑"文艺栏"，自第34号、35号合刊至第46号、47号合刊，共编辑10期"文艺栏"。

3月　生活书店（重庆）出版抗战三幕剧《突击》单行本，封面、扉页和版权页署名塞克著，正文题目下方标明塞克、端木蕻良、萧红、聂绀弩合作。

同月　靳以应聘到复旦大学任教，在重庆菜园坝复旦大学分部文学院新闻系教授中国文学。

4月1日　重庆《文摘战时旬刊》第49号"文艺副刊第一号"随刊出版，主辑者端木蕻良、靳以，刊登许广平1938年12月4日致萧红

---

[1] 萧红：《离乱中的作家书简》，上海《鲁迅风》周刊1939年第12期。
[2] 端木蕻良致姜德明信，《端木蕻良文集8》（下卷），北京出版社，2009，第320页。

信节录。按：此"文艺副刊"，就是先前说的"文艺副册"。

同日　复旦大学新学期开课。

4月5日　许广平将萧红3月14日来信以《离乱中的作家书简》为文题，登在上海《鲁迅风》第12期。

4月9日　下午端木蕻良出席中华文艺界抗敌协会第一届年会。

4月10日　端木蕻良与罗烽、台静农、欧阳山等15人当选为中华文艺界抗敌协会第二届理事会候补理事。

4月　生活书店（重庆）出版《西线生活》，为"西北战地服务团丛书"之五，由西北战地服务团集体创作，该书刊登了一幅照片，照片图注为："《突击》剧本的制作者及协助者丁玲、端木蕻良、萧红、聂绀弩、田间、塞克。"这幅照片是在西北战地服务团驻地陕西省立西安女子师范学校拍摄的，时间应该是《突击》剧本脱手之后，即1938年3月11日后的几天内。

5月3日　日军飞机36架，午后1点17分狂炸重庆市中心繁华地区，投弹166枚，大梁子、苍坪街、左营街、陕西街、储奇门、朝天门等地被炸起火，市区27条主要街道有19条被炸，大火蔓延，至夜不息，市民死伤数百人，情形惨不忍睹。新华日报社、大公报社、新蜀报社均在轰炸中受损。

5月4日　日军飞机27架，经过合川、北碚进入重庆市区，下午6时许袭击重庆，投弹126枚，对督邮街、小梁子、夫子池、七星岗等地狂轰滥炸，市内发生大火，市民死亡4400余人，受伤3100余人，炸毁房屋1200余幢，灾害之惨，目不忍睹。驻渝英、法、德各使领馆均受重大损害，美国教堂全部烧毁，亦有人员伤亡。

同日　日本关东军挑起诺蒙坎事件，企图实现其蓄谋已久的"北进计划"，作战一方为日本、伪满，另一方为苏联、蒙古。诺蒙坎战役到本年9月16日结束，苏军完胜日军。诺蒙坎战役后，日本调整对外侵略扩张战略，由"积极北进"变成"消极北进"，后又把"南进政策"作为日本国策基准，挑起太平洋战争。

5月5日　国民政府发布改重庆市为直属市令："重庆市，著改为直隶于行政院之市，此令。主席林森，行政院长孔祥熙。"

5月7日　端木蕻良致信香港《文艺阵地》编辑部，云"重庆大火，市廛焚去四三，蓬子住处已毁，文协成泡影。弟已在五月前早在山中赁一住屋得免此劫，城中诸友，尚不知消息。"[①]。

5月12日　日军飞机27架，晚7时袭渝，投弹116枚。萧红下山来到市区，看到重庆大轰炸后的惨象。萧红坐在中央公园石阶附近时，遇到日军飞机空袭。后写散文《轰炸前后》。按：萧红下山是准备和端木蕻良去北碚，住在菜园坝复旦大学分部。

5月中旬　与萧红搬至嘉陵江三峡乡村建设试验区黄桷镇，住在复旦大学农场苗圃。

同期　复旦大学为安全起见，将重庆菜园坝分部搬迁到北碚黄桷镇，端木蕻良作为复旦大学文学院新闻系兼任教授，也随之迁家于黄桷镇。

同期　孙寒冰和贾开基到家看望萧红，看她身体还好，提议请她到复旦大学担任一两节文学课，萧红一口回绝。孙寒冰他们走后，萧红对端木蕻良表示："我不教书，还是自由自在地搞我的创作好。"[②]在北碚居住期间，端木蕻良有时候要去重庆办事，到重庆可以坐船也可以坐汽车，汽车稍微快些。返回北碚时，因为坐船是上水，就很费时间，要6个小时，加上萧红觉得乘船总是不很安全，就不让端木蕻良乘船。返回北碚时如果买不到车票就得在重庆住一夜，萧红曾经和端木蕻良住过重庆的澡堂子，觉得住澡堂子不好，于是萧红要求端木蕻良去重庆要买好往返车票。[③]

月中　端木蕻良写于1933年的长篇小说《科尔沁旗草原》由开明

[①] 载香港《文艺阵地》半月刊1939年6月15日第3卷第5期"文阵广播"，第979页。

[②] 钟耀群：《端木与萧红》，华文出版社，2014，第59—60页。

[③] 钟耀群：《端木与萧红》，华文出版社，2014，第61页。

书店出版。

6月5日　创作谈《关于〈科尔沁旗草原〉》发表于上海《文艺新潮》月刊第1卷第9期。

6月9日　萧红完成散文《轰炸前后》（后改为《放火者》）。

6月21日　应《文艺阵地》之约，端木蕻良完成1.5万字的议论文《论鲁迅》。

7月21日　重庆《文摘战时旬刊》第51、52、53号合刊刊出文摘社启事："以后各方惠赐函件，请径寄重庆北碚复旦大学本社是幸。文摘社谨启。"按：复旦大学重庆菜园坝分部于5月迁回北碚时，文摘社也随之迁到北碚，孙寒冰住在黄桷镇黄桷树王家花园的一所平房内，他在黄桷树租了一间房，作为文摘编辑部。

8月1日　复旦大学学期结束，暑假开始。

8月12日　重庆《新华日报》搬迁到磁器口化龙桥后，今日复刊。华岗因为"违抗领导（王明）"被撤销总编辑职务，到赖家桥附近的大田湾养病，撰稿为生。

8月23日　日军飞机夜袭重庆。18时35分防空司令部发出空袭警报，19时15分发出紧急警报。19时30分日军飞机过北碚后分两批相继侵入重庆市空。

8月　黄桷镇东北升学补习班的东北籍学生姚奔、李满红、赵蔚青经常来复旦大学农场苗圃找端木蕻良，谈论的主题是诗歌，由此建立了密切关系。[1]端木蕻良回忆道："因为他们知道我和萧红都忙于写作，他们也要准备功课。所以，几乎天天都到我们家点个卯就走，已成习惯了。他们要一天不来，我和萧红还怪想的，彼此还要谈论他们两句。"[2] 姚奔、李满红不想读书想学文学，端木蕻良劝他们考大学，

---

[1] 端木蕻良：《诗的夭折——为青年诗人李满红逝世四十周年作》，载《端木蕻良文集》（第7卷），北京出版社，2009，第301页。

[2] 端木蕻良：《追念姚奔》，《解放日报》1995年12月28日。

上大学并不影响学文学,并主张要学一门外国语。① 几个东北学生在暑假努力复习,姚奔考入复旦大学新闻系,李满红考入西北联合大学外文系俄文组,赵蔚青考入复旦大学外国文学系。

同期　孙寒冰去香港,应许性初之邀开办"大时代书局"。

9月1日　法西斯德国进攻波兰,第二次世界大战爆发。1937年7月,法西斯日本发动全面侵华战争,中国政府和中国人民奋起抗日,拉开了世界反法西斯战争的序幕。

9月10日　中华全国文艺界抗敌协会在三峡区的会员,在黄桷镇王家花园举行茶话会,端木蕻良、萧红、陈子展、胡风、老向等17人参加,会议决定成立定期谈话会,定名为"三峡区文协同人聚谈会"。

9月12日　北碚《嘉陵江日报》消息:"中华全国文艺界抗敌协会,住三峡区会员,前(十日)下午三时,由陈子展、胡风等发起,在黄桷镇王家花园举行茶话会。到会者有:向林冰、马宗融、伍蠡甫、陈子展、方白、胡风、胡绍轩、方令孺、王冰洋、何容、王洁之、老向、陈阜东、端木蕻良、萧红、靳以、林谷等二十余人。茶话会由马宗融主持,王洁之报告筹备经过,胡风报告总会情况。嗣议决成立定期谈话会,定名为三峡区文协同人聚谈会。由老向、王洁之两人负责召集。遇需要时,将联络峡区文化界举行联谊会。会末余兴时,以老向之昆曲,陈子展、马宗融之笑话最富风趣,五时摄影散会云。"

9月底　作小说《生活指数表》。

9月　从农场苗圃搬到黄桷镇王家花园附近的秉庄复旦大学教师宿舍。这是新盖的教师宿舍,是当时黄桷镇唯一的楼房,大约在夏季完工,复旦教师需要登记入住。端木蕻良和萧红入住一楼,靳以和夫人陶肃琼住在二楼。

同月　在秉庄居住期间,萧红时常干咳,已经有了肺病的症状。

---

① 端木蕻良:《哀李满红》,桂林《诗创作》月刊1942年11月第16期。

当时端木蕻良的二哥曹京实在北平协和医院开办的西山结核病疗养院治疗脊椎骨结核，端木蕻良、萧红分别有信给曹京实，询问北平西山疗养院的情况。①

同月　复旦大学聘请端木蕻良为文学院中国文学系兼任教授，任教时间从1939年10月1日到1940年2月15日，每周授课2小时，每小时薪金4元，副校长吴南轩在聘书上盖印。

10月19日　诗歌《哭迅师》《二周祭哀迅师时在歌乐山》《得静农书报以诗》发表于上海《文艺新闻》周刊第3号。《文艺新闻》于本月1日创刊于上海，主编蒋策（即蒋锡金）。

10月上中旬　和萧红到重庆，办理萧红出版《回忆鲁迅先生》事宜，并得到鲁迅好友许寿裳同意在书里附录他的文章。又去函征求了许广平的同意，附录了许广平的文章。按：许寿裳本月5日至13日在重庆②，端木蕻良和萧红当在这段时间见到许寿裳。

10月26日　作《回忆鲁迅先生》一书《后记》。妇女生活出版社（重庆）要出版萧红《回忆鲁迅先生》的单行本，书编好后，萧红嘱咐端木蕻良写一个后记。对《后记》的第一段提到以后可能写鲁迅治学与为人处世，萧红开始表示不同意。端木蕻良回忆道："她说，我怎么敢这样说呢？她要我把这话删去。我说，个人有个人的感受和理解，把个人的感受如实记录下来，对将来研究鲁迅先生的人，还是能提供一些有参考价值的资料呢。许寿裳先生也说，不要删，将来写续篇时，知道多少说多少，知道什么写什么，怎样理解就怎样写，读者还可以从你的理解中多得到一些看法呢。所以还是没有删去。"③

同日　端木蕻良致信在上海孤岛的许广平："前上一信谅已收

---

① 曹革成：《我的婶婶萧红》，江苏文艺出版社，2010，第117—118页。
② 许世瑛：《许寿裳年谱》，载中国人民政治协商会议浙江省绍兴县委员会文史资料工作委员会编《绍兴文史资料选辑（第7辑）》，1988，第44—45页。
③ 端木蕻良：《鲁迅先生和萧红二三事》，北京《新文学史料》季刊1981年第3期。

悉，今乘红先生（即萧红）书信之便再作一书。此间风物依然无善可陈。周先生三周年纪念城中有盛大集会，靖华先生我等皆未到，只有心中纪念耳。……下半年仍在复旦任课，明年春或拟真正的乡居憩息一下，且愿从事著述，努力完成《科尔沁旗草原》第二部，新文学教程一部，短篇一部，如是而已。今年长篇《大江》十四万字已毕，即由生活出版。"①

  同日　上海《文艺新闻》周刊第4号刊登文章《端木蕻良的近业——在重庆北碚复大执教　科尔沁旗草原已出版》，文章写道："以《鹭鹭湖的忧郁》《浑河的急流》《遥远的风砂》等作和读者大众相见的端木蕻良，是鲁迅先生所识拔的一位杰出的青年作家。发表在过去《文学》上的《大地的海》(《红粮》四部作品中的一部)，他那壮阔的气度和深厚的魄力，震惊了全个文坛，一时和《生死场》的作者萧红，《八月的乡村》的作者萧军，并称为东北三杰。"

  11月7日　端木蕻良、萧红等200人应邀参加苏联大使馆茶话会。罗果夫表示要翻译他们的作品。

  11月上旬　为庆祝十月革命二十二周年，位于重庆枇杷山的苏联大使馆于11月7日举行茶话会招待各界，端木蕻良、萧红应邀参加茶话会。且与曹靖华互有往来。

  11月8日　晚，中苏文化协会在重庆国泰大戏院举行庆祝苏联十月革命节纪念大会。曹靖华当时在中苏文化协会工作，担任《中苏文化》月刊常任编委，有这个关系，端木蕻良和萧红可能出席这次纪念大会。

  11月24日　端木蕻良完成14万字的长篇小说《大江》。

  11月25日　端木蕻良在秉庄写《大江》的后记。同时，应香港《大公报》副刊杨刚之约，已开始写另一部长篇《新都花絮》（初名《陪都花絮》）。

---

① 端木蕻良：《"致X先生"》，上海《大美报·浅草》1939年12月15日。

11月　北碚的复旦大学开始挖掘防空洞。从1938年2月18日日军飞机第一次空袭重庆以来，重庆及附近郊县都经受了日军飞机野蛮残酷的无差别轰炸，北碚虽然还没有被轰炸，但是日军飞机要对北碚轰炸的传闻越来越多，北碚的防空措施开始加强。

12月10日　上海《文艺新闻》周刊第6号刊登消息《罗荪主编"文协"会报》，文中提到："东北作家为我们所熟悉的，有穆木天、陈凝秋、李辉英、萧军、萧红、舒群、罗烽、白朗、黑丁、端木蕻良、宇飞、辛劳、铁弦、林珏、陈记滢、孟十还等，其中除穆木天等历史较久外，大抵都是九一八后流亡出来，产生了不少优秀作品，一时为文坛大放华彩。"另刊有"国内文坛零讯"，称："北碚文艺作家群集，有胡风、靳以、端木蕻良、萧红、何容、梁宗岱、方令孺、伍蠡甫、陈子展、老向、程锋……在白沙的作家，有曹靖华、台静农、李何林、谢冰莹、厂民、陈瘦竹等。"

12月15日　许广平将端木蕻良10月26日信发表于上海《大美报》副刊《浅草》。

12月中旬　端木蕻良小说《生活指数表》发表于《文学集林》第二辑《望》。《生活指数表》收入端木蕻良短篇小说集《风陵渡》时改名为《泡沫》。

同旬　端木蕻良短篇小说集《风陵渡》，作为郑伯奇主编的《每月文库》第一辑之七，由上海杂志公司出版，集内收入《嘴唇》《青弟》《风陵渡》《螺蛳谷》《火腿》《泡沫》《轵下》《可塑性的》《三月夜曲》9篇小说。

12月24日　端木蕻良、萧红在重庆会见塔斯社重庆分社社长罗果夫。

12月　歌曲《嘉陵江上》收入《抗战歌声》第4集，胡今虚、邹伯宗编，会文图书社（丽水）初版。

冬　自"五三""五四"重庆大轰炸以来，重庆市区连续遭到日军飞机空袭和侵扰，据重庆出版社2011年版《抗战时期重庆大轰炸日志》一书资料统计，6月2次、7月4次、8月6次、9月4次、10月2次、11月2次、12月1次。萧红搬到北碚以后，虽然日军飞机没有轰炸过北碚，但时常有轰炸重庆和四川别的地方的日军飞机经过北碚，而且夜袭更多，警报声时常响起，萧红要躲警报。当时又传说北碚有军火库，日军要来轰炸。萧红已经初患肺病，不得休息，身体逐渐不支，写作也不能正常进行，她和端木蕻良就考虑离开重庆。端木蕻良提议去广西桂林，萧红认为桂林也不安全，不如去香港。香港是英国殖民地，当时日本没有和英国宣战，香港是没有战争的地方。萧红在香港报纸常发表作品，端木蕻良有一部长篇在香港报纸连载，另有一部长篇小说已被香港报纸约稿，这样生活费有着落，于是端木蕻良、萧红决定去香港。他们去大田湾征求正在养病的华岗的意见，华岗也支持他们去香港。年底孙寒冰从香港回到重庆，他是夏天去的香港，应许性初之约，去办一个书局，经售《文摘》杂志，资金10万港元由孔令侃提供。书局起名"大时代书局"，地址在香港九龙尖沙咀乐道9号。孙寒冰回到重庆，端木蕻良和萧红征求他去香港的看法，孙寒冰表示正好，在香港成立了大时代书局，端木蕻良去了可以主持出版文艺丛书，这样端木蕻良和萧红就决定离开北碚前往香港。

1940年（28岁）

1月14日 和萧红从北碚到重庆，托在中国银行工作的好朋友、中共地下党员袁东衣购买去香港的机票。本来听说机票难买，估计得等候半个月。结果晚上袁东衣就过来说有他们银行工作包租的飞机，15日有一张票，17日有两张票，端木蕻良和萧红选择17日一起走。端木蕻良曾经著文说道："……那时，票子很不好买，据说托人也得先一个月订座。到城里去找朋友，我想至少也得半个月才能弄到手，要带的东西足有余裕回学校整理。朋友晚上回来告我，十五号有一张，十七号有两张。十五号就是明天，又是一张，我当然不走，十七号也只差三天,我的随手的东西,又都在北碚,往返来不及拿。这样快买到票子,反而增加麻烦。而且第二天朋友拿了票子要我签字,我一想就倒霉,什么东西不能带,朋友存在我处的稿子,朋友送给我的亲笔联,心爱的西藏瓷佛,我自己的稿子,跟我到处跑的纪念品,珍贵的信……脑子里塞满了这些。朋友说,我走后,他可以替我收拾,想法带给我,房子的押租,别人欠我的稿费,都由他承顶过去,我想也不错,无事一身轻,我就欣然签了字。"①端木蕻良、萧红买机票用的是端木蕻良的本家姑姑曹丽雯和姑父王开基(曹京实南开大学的同学)的名字。端木蕻良、萧红未及赶回北碚,委托王开基夫妇代为清理家中物件和文稿。②

1月15日　袁东衣拿着17日的两张机票送到端木蕻良和萧红手里。

1月17日　端木蕻良夫妇乘飞机离开重庆抵达香港,入住九龙尖沙咀金巴利道纳士佛台(今诺士佛台)3号,距乐道9号大时代书局700米左右。端木蕻良1983年3月17日复香港作家刘以鬯信中写道:"以前在九龙金巴利道纳士佛台三号,是我们自己找的。"③

1月中旬　戴望舒来纳士佛台拜访,并接端木夫妇去港岛薄扶林道自己的住所"林泉居"做客。④

1月30日　香港《立报》"文化情报"称:"端木蕻良,萧红,日昨由内地来港,暂寓九龙某处。"按:按照《立报》的消息,端木蕻

---

① 端木蕻良:《纸篓琐记》,香港《时代文学》月刊1941年8月1日8月号(第1卷第3期)。

② 王曙律:《忆我母亲家族与端木蕻良家族的三代情谊——写在端木蕻良先生诞辰百年》,载铁岭市政协文史和学习委员会、政协昌图县委员会编《永远的怀念——纪念端木蕻良诞辰一百周年专辑》,辽新内资字(2012)第04号,第130页。

③ 端木蕻良1983年3月17日致刘以鬯信,载《端木蕻良文集8》(下卷),北京出版社,2009,第377页。

④ 端木蕻良:《友情的丝——和戴望舒最初的会晤》,香港《八方》文艺丛刊1987年第5辑。

良、萧红应该是1月29日来到香港，这与端木蕻良说的1月17日相差12天，何以有如此大的差距？据端木蕻良回忆，当时香港局面复杂，他们低调来港，报"日昨由内地来港"是混扰有关当局注意。《立报》副刊编辑是叶灵凤，他和戴望舒是好友。

  1月下旬 孙寒冰自重庆来到香港，他是来给复旦大学采购图书。大时代书局在尖沙咀乐道9号租的公寓有3间房，一间办公室，一间职工宿舍，一间是大时代书局总经理许性初的住所。孙寒冰在香港就住在书局里的宿舍，同住的有蒋学凯、冯和法等。端木蕻良回忆："孙寒冰来告诉我们，说大时代书店隔壁已腾出了房子，就在尖沙咀乐道，他主张我们住到那里去，对工作、对我编《大时代文艺丛书》都有许多方便。"①于是端木蕻良夫妇就从纳士佛台搬到乐道。在乐道，他们新租的房子应该是乐道9号，或者乐道13号。乐道13号是《财政评论》杂志的社址，也是孔令侃投资办的。钟耀群著文说他们租的房子对面是许性初的办公室，可以使用电话。许性初在乐道13号有办公室，在乐道9号有卧室，但端木蕻良的新租房在乐道9号可能性大一些。这次搬家的时间约在1月底2月初。由于资金充足，大时代书局出版图书往往采取预支版费的办法，这样对作者有较大帮助。大时代书局"文艺丛书"出版的书中有萧红的《萧红散文》《马伯乐》，端木蕻良的《江南风景》。

  1月底 端木蕻良完成中篇《蒿坝》，出版时改名《江南风景》。

  1月 端木蕻良回忆说去香港只给文摘社的人说了，其他人没有通知，因为怕当局知道了不让走。②为安全起见，端木蕻良让袁东衣购买机票时用的是端木蕻良老姑曹丽雯和姑父王开基的名字，当时王开基在北碚的天府矿业股份有限公司工作。端木蕻良、萧红在北碚时

---

① 端木蕻良：《友情的丝——和戴望舒最初的会晤》，广州《随笔》双月刊1988年第4期。

② 端木蕻良口述《我和萧红》，载曹革成《我的婶婶萧红》，江苏文艺出版社，2010，第204页。

和曹丽雯、王开基夫妇有密切来往。①

　　同月　歌曲《嘉陵江上》收入重庆《乐风》双月刊第1卷第1期，端木蕻良词，贺绿汀曲。

　　2月3日　香港《星岛日报》发表消息称："中华全国文艺界协会香港分会，定于五日（星期一）下午七时半，假座大东酒家举行叙餐会，招待新由渝来港之作家萧红、端木蕻良。"大东酒店位于港岛干诺道。

　　同日　香港《大公报》发表消息称："文艺协会定五日举行聚餐会欢迎萧红端木蕻良……并请萧等演述当前文艺运动各问题，及报导行都文艺界近况。"

　　2月5日　"文协"香港分会在大东酒店举行全体会员聚餐会，热烈欢迎萧红、端木蕻良来港。

　　2月6日　香港《立报》报道5日的聚餐会，称："到会员四十余人，由林焕平主持。会员互相介绍后，席间由萧红报告重庆文化食粮恐慌的情形，希望留港文化人能够加紧供应工作。端木蕻良报告新都文坛的一般情状，特别指出重庆文艺界之团结一致，刻苦忍耐精神。最后并谈及重庆生活程度的高涨，作家要求提高稿费运动，宪政运动在文艺界的反映情形等等，九时散会。"

　　2月8日　农历元旦，和萧红到九龙启德滨后面的长安街民生幼稚园，看望住在这里的东北同乡张春风，张春风当时在民生书院教书。端木蕻良、萧红在幼稚园楼上和张春风交谈一阵，又下楼到启德滨散步，谈论了香港的天气。

　　2月16日　端木蕻良为出版《江南风景》撰写后记。

　　2月19日　重庆《新晚报》发表端木蕻良的诗词《水调歌头》和

---

① 王曙律：《忆我母亲家族与端木蕻良家族的三代情谊——写在端木蕻良先生诞辰百年》，载铁岭市政协文史和学习委员会、政协昌图县委员会编《永远的怀念——纪念端木蕻良诞辰一百周年专辑》，辽新内资字（2012）第04号，第130页。

《破阵子》。

2月　歌曲《嘉陵江上》收入《救亡歌曲》，二二五童子军书报用品社（成都）编印。端木蕻良词，贺绿汀曲。

同月　复旦大学教务长孙寒冰自香港返回四川北碚，带回大量图书。①

3月1日　重庆《反攻》半月刊第8卷第2期"东北园地"栏目"个人行脚"，称："上期本栏曾发表萧红女士在北碚埋首写作消息，顷女士与端木蕻良君已于日前飞港闻将主编星岛日报丛书。"

3月2日　香港《大公报》发表消息称：为纪念三八妇女节，"定于三月三日（星期日）下午七时，假座坚道养中女子中学内，举行座谈会，讨论题目为'女学生与三八妇女节'……届时并请作家萧红、妇女界领袖梁淑德、廖梦醒、邓小苏、苏若蕙等莅场指导"。

3月5日　香港《大公报》消息，中华全国文艺界协会香港通讯处昨日举行干事会，议决本月31日举行会员大会，会员重新登记。

同日　香港《星岛日报》"文艺情报"消息："端木蕻良新作《大江》即将出版俄文译本。"

3月7日　香港《大公报》消息："本港女学生纪念'三八'节暨响应春礼劳军运动游艺大会筹备会，自成立后，工作极为积极，现该会在顾问刘庆萱、张一尘、梁淑德、萧红等领导下，已决于'三八'下午七时假加路连山孔圣堂开游艺大会。"

3月8日　香港《大公报》消息：重庆AGOX中央广播电台，为纪念三八妇女节，播放名歌《为祖国战争》《可爱的家乡》《嘉陵江上》及英国名歌。广播时间为9时45分至10时15分（香港时间）。

3月12日　香港《大公报》副刊"学生界"刊登《学生界预告》："本刊自下礼拜六（十六日）开始《每周习作研究》，特请端木蕻良、（刘）思慕、许君远、（李）纯清诸先生担任指导研究。《大家

---

① 《复旦大学百年纪事》编纂委员会编《复旦大学百年记事（1905—2005）》，复旦大学出版社，2005，第123页。

谈》移礼拜二，请读者注意。"

3月16日　端木蕻良指导黄涛的《悼念被炸殉职的君：西南公路线上通讯》一文发表在《大公报》副刊"学生界"第105期上。同时附端木蕻良的《指导意见》。黄涛是香港文协所属文艺通讯部会员，1941年太平洋战争中参加东江纵队，后英勇牺牲。

3月28日　茅盾在新疆迪化致信在上海的蒋锡金："端木已赴港，为某书店办文学丛刊，观其寄来之拟目，有适夷及他人之作品，已索及拙作，然弟无以应之。红姑娘创作甚为努力，闻有长篇在星岛副刊排日登载，想兄等已得读，弟则连书名尚未知之，寡闻抑何可笑。罗果夫过此时，曾与晤谈，彼时端木与红姑尚未赴港，罗于端木、红姑皆赞许，然意中微有不满，则谓端木之作尚欠大众化，'不容易懂'，此所谓'不容易懂'究何所指，渠亦未有具体的说明。"①

3月　端木蕻良中篇小说《蒿坝》在香港《星岛日报》副刊"星座"连载。

同月　小说《火腿》《找房子》《生活指数表》收入《大时代的小故事》（文摘文艺丛书），老舍等著，端木蕻良选辑，文摘出版社（重庆）初版。

4月1日　上海《文艺阵地》第4卷第11期刊登消息《关于鲁迅诞辰六十周年纪念》，消息称："鲁迅先生生于1881年，按中国习惯，1940年适满六十岁，由于民国已废除夏历，因此上海文艺界人士征得许广平同意，定在阳历8月3日举办活动，并且要发动全国、普遍举行纪念。"

4月10日　香港《大公报·文艺》开始连载萧红的短篇小说《后花园》，《大公报》副版主编是杨刚。

4月12日　香港《大公报》消息："中华全国文艺界协会香港会员通讯处，定于本月十四日下午二时，假座坚道二十号举行二十九年

---

① 茅盾1940年3月28日致蒋锡金信，上海《文艺新潮》月刊1940年第2卷第8号。

093

度会员大会，希望'文协'各会员尚未履行本年度登记手续者，从速将登记表填写寄会，以便取得选举权。"

同日　香港《大公报》出版消息："端木蕻良选辑前进作家萧红、老舍、台静农、靳以、陈白尘、舒群、荆有麟等短篇小说集《大时代的小故事》，已由文摘出版社出版，运到本港。"

4月13日　端木蕻良指导月秀的《老画师》发表在香港《大公报》副刊"学生界"第116期，并附端木蕻良的《改后》一文。

4月14日　香港文协召开第二届年会。端木蕻良、萧红等60人到会。会上选举乔冠华、许地山、杨刚、戴望舒等9人为理事，选举端木蕻良、林焕平、陆丹林等5人为候补理事。

同日　香港《大公报》消息："中华全国文艺界协会留港会员通讯处（香港分会）今日下午假座坚道二十号召开大会，改选理事。另据5月15日重庆《抗战文艺》第6卷第2期消息，文协香港分会全体大会在四月十四日下午二时，假坚道二十号三楼开会。……候补理事陆丹林、端木、霍思慕、马耳、林焕平。"

4月15日　《香港华字日报》报道："文艺协会年会　新理事已选出。"

同日　香港《大公报》消息："中华全国文艺界协会香港分会昨日假座坚道二十号举行本年度会员大会，到新旧会员六十余人，会议下午二时开始，六时结束，选出本年度理事十四人。"端木蕻良和萧红出席这次大会。

4月16日　上海《文艺阵地》半月刊第4卷第12期刊登消息《记端木蕻良》，消息称："端木蕻良应大时代书局之聘，自渝偕萧红飞港，于文艺工作，致力甚勤。他的《红粮》第一部于最近开明书店出版，此为其处女作，亦自认为最得意之作。去年为香港《星岛日报》所写《大江》，已完成由上海杂志公司印行，在渝所作之《新都花絮》一作，已交港《大公报》连载。到港又作一长篇《江南风景》，最近亦已出版。他现为大时代书店编一丛刊，已约请西谛、王统照、适夷、曹靖华、台静农等撰稿,并广征各家新作。据来函云对作者待遇,为每千字预支版税五元。他正在为《文阵》写《论鲁迅》,为五万字长论,大部已脱稿,定五卷二号起登,连载完毕后,又允为《文阵》特撰以北平为背景的长篇《忧郁的城》。他所著短篇,现已集成《端木蕻良短篇小说集》一册,将由开明书店印行。"本期《文艺阵地》还刊登消息《关于鲁迅先生六十生诞纪念》,消息称:"……香港方面,自接得上海函约后,亦已由端木蕻良、杨刚及全国文艺界抗敌协会香港分会,进行推动,届时拟举行一盛大之群众纪念仪式……文艺阵地预定于五卷二号,出版《鲁迅先生六十生诞纪念专号》,已征集冯雪峰、端木蕻良、萧三、欧阳凡海等专著长论,并约请西谛、景宋、巴人、唐弢、周木斋等执笔专稿。"

4月23日 端木蕻良出席香港文协研究部第一次会议,讨论组织"文艺研究班"等事宜。

同日 香港《星岛日报》发表消息《总会来函》,述总会安排全体会员重新登记一事,并"附已在总会登记之留港会员名单 许地山、端木蕻良、萧红……戴望舒……林焕平……叶灵凤",告知香港分会安排登记。

4月30日 香港《大公报》刊登中华全国文艺界抗敌协会香港分会会报,称:4月14日在坚道二十号三楼召开了全体会员大会,会议选出了本年度理事,端木蕻良为候补理事;4月17日召开第一次理事会,端木蕻良分配工作为研究部的文艺研究班负责;4月23日研究部开会,讨论组织文艺研究班及座谈会事。

5月11日 迁港的岭南大学师生组成的"艺文社"举办第一次文艺座谈会,邀请端木蕻良和萧红前去讲演抗战和文艺的问题。

5月12日 与萧红一起参加由香港文协与中国文化协进会共同举办的"黄自纪念音乐欣赏会"。按:黄自纪念会在香港皇后大道中中央戏院举行,郁风主持并致开幕词。

5月27日 日军飞机轰炸重庆北碚,孙寒冰等百余人被炸死。消息传来，端木蕻良写《悼寒冰》诗。

5月29日　岭南大学"艺文社"的杂志《艺文专刊》刊登端木蕻良和萧红在11日座谈会的讲演记录，题目为《关于抗战文艺的几个问题》。

5月　端木蕻良中篇小说集《江南风景》由香港大时代书局出版。内收《江南风景》（原名《蒿坝》）和《柳条边外》（原名《突击》）两篇。该书为端木蕻良主编的"大时代文艺丛书"之一种。

6月4日　香港文协研究部公布《文艺协会香港分会主办文艺讲习会简章》，1940年至1941年共开办三期，每期两个月。讲习会主讲者有许地山、戴望舒、端木蕻良、叶灵凤、乔冠华、杨刚、徐迟等。另外萧红、茅盾、柳亚子等曾去讲演。

6月10日　萧红《鲁迅先生生活忆略》在《艺风》第2期发表。

6月11日　香港《大公报》出版消息："《江南风景》本集为名作家端木蕻良所作两个中篇小说集。作者向以运用地方色彩驰名文坛，此集为其最近作品。该书由重庆大时代书店出版，日前运港，定价港币七毫。"

6月16日　香港《大公报》消息：文艺协会举办第一届文艺讲习会，24日起开始讲授。

6月24日　香港文协主办的"文艺讲习班"第一期开课。举行开班仪式。第一期主讲者有端木蕻良、许地山、戴望舒、林焕平等。端木蕻良讲的题目是《本港文艺青年的写作问题》。第一期文艺讲习班于8月21日结束。

同日　萧红致信在重庆直辖市的华岗。信中提到上海方面要扩大纪念鲁迅六十诞辰的活动，端木蕻良在写纪念文章，她也准备写。信中提到她和端木蕻良各有一部长篇已交生活书店去出版。按：即萧红的散文集《回忆鲁迅先生》、端木蕻良的长篇小说《新都花絮》。

同日　日军攻占宝安南头、深圳。香港形势紧张。

6月26日　港府采取对日预防措施，拆除两座深圳桥。

6月27日　端木蕻良的长篇小说《新都花絮》在香港《大公报》副刊《文艺》第869期开始连载，连载到10月19日《文艺》第950期，共连载了九章。并申明"本书由作者保留翻译、改编剧本、电影、卡通、诗歌等一切权益"。刊头似萧红题字。

6月29日　日本驻港领事发表谈话，称日军不会进攻香港。

6月30日　端木蕻良为苏联作家绥拉菲摩维奇的《铁流》所写的书评《介绍〈铁流〉》在香港《大公报》副刊"文艺综合"第871期发表。同期还发表萧红为美国女作家史沫特莱的《大地的女儿》所写书评《〈大地的女儿〉——史沫特烈作》。

6月　《萧红散文》(散文集)由大时代书局(重庆)出版，列入大时代书局"文艺丛书"，署名萧红，收散文17篇。

7月7日　萧红复信华岗。信中提到华岗的《中国民族解放运动史》(简称《民族史》)(第一卷)，在上海因纸价高涨尚未印刷出版，表示赞同华岗意见；她和端木蕻良有近期准备回内地的打算；对胡风给鲁迅夫人写信，说萧红和端木蕻良"秘密飞港，行止诡秘"的做法表示不满，认为此举是"损人而不利己"。

7月9日　端木蕻良致信华岗，信中写道：由于上海出版商"意存观望"，华岗的《中国民族解放运动史》(第一卷)的出版只好等待；他与萧红各成一书交生活书店出版；有与萧红从上海转宁波回转昆明或者桂林的打算；提及胡风向许广平"进言"一事，"沪上有人告我，弟仅未在彼所主之刊物投稿，便要陷人至此，世事真有令人有大感不理解者，呜呼"。

7月16日　重庆《文艺阵地》第5卷第1期登载冯延6月5日发自香港的报道《南海的一角》。详细报道了抗战以来香港左翼文艺界的组织和办刊情况。其中报道了本年度香港文协理事改选名单，文协理事、候补理事中有端木蕻良；6月底将举办文艺讲习会的讲座目录，讲习会中列出端木蕻良的讲座题目是《创作方法》。

7月28日　萧红复信华岗。表示香港局势好转，又可住一时期；

华岗《民族史》出书一事已去信托人查问；对"胡（风）之乱语"，"随他去吧"，但知道时"那心情是很痛苦的"；提到8月份"打算写完一长篇小说"；提到把《马伯乐》（上篇）的第一章手稿复写件邮寄华岗和曹靖华去看。

7月　萧红《回忆鲁迅先生》由重庆生活书店出版。内有附录：许寿裳《鲁迅的生活》和景宋（许广平）《鲁迅和青年们》，《后记》为端木蕻良所写；萧红长篇小说《马伯乐》（上篇）脱稿。

接受杨刚提议，与萧红合作执笔完成哑剧《民族魂鲁迅》（剧本）。初刊于1940年10月21日—31日香港《大公报·文艺》第952—959期、香港《大公报·学生界》第236—238期，署名萧红。

同月　胡愈之自广西桂林抵达香港。

8月1日　重庆《文艺阵地》第5卷第2期出版《鲁迅先生六十诞辰纪念专号》，端木蕻良的《论鲁迅》和冯雪峰的《鲁迅与中国民族及文学上的鲁迅主义》作为重头文章发表。端木蕻良文章写于1939年6月21日。同期刊登知识出版社出版端木蕻良新作《新都花絮》广告，有200余字内容介绍，称此书"虽只有十来万字，却是一部描写'新都花絮'的出色作品"。

8月3日—7日　端木蕻良《略论民族魂鲁迅——为鲁迅先生六十诞辰而作》在香港《星岛日报》副刊"星座"的"鲁迅先生六十诞辰特辑"专栏内连载（6日未登）。

8月3日　下午3时，由香港文协等团体联合举办鲁迅先生诞辰纪念大会。端木蕻良、萧红等与会者300余人，地点在孔圣堂。会上萧红报告了鲁迅的生平事迹。晚上7时30分，在孔圣堂举行纪念晚会，上演话剧《阿Q正传》和哑剧《民族魂鲁迅》等节目，哑剧上演剧本由冯亦代等人改编。

8月21日　第一届"文艺讲习会"举行结业典礼。端木蕻良、许地山、林焕平、郁风等人出席。

8月26日　史沫特莱自广西桂林乘一架邮政飞机抵达香港。下机后即被港英当局拘留和审讯,因为史沫特莱在美国和德国参加过印度民族解放运动,是英国政府眼里的"危险分子"。史沫特莱答应在香港不写文章、不做讲演和不参加公开的社会活动,加上英国大使克拉克·克尔爵士和香港医务总监司徒永觉(泼西·赛尔温·克拉克)的妻子希尔达·赛尔温·克拉克的帮助,港英当局同意史沫特莱在香港停留治病,住九龙尖沙咀半岛酒店。

8月28日　萧红复信华岗。信上提到华岗的《中国民族解放运动史》(第一卷)已经出版。对华岗来信劝慰萧红和端木蕻良对胡风之举表示"理解"。提到自己正在写文章,"写得比较快"。要华岗今后有信直接邮到"九龙尖沙咀今巴利道纳士佛台三号曹之琳(端木蕻良的化名)收"。

9月1日　萧红的《呼兰河传》开始在香港《星岛日报》副刊"星座"连载。12月20日《呼兰河传》完稿,至12月27日连载完毕。

9月初　港英当局解除了对史沫特莱的软禁后,司徒永觉夫人把史沫特莱送到玛丽医院(即玛丽皇后医院,位于港岛薄扶林道,是香港最大的公立医院)做了胆囊手术。出院后,司徒永觉夫人将史沫特莱介绍给了香港大主教何明华(罗纳德·霍尔,当时有红色主教之称)。受何明华邀请,史沫特莱住到他的新界沙田别墅去疗养和写作。[①]

9月15日　端木蕻良散文《我是怎样写作起来的》发表于香港《学生杂志》月刊第20卷第9期。

9月16日　香港《文艺青年》半月刊第1期刊载文章《九一八与文艺》,文章称:"……文艺才是最能反映灾难,呼召反抗。……首先是'东北作家'这名字出现了,这也许是一个带着悲哀的名字。……于是,醒着的人们看到他们的控诉与宣告,看到《八月的乡村》,看到《生死场》,看到《没有祖国的孩子》,看到《浑河的急流》,看到

[①] 珍妮丝·麦金农、斯蒂芬·麦金农:《史沫特莱——一个美国激进分子的生平和时代》,汪杉、郁林、芳菲译,中华书局,1991,第279—280页。

《第七个坑》……他们就如身受了一切的灾难。"

9月18日 重庆《大公报》"九一八九周年纪念特刊"刊登消息《东北文艺作家近况》,消息称:"萧红,在香港埋头创作。端木蕻良同萧红到香港后,任大时代书局编辑,近在本报港版发表《新都花絮》。"《东北文艺作家近况》共列出39位作家,其他有萧军、舒群、罗烽、白朗、金人、孙陵、塞克、李辉英、杨朔、张郁廉、骆宾基、罗荪、高兰、姚奔、林珏等。

9月 端木蕻良长篇小说《新都花絮》由上海知识出版社出版,上海兄弟图书公司经售,印2000册;1946年5月重版。

10月6日 端木蕻良出席香港文协研究部举办的"小说座谈会",讨论谷斯范的《新水浒》与利用旧形式问题。

10月16日 上海《学习》半月刊第3卷第2期刊登新书预告,称端木蕻良新作《新都花絮》不日出版,定价1元2角,由兄弟图书杂志公司总经售。同期杂志《学习播音》栏目还刊登消息说:"端木蕻良的新作《新都花絮》,前曾有一部分在香港大公报发表,深获读者爱好,现全书已由知识出版社出版。全书十万字,故事极饶兴趣,尤以对人物个性之描述极为细致,本埠各书店均售。"

10月19日 香港文协等举办鲁迅逝世四周年纪念会。端木蕻良和萧红出席。

10月21日—31日 哑剧《民族魂鲁迅》在香港《大公报》副刊"文艺""学生界"连载。

10月 端木蕻良与胡愈之结识,又经胡愈之特别安排认识东北籍的周鲸文。周鲸文当时经商,有自己的产业,经济上比较富裕。另外他关注政治与文化,还主编着《时代批评》杂志,宣传抗日。不久端木蕻良和萧红在港岛雪厂街十号交易所大楼拜访周鲸文,周鲸文同意出资办《时代文学》,由他和端木蕻良主编。① 周鲸文还建

---

① 周鲸文:《忆萧红》,香港《时代批评》半月刊1975年第32卷第12期。

议办《时代妇女》，由萧红主编，萧红称自己身体不好推辞。[①]《时代文学》编辑部设在港岛雪厂街十号三楼，这里是时代批评社。端木蕻良回忆说：周鲸文"虽然不大懂文艺，但他放手让我去办，我们之间合作得很好"[②]。端木蕻良1983年3月17日复信刘以鬯：周鲸文"营救张学良并开展人权运动，并为民盟发起人之一，当然还有乡谊的关系，所以合作很好，《时代文学》是完全由我负责，他是不过问的"[③]。

同月　国际新闻社战地记者谷斯范的长篇通俗小说《新水浒》的第一部《太湖游击队》于本年5月在桂林出版，这是一部用旧形式表现抗战内容的作品，获得评论界一致好评。应胡愈之约，端木蕻良写了《单表"六师爷"——从小市民说到〈新水浒〉》。[④]

同月　《时代批评》编辑张慕辛，自端木蕻良开始筹备《时代文学》后，和端木蕻良夫妇相熟。萧红在家创作，很少来香港岛。端木蕻良有事去港岛，张慕辛回忆说，拉端木蕻良去喝茶，他总是惦记萧红，表示"出来很久了。家中只有萧红，要早点回去"[⑤]。

11月1日、3日　端木蕻良《论阿Q》在香港《星岛日报》副刊"星座"连载。同时端木蕻良复写一份邮寄上海许广平，准备收入《鲁迅六十诞辰纪念集》中。

11月4日　香港《星岛日报》登载启事：端木蕻良的《论阿Q》一文因被有关当局"检删太多，断裂不能成篇只得中止刊载"。

11月15日　史沫特莱应中英文化协会邀请到香港大学图书馆做

[①] 钟耀群：《端木与萧红》，中国文联出版公司，1997，第85页。

[②] 宜宏：《天上人间魂梦牵——端木蕻良忆在港岁月》，《香港文学》月刊1990年第63期。

[③] 端木蕻良1983年3月17日致刘以鬯信，载《端木蕻良文集8》（下卷），北京出版社，2009，第378页。

[④] 刘以鬯：《端木蕻良在香港的文学活动》，载《短绠集》，中国友谊出版公司，1985，第118页。

[⑤] 张慕辛：《忆萧红》，广州《羊城晚报》1980年11月26日。

演讲。①

11月　小说《遥远的风砂》《鸶鹭湖的忧郁》收入《楚霸王自杀》(八十家佳作集之八)，郭沫若等著，新流书店(昆明)初版。

12月1日　端木蕻良《单表"六师爷"——从小市民说到〈新水浒〉》在《星岛日报》副刊"星座"连载到4日(3日未载)。

同日　长篇回忆散文《科尔沁前史》在《时代批评》半月刊第3卷第60期开始连载，至第二年2月16日第65期结束。题目和署名由萧红所题。《时代批评》是时政杂志，文艺类作品刊载很少。端木蕻良、萧红自从和周鲸文相识以来，周鲸文在《时代批评》上拿出版面来发表萧红、端木蕻良的文艺作品，客观上对端木蕻良、萧红的经济有很大帮助。

12月6日　端木蕻良致信华岗，信中说到已细心读过华岗的《中国民族解放运动史》，"观点非常正确"，问第三部写出没有，表示要写书评，向港地青年推荐《中国民族解放运动史》；并称自己1941年大概"又是一个笔杆年"。

12月15日　端木蕻良议论文《门外文谈》发表于香港《大公报》副刊《文艺》。

12月16日　完成议论文《中国三十年来之文学流变》。落款以"苦芹亭"为室名。后发表于《东方杂志》第34卷第4号。

同日　上海《学习》半月刊第3卷第6期，刊登评论文章《新都花絮》，文章写道："作者的写法，是极力想做到轻快，扬弃了红楼梦的烦琐。他用一个个的接续的动作来写人物的个性。然而也不缺乏如画的描绘和详细的心理分析。……这里我们自然也看到了种种在腐化生活中活动着的人们，如火如荼地写着一些荒淫的花样。……作者写对话，努力地利用口语，非常生动。"

12月17日　端木蕻良完成《阿Q论拾遗》。落款以"苦芹亭"为

---

① 陈君葆：《陈君葆日记全集·卷一：1932—1940》，商务印书馆(香港)有限公司，2004，第549页。

室名。

12月20日　萧红长篇小说《呼兰河传》脱稿。

12月24日　香港《大公报》消息，文艺协会举办第二届文艺讲习会，时间元月5日至3月30日，分请留港文学专家许地山、戴望舒、叶灵凤、杨刚、端木蕻良等担任义务演讲及指导。

12月27日　萧红《呼兰河传》在香港《星岛日报》副刊连载结束。

12月28日　香港《大公报》消息，美国女作家史特朗最近离渝抵港，准备转程返美。

1941年（29岁）

1月1日　端木蕻良和萧红收到许地山夫妇邮来的自制贺年片。

同日　香港《大公报》出版元旦增刊文艺版，刊登端木蕻良的文章《三十年来中国新文学运动》，该文作于1940年12月3日。文章说："配合着鲁迅先生伟大的培育和号召，中国新文学运动在艰苦的土壤里建立起来了。鲁迅先生的热爱人群的伟力虽然在沦亡的土地上也还潜伏着。响应他的声音而产生了田军的《八月的乡村》和萧红的《生死场》，这是'九一八'后文坛最大的收获。"

1月6日　新四军军部及皖南部队9000余人，奉命北移途中，遭国民党军队包围袭击，损失惨重，史称"皖南事变"。这以后，国统区白色恐怖严重，重庆、桂林等内地进步文化人士纷纷赴香港避难。

1月15日　香港文协在坚道中华中学举办第二届"文艺讲习会"。会期两个月，4月27日结束。其间请端木蕻良和萧红等人去办讲座。端木蕻良讲《创作方法》。

1月18日　香港《大公报》消息："新四军编遣竣事　叶挺就擒项英正严缉中"。

同日　重庆《新华日报》发表周恩来的题词和挽诗："为江南死国难者志哀""千古奇冤，江南一叶；同室操戈，相煎何急？"

1月25日　日本《朝日新闻》报道："由于重庆命令新四军移驻华北的国共矛盾，终于酝酿成国民党军对新四军的武装事变。""我皇军各部队以截击态势正在开展激烈的歼灭战。新四军遭我方与中央军的夹击，处于被全歼的最后关头。"

1月29日　萧红致信华岗："园兄：……香港旧年很热闹，想去年此时，刚来不久，现已一年了，不知何时可回重庆，在外久居，未免就要思念家园。香港天气正好，出外野游的人渐渐多了。不知重庆大雾还依旧否？"萧红还说她正在读《中国民族解放运动史》第二部，自己的《马伯乐》（上篇）就要出版。

2月1日　萧红长篇小说《马伯乐》（下篇），初刊于1941年2月1日—11月1日香港《时代批评》半月刊第3卷第64—72期、第4卷第73—82期。

2月初　端木蕻良夫妇搬家至九龙尖沙咀乐道8号二楼。乐道8号在乐道路东，对面路西是9号，大时代书局在9号。9号北面过一个门牌号就是13号，为《财政评论》杂志社。大时代书局的员工同时也在《财政评论》有职位。

2月6日　端木蕻良反映皖南事变沉重打击了东北沦陷区人民复土希望的小说《北风》在香港《星岛日报·星座》发表，连载到21日。

2月14日　萧红致信华岗："园兄：最近之来信收到。因近来搬家，所以迟复了。……香江并不似重庆那么大的雾，所以气候很好，又加住此渐久，一切熟习，若兄亦能来此，旅行，畅谈，甚有趣也。端兄所编之刊物，余从旁观之，四月一日定要出版，兄如有稿可寄下，因虽为文艺刊物，但有理论那一部门。而且你的文章又写得太好了。就是专设一部门为着刊你的文章也是应该的。第二部我在读，写得实在好。中国无有第二人也。……（三月二十号发稿，有稿在二十号前寄下最好）　萧上　二月十四日。"按：此信透露出端木蕻良正在积极地创办《时代文学》，计划在4月1日出版，萧红帮助端木蕻良给《时代文学》约稿。

2月15日　《阿Q论拾遗》发表于《学生杂志》第21卷第2期。

2月16日　《中国三十年来之文学流变》发表于香港《东方杂志》第38卷第4期；《科尔沁前史》在香港《时代批评》第65期连载结束。

同日　香港文协所属文艺通讯部的刊物《文艺青年》第10、11期合刊出版，发表《新四军解散事件讨论大纲》，不久遭港英当局搜查，以非法出版物为名，迫使《文艺青年》于本月25日停刊。

2月27日　香港《星岛日报》消息，香港文协下午3时在港岛温莎餐厅举行欢迎会，欢迎从重庆、桂林来港的文化工作者范长江、夏衍、宋之的。萧红和史沫特莱参加这次欢迎会，两人在香港再次见面。①

2月　小说《吞蛇儿》收入《第一流》（文青丛刊第一集），地球出版社（上海）初版。

3月3日　于毅夫自云南昆明抵达香港。通过东北抗联香港办事处处长董麟阁，联系上八路军香港办事处主任廖承志。于毅夫是东北救亡总会的党团书记、《反攻》半月刊的总编辑。皖南事变后，上了国民党黑名单，中共安排他离开重庆去香港，和廖承志取得联系后，除了参加邹韬奋主持的文化界座谈会，还以东北救亡总会负责人身份，联系端木蕻良、萧红，并做周鲸文等东北人士的统战工作。

3月初　史沫特莱来乐道8号看望萧红和端木蕻良。她惊讶中国作家生活的穷困，坚持要身体不好的萧红到她的住处疗养休息。萧红跟史沫特莱住在香港大主教何明华的沙田别墅里约20天。② 史沫特莱

---

① 钟耀群：《端木与萧红》，中国文联出版公司，1997，第76页。
② 珍妮丝·麦金农、斯蒂芬·麦金农：《史沫特莱——一个美国激进分子的生平和时代》，汪杉、郁林、芳菲译，中华书局，1991，第284页。

回忆在沙田同住的时候，萧红写了一部"战时小说"[1]，这部"战时小说"就是《北中国》，完成于1941年3月26日，刊载于1941年4月13日—29日香港《星岛日报·星座》第901—917期。

3月14日　端木蕻良致信华岗："岗兄：得来书，大喜逾望，唯以搬家，迟覆两天，请谅。我们搬到九龙乐道八号二楼，来信请即寄此处。……同时红兄出了一部《马伯乐》也一道带给你。看看开心。我现在给香港时代书局编一个文学月刊，定名为'时代文学'，决定四月一日出版。里面虽都是文学，但社会问题，哲学问题也愿涉及，所以希望你写一篇稿子（长期加入写稿，萧注），你想多有意思呢。……弟　端木　三月十四日。"信中端木蕻良夫妇希望华岗长期给《时代文学》撰稿。

3月下旬　萧红从沙田道风山灵隐台回到乐道8号，听说茅盾来港，与端木蕻良前去旅馆探望。萧红在灵隐台居住期间，端木蕻良曾去探望，见到了何明华大主教。

3月　端木蕻良夫妇与史沫特莱谈论太平洋局势，史沫特莱认为日本必定要进攻香港，而新加坡则坚不可破，即使新加坡能被打破，在新加坡也比在香港办法多一些。因此劝说端木夫妇到新加坡去。史沫特莱接着帮助联系，她委托的承办人还专门去端木蕻良家商谈去新加坡事宜。[2]史沫特莱的中文程度和萧红的英文程度都很低，她们之间比较深入的交流是通过端木蕻良来翻译。

同月　在沙田别墅居住期间，为萧红的妇科病，史沫特莱通过司徒永觉夫人联系了当时香港最大最好的公立医院玛丽医院，因为司徒永觉夫人的丈夫是港英政府医务总监的缘故，玛丽医院答应给予价格优惠。史沫特莱离开香港后，萧红数次去玛丽医院检查看病乃至住院治疗，都很顺利。甚至在日军占领香港，开始清理玛丽医院住院病人

---

[1] 史沫特莱：《中国的战歌》，载《史沫特莱文集1》，袁文、买树棻、袁岳云译，新华出版社，1985，第460页。

[2] 曹革成：《我的婶婶萧红》，江苏文艺出版社，2010，第205页。

的情况下，玛丽医院仍然接受了被荞和医院做了误诊手术的萧红住进医院治疗。

同月　《新都花絮》被"重庆中央图书杂志审查委员会"以"暴露陪都生活之弱点，足以淆乱视听"为由下令停止发行。

4月1日　周鲸文、端木蕻良主编的《时代文学》原定是日创刊，因故推迟。

4月4日　《第一流》再版，内收端木蕻良小说《吞蛇儿》。《第一流》是"文青丛刊"之一，上海地球出版社出版。

4月13日　萧红《北中国》在香港《星岛日报》副刊"星座"连载至29日。

4月16日　端木蕻良有关红学的议论文《论忏悔贵族》在香港《时代批评》第3卷第69期发表。

同日　丁玲自陕西延安致信香港的端木蕻良："雷加先生是你们的老乡，因为在前方生活了好久，所以搜得了许多好题材，写得也还有味。我现特介绍给你，请你看看，是否可以编入大时代的文学丛书呢？望常来信，寄些书报来看。"按：端木蕻良向在延安的丁玲约稿，丁玲寄来雷加写的小说《五大洲的帽子》，雷加的小说刊登在8月1日出版的香港《时代文学》月刊第3期上，端木蕻良将雷加小说的题目改为《帽子》。

4月17日　端木蕻良出席香港文协等团体在温莎餐厅举办的"香港文艺界联欢会"，欢迎茅盾等人来港。茅盾报告抗战以来文艺运动及讲述民族形式大众化问题。

4月中旬　周鲸文在香港倡议开展"人权活动"和营救张学良，萧红和端木蕻良响应香港文协号召积极参加。端木蕻良连续撰写发表多篇文章。萧红把史沫特莱介绍给周鲸文。史沫特莱对此活动很赞成，表示回美国后要找议员支持。史沫特莱又特别介绍何明华大主教与周鲸文相会，以便周鲸文能得到何明华的帮助和支持。

同期　茅盾夫人孔德沚到了香港，茅盾夫妇租住在湾仔坚尼地道。

4月28日　议论文《再论阿Q》在香港《大公报·文艺》连载，5月8日载完；再刊于1941年5月14日、5月16日、5月19日桂林《大公报·文艺》。

4月下旬　端木蕻良与萧红陪同史沫特莱到湾仔坚尼地道拜访茅盾。史沫特莱又坚决地劝告茅盾一家到新加坡去，说日本如果进攻，新加坡是可以守得住的，萧红也动员茅盾去新加坡。① 相信如果茅盾一家去了，萧红和端木蕻良也就随着去了。茅盾初到香港，担负着党交给的任务，不能离开，加上茅盾主观上也不认为日本会很快攻打香港，于是对去新加坡的建议予以婉拒。端木蕻良夫妇去新加坡的打算，也因为局势变化和萧红身体不好而搁置。

同旬　史沫特莱安排萧红去玛丽医院治疗妇科病，需要住院做手术。珍妮丝·麦金农和斯蒂芬·麦金农在《史沫特莱——一个美国激进分子的生平和时代》一书中这样写道："到了4月份，经与其他作家，包括茅盾及其夫人商议，她让萧红进了玛丽医院并恳请朋友们帮她付整个夏天的医药费。"② 按：史沫特莱本身经济很困难，连离开香港回美国的路费都没有，后来她的朋友埃文斯·卡尔森给她电汇了路费，她才得以乘船回美国。

同旬　作家杨骚到端木蕻良、萧红寓所拜访。杨骚约在2月中旬抵达香港，他是接受中共安排离开重庆前往新加坡工作，在香港经转。端木蕻良回忆道："他是从内地来到香港的。这位富有浓郁气质的诗人朋友，尽管名字非常熟悉，但见面却还是第一次。所以，我们就谈得没完没了。因为时间不多，他很快就要离开香港转向南洋。也正是由于这突然而来又突然而去，好像一道火光似的闪现在我们面前，所以，印象就特别深刻……我们从他口中，知道了他去南洋的目的。他责任感很强，流露出一种坚定的毅力，我们预祝他能很好地完

---

① 茅盾：《悼念A. 史沫特莱女士》，《人民日报》1950年5月14日。
② 珍妮丝·麦金农、斯蒂芬·麦金农：《史沫特莱——一个美国激进分子的生平和时代》，汪杉、郁林、芳菲译，中华书局，1991，第284页。

成任务。"①杨骚和女作家白薇在1928年结为伴侣，1933年两人分手。端木蕻良、萧红和白薇认识，有来往。对杨骚和白薇的感情悲剧，端木蕻良和萧红都同情白薇。

5月1日　《论人权运动》在香港《时代批评》半月刊第3卷第70期发表。

5月4日　《五四和人权运动》发表于香港《华商报》，五分之四被报检部门砍删，开了"天窗"。

同日　香港文协举行"1941年度会员大会"（又称"第三周年会员大会"），并欢迎各地新来港之会员。大会推选茅盾、夏衍、许地山、杨刚、端木蕻良等9人为理事。

5月5日　香港《华商报》消息："文协三十年度第一届理事会，已于昨日下午五时假座许地山公馆举行。"端木蕻良出席理事会，并分配工作在研究部。

同日　香港《华商报》刊登特写《文艺作家聚首一堂》，称文协香港分会昨日在圣约翰宿舍的礼堂举行第三届会员大会，端木蕻良被选为理事。

5月6日　史沫特莱乘坐一艘挪威货轮离开香港回美国。临走前，应端木蕻良提议，留下她10篇准备带回国发表的英文作品。同时史沫特莱带走了萧红和端木蕻良的一些作品，准备推荐给美国刊物，史沫特莱还带去了萧红给美国作家辛克莱的信和著作《生死场》。史沫特莱回美国后，和主编《亚细亚》月刊的海伦·福斯特·斯诺（埃德加·斯诺的夫人）取得联系，海伦·福斯特·斯诺给萧红和端木蕻良写信约稿，并且和另外一人把萧红的小说《马房之夜》翻译为英文。②

5月8日　香港文协理事会召开本年度首次会议，选定各部负责人。研究部负责人为杨刚、夏衍、茅盾、乔冠华、端木蕻良。按：端

---

① 端木蕻良：《难忘的一次会面》，广州《南方周末》1994年5月27日。
② 曹革成：《我的姊姊萧红》，江苏文艺出版社，2010，第206页。

木蕻良是研究部唯一的党外人士。

5月14日　端木蕻良的《再论阿Q》发表于桂林版《大公报》。

5月16日　香港《星岛日报》登载香港文协举行"第三周年会员大会"与会签名，其中有端木蕻良、夏衍、戴望舒、许地山等。

5月20日　上海《学习》半月刊第4卷第4期"学习播音"消息："端木蕻良、萧红两女作家，将合编一巨型文艺刊物，正计划本月内在香港出版。"按："两女作家"的"女"字可能是排版错误，应该是"位"字；"巨型文艺刊物"指香港《时代文学》。

5月中旬　萧红住进玛丽医院。

5月　小说《风陵渡》收入《长子》，欧阳山等著，华新图书公司（上海）初版。

同月　歌曲《嘉陵江上》收入《铁声歌集》第1集，国立厦门大学铁声歌咏团编印。

6月1日　香港《时代文学》月刊创刊号发行（第1卷第1期），署名由周鲸文、端木蕻良主编，时代批评社发行，时代书店总经售，国际印刷公司印刷。当时在香港编杂志很不易，因为约稿约的都是名家，有在上海"孤岛"的，有在陕西延安的，有在重庆的，有在桂林的，很多约来的稿子收不到，端木蕻良只能自己赶写诗词、散文、杂文、评论，以凑够篇幅和字数，为此起了很多笔名。好容易送到印刷厂了，3月下旬，《时代文学》端木蕻良的助手袁大顿跑来告知因故不能出版，要拖日子。[①]结果，原计划4月1日出版未能实现，拖到今日。

《时代文学》月刊创刊号内页登有"特约撰述人"，共67人，其中有丁玲、巴金、艾青、金人、柳无垢、许景宋、华岗、杨刚、宋之的、曹靖华、白朗、胡风、舒群、谢冰心、老舍、茅盾、夏衍、黄源、叶以群、谢冰莹、周扬、许地山、黎烈文、聂绀弩等；用大号字

---

① 钟耀群：《端木与萧红》，华文出版社，2014，第96页。

另列出来7人，为戴望舒、萧军、萧乾、萧红、萧爱梅、罗烽、芦焚。

《时代文学》月刊创刊号刊登鲁迅先生夫人许广平女士的来信手稿、许广平和海婴的合影，还有史沫特莱专号（有史沫特莱肖像及签名，端木蕻良请翟咏徽翻译的史沫特莱的文章《这样微小的事》）。

本期中端木蕻良作品有：创刊词《民主和人权》和后记；"苦芹亭诗抄"中有《赠华君》《过河偶感有赠》《赠静农》《哀迅师》4首旧体诗；"人海杂言·荆天丛草"专栏里，署多种笔名文章有《调寄西江月》（红楼内史）、《醒世姻缘》（蒲梅龄）、《春末闲谈》（阮咸）、《姑恶篇》（陶栗里）、《救火三昧》（庄生）等杂文；有书讯类《海上新两种》（珊瑚）、《俄文名著四大翻译》（珊瑚）等。整个版式也由端木蕻良自己设计，化名丁宁。刊物人手很少，由香港文协文艺通讯部的袁大顿做他助手。

6月2日　香港《大公报》出版消息："周鲸文、端木蕻良创办之《时代文学》，为巨型文艺刊物在港注册之创举。该刊筹备数月，广约海内外名家巨子，经常为该刊写名贵作品。闻该刊创刊号定六月一日出版，内容异常精彩丰富。每本仅售港币三毫五仙。"

6月4日　美国作家辛克莱给萧红写了一封信，说收到了史沫特莱带来的书和问候，欣赏萧红赠予的礼物，表示谢意。并说也送给萧红一本自己的书《合作社》，想有兴趣利用，随函另寄去几本小册子。萧红收到辛克莱这封信及书，可能在7月份了。

6月5日　胡风、梅志及两个孩子来到香港。在九龙旺角西洋菜街175号四楼租了一间房，西洋菜街距端木蕻良、萧红居住的乐道约3公里。

6月8日　马来西亚槟城出版的《现代周刊》第1卷第114期，刊登"作家介绍"，作者劳军，介绍萧红和端木蕻良，题目分别为《关外的娘子军——萧红》和《一员东北战将——端木》。《一员东北战将——端木》摘录如下：

111

"——端木蕻良的名字，恐怕是今日中国文艺作家中间，最怪的了。曾经有一个反对新文艺的'文学家'对此感慨说：'简直不像个中国人的名字！'其实，这是冤枉的，'端木'，乃是复姓，孔子的弟子子贡，就是姓'端木'的（他原名是端木赐）。

"端木是个很有描写才能的作家，这点大概是爱好他的作品的人所承认的。但是有一点很惹人注意，他曾批评了茅盾一顿，这日不提，读读他的那些议论文，你定会有这种感觉：'这个家伙的确自负不凡！'

"有一两位朋友不喜欢端木的作品，我问他们为什么，都说，风一来，就是写了两三页，沙一飞，又是写了两三页，不足取！不足取！

"在下的意见，却以为端木的文名，主要是建立在这上头，如果不喜欢这类的描写，那你无须读他的作品便了。

"可是又有人说出端木的毛病，不在这里，而在他态度的'那个'，用词造句，很卖弄，因此给读者的印象，不会亲切，这倒也言之成理，持之有故，在下不愿意添油加醋了。不过在下以为用词造句的卖弄，不足为病，因为文艺作者有丰富我们语言的大责任。不妨让他们尝试尝试。至于态度'那个'，当然是要不得的。

"直到现在。《鹭鹭湖的忧郁》和《浑河的急流》，似乎还是他的最好的作品。他后来虽然写了《科尔沁旗草原》《大地的海》，以及改变作风后的《新都花絮》等等长篇，都似乎不能超过他最初发表的那几个短篇的成就。"

6月16日　上海《学习》半月刊第4卷第6期"学习播音"消息："香港出版的时代批评为周鲸文主编，本刊已收到三卷七十二期一本，内有羊枣等的文章，女作家萧红的《马伯乐》也发表于此。"
"周鲸文，端木蕻良最近主编《时代文学》一种，六月二日在港出版，作者有巴人、适夷、林淡秋、华石峰，及史沫特莱等译文多篇。"

7月1日　端木蕻良《论人权运动的行动性》发表于香港《时代

批评》第73、74期合刊。此期为"人权运动专号",同时登有茅盾、邹韬奋、胡绳、张友渔、于毅夫等多人文章。

同日 《时代文学》第2号出版。本期登载茅盾、刘白羽、艾芜、葛一虹、史沫特莱等人的文章和章一泯的剧本。本期发表萧红的小说《小城三月》,文末注"1941年,夏重抄"。题目为萧红手迹,端木蕻良以"荆坪"(端木蕻良本名曹京平)、"金咏霓"的笔名为小说配了题头画和一幅插图。端木蕻良1983年3月17日复信刘以鬯,信中写道:"《小城三月》的插图是我画的,标题是她题在画上的,插图以哈尔滨为背景情况都是她提供的,如啤酒桶,下面还有用拉丁字母写的京平的签名。"①本期起,目录页天头上配有端木蕻良绘制和设计的鲁迅、茅盾、高尔基、托尔斯泰、萧伯纳、歌德等16位文豪的肖像画。

本期端木蕻良作品有:长篇小说《大时代》(开始连载);"苦芹亭诗抄"栏里有《赠人》《去顶峰口号》《有赠》《中秋忆母》《悼寒水》《悼范筑先》;"人海杂言·荆天丛草"专栏里有"新制时调鼓词《陪都空袭大惨案》(署名萝松窗)、《阿Q正名》(署名代代)、《素王赞》(署名度曲郎)等。

7月 萧红头疼、咳嗽并发高烧,端木蕻良请来袁大顿陪她一起去港岛玛丽医院。袁大顿是东莞人,能讲广东话可以做翻译。经治疗检查,诊断萧红得了肺病(痨病,后来称为肺结核病)。当时治疗肺结核还没有特效药物,只能是卧床休息,有经济条件的患者则住院疗养,方法是"休息、营养、空气、阳光"。这个病是"富贵病"。当时,采用人工气胸术成了当时治疗肺结核的流行方法。人工气胸术是萎陷疗法的一种,原理是往胸膈或者横膈和腹膜间注入空气(俗称打"空气针"),降低腹腔负压,从而牵引或升高横膈,使肺脏萎缩,患处处于萎陷状态,以减少呼吸,促使病变组织愈合。该法每周注气一

---

① 端木蕻良1983年3月17日答刘以鬯,载《端木蕻良文集8》(下卷),北京出版社,2009,第379页。

次，每次500毫升左右，可持续治疗2年到3年，玛丽医院建议萧红打"空气针"，萧红和端木蕻良征求了朋友们的意见，同意接受打"空气针"治疗肺病。当时治疗肺结核的萎陷疗法还有一种人工气腹术，是把空气注射到腹腔，将横膈膜推向上方，使肺部达到一定程度的萎陷，该术较人工气胸术安全一些。萧红到底接受的人工气胸术还是人工气腹术，已不可知。

肺结核病人是否适宜于采用人工气胸术，要根据病情、病变的深浅程度由医生来决定。初次施行人工气胸术有的病人会有不适感，胸疼气闷，还会发热。萧红体质素来很差，对打"空气针"反应极大。周鲸文回忆说："在未治前，萧红虽觉有病，但还是走动如常人，还照常写作。但经过医治之后倒真成了病人。体力不够了，行动不便了，咳嗽加剧了。这就非住院不可了。"[1]端木蕻良回忆说："医院当时对治肺病就是一种打空气针，萧红对此非常不耐烦，一是对这种方法没有信心，二是对医疗方法非常不喜欢。"[2]钟耀群说："第一次打空气针后，萧红痛苦地嚷嚷不如死了好！但过了一两天，便觉得不那么憋气了。进行第二次、第三次后，就没有太大的反应了；咳嗽也减轻了，胃口也好了，嚷嚷想吃罐头了。"[3]萧红住院治疗，她和端木蕻良的积蓄和收入是不够的，端木蕻良找到周鲸文，周鲸文表示一切费用由他负责，随即开了支票。袁大顿去办缴费手续，才知道就是优惠，一天住院费，差不多是老百姓一个月的伙食费。萧红被确诊为是肺结核病后，从普通病房转移到一溜临海宽敞的阳台上去，接受阳光和空气。[4]

8月1日 《时代文学》第3号出版。发表聂绀弩、刘火子、史沫

---

[1] 周鲸文：《忆萧红》，香港《时代批评》半月刊1975年第32卷第12期。

[2] 端木蕻良口述《我和萧红》，载曹革成《我的婶婶萧红》，江苏文艺出版社，2010，第205页。

[3] 钟耀群：《端木与萧红》，中国文联出版公司，1997，第88页。

[4] 钟耀群：《端木与萧红》，中国文联出版公司，1997，第87页。

特莱、伯修等人文章。发表葛一虹、戈宝权、林林等人的苏俄文学译作6篇。发表丁玲从延安寄来的雷加小说《帽子》。"南国一天"征文发表7位新人作品。本期有荒烟为萧红《生死场》所作的木刻插图。

端木蕻良作品有：《大时代》连载之二，散文《纸篓琐记》；"人海杂言·荆天丛草"栏里《孤愤诗二首》（署名红楼内史）等。本期预告第4期特载稿有《辛克莱致萧红女士信》《辛克莱签名式》《辛克莱反法西斯广播词》等。

8月4日　端木蕻良与萧红去香港大学讲学。下午，许地山先生病逝。端木蕻良写挽联"未许落华生大地，徒教灵雨洒空山"。

8月16日　《人权运动的进军》在香港《时代批评》第4卷第77期发表。

8月中旬　撰写《追怀许地山先生》。

9月1日　《时代文学》第4号出版。本期有纪念"九一八"专号，发表文章6篇，其中有署名萧红的《给流亡异地的东北同胞书》。"苏联文学专辑"发表夏衍、曹靖华、叶以群、章一泯等人文章和译作11篇。发表辛克莱《告欧洲沦陷书》。

端木蕻良作品有：《大时代》连载之三，《苦芹亭诗抄》五首（《悼武汉》《黄昏》《无题》《哀曹雪芹》《有赠》）。手迹影印"许地山先生千古"的挽联等。

同日　茅盾主编的香港《笔谈》半月刊创刊。该杂志经端木蕻良介绍由时代书店做担保。

9月11日　该日前后，骆宾基自广西博白经广州湾（今广东湛江）到澳门，在澳门当了行李，买了船票，从澳门抵达香港。骆宾基住在香港一个旅馆，不知怎么搞到端木蕻良的电话（可能得自茅盾）[1]，给端木蕻良打电话，说明自己是内地来的东北青年作家，来到

---

[1] 钟耀群：《端木与萧红》，中国文联出版公司，1997，第103—104页。

香港没有工作，困居旅店，请求帮助。端木蕻良虽然不认识骆宾基，但知道他，看过他的作品，端木蕻良问清楚了旅馆地址，请同事张慕辛和林泉去旅馆问明情况。后经周鲸文同意，安排骆宾基住在时代批评社的职工宿舍。张慕辛还到旅馆替骆宾基付清住宿费。①骆宾基在这个职工宿舍大约住了两周，又搬到九龙太子道森麻实道的一栋楼房里，房子是以前宋之的租住的，邻居有剧作家凤子等。②

9月16日 《民主建国和复土抗战》发表于香港《时代批评》第79期。本期刊出《旅港东北人士"九一八"十周年宣言》，签名者有端木蕻良、于毅夫、周鲸文等代表374人。本期还登出《时代文学》编辑部征文启事，主题是"鲁迅和青年"。

9月18日 为纪念"九一八"十周年，端木蕻良《土地的誓言》发表于香港《华商报》。

同日 梁漱溟为社长，萨空了为总经理的《光明报》在香港创刊。登出端木蕻良的文章《在战斗中长成》。同期还有茅盾、柳亚子、叶以群、胡风、叶灵凤等的文章诗词。

9月20日 萧红《九一八致弟弟信》发表于香港《大公报·文艺》。

9月中旬 美国女作家海伦·福斯特与他人合作将萧红《马房之夜》译出，发表在自己主编的《亚细亚》月刊第9期上。③

同旬 端木蕻良、萧红、于毅夫、周鲸文等374人在《旅港东北人士九一八十周年宣言》上签名。

同旬 香港时代书店刊登售书广告，列出端木蕻良著作有：(1)《科尔沁旗草原》，(2)《大地的海》，(3)《新都花絮》，(4)《大江》，(5)《憎恨》，(6)《江南风景》，(7)《风陵渡》，(8)《端木蕻良短篇甲集》，(9)《科尔沁前史》(即出)。

---

① 曹革成：《我的婶婶萧红》，江苏文艺出版社，2010，第172页。
② 韩文敏：《现代作家骆宾基》，北京燕山出版社，1989，第37页。
③ 曹革成：《我的婶婶萧红》，江苏文艺出版社，2010，第158页。

10月8日　香港《青年知识》周刊第10号"文化广播"消息："《生死场》作者萧红女士，因肺病留医玛丽医院已将三月，文艺界友人均甚关心其健康。"

10月11日　《从一个中国人看中国三十年——谈〈鲁迅三十年集〉》发表于香港《华商报·灯塔》。

同日　北京《吾友》杂志第1卷第88期"文化动向"刊登《萧军和端木蕻良》一文，文中说：端木蕻良"忘掉了文学的责任，甘心寄人篱下；做了孔祥熙的情报者，换句话说：做了孔家私事的吹嘘者。……适逢孔祥熙命令去香港主编某杂志，随即带着萧红由重庆乘机去港"。按：这是八卦说法。香港大时代书局虽然是孔令侃投资设立，但日常运营完全交与孙寒冰，是孙寒冰安排端木蕻良为大时代书局编辑"文艺丛书"，同时端木蕻良和萧红都是中共领导的香港文协成员。虽然如此，端木蕻良到孔家的大时代书局做事，客观上还是给不知真相的人带来一些负面印象。

10月19日　香港《大公报》20日消息，中华全国文艺界抗敌协会香港分会晚8时在德辅道西福建商会四楼举行鲁迅纪念晚会，纪念鲁迅先生逝世五周年忌辰。端木蕻良与茅盾、柳亚子等文艺界300余人参会。马鉴主持，胡风报告鲁迅先生生平事略，茅盾、柳亚子等演讲，11时散会。会上，端木蕻良结识了柳亚子，并就纪念鲁迅逝世五周年事，为《时代文学》向柳亚子约稿，柳亚子后以诗交稿。[①]

10月20日　柳亚子作七律《鲁迅先生逝世五周年》，交端木蕻良在《时代文学》发表。

10月下旬初　一天夜里，刮起台风，玛丽医院打来电话说萧红病危，端木蕻良到尖沙咀码头找了一条小船过海，赶到医院后，萧红在睡觉，没事。萧红还问端木蕻良，这么晚你怎么来了，外面刮着台风呢！端木蕻良很生气，找医院护士质问，护士说打错了电话。萧红见

[①] 钟耀群：《端木与萧红》，中国文联出版公司，1997，第106页。

到端木蕻良很高兴，端木蕻良却心情不好，认为是不祥征兆。①骆宾基晚年说，这个电话是萧红故意让打的，为的是考验一下端木蕻良，说是萧红后来告诉他的。②

10月　端木蕻良到玛丽医院看望萧红，看到孙夫人宋庆龄在隔壁病房探视戴爱莲。萧红知道后很想过去见见宋庆龄，但考虑到自己是肺病有传染性，宋庆龄又很忙，就没有过去。③

11月1日　香港《时代文学》月刊第5、6两期合刊出版（实际出版日期在12日）。本期有"纪念鲁迅先生逝世五周年"专刊，发表柳亚子诗作和于毅夫、胡绳、周鲸文、林焕平等9人文章。开辟"鲁迅先生逝世五周年纪念画刊"专栏，发表司徒乔、荒烟、黄少强等人作品。发表柳亚子《图南集两辑》诗17首，发臧克家、曹靖华、叶以群等人诗文。为使9月来港的骆宾基有稿费维持生活，端木蕻良称"病"，从本期停发自己的长篇小说《大时代》，换发骆宾基的小说《人与土地》第一章。本期扉页有"时代书局（店）"刊出销售萧红作品的广告，其中《马伯乐》注有"上篇已出"文字。端木蕻良在本期发表指画《鲁迅先生造像》。在《大地的海》一书介绍广告中，引用他的《土地的誓言》一文。

同日　萧红长篇小说《马伯乐》续篇在香港《时代批评》半月刊连载中止。《马伯乐》续篇刊于1941年2月1日—11月1日香港《时代批评》半月刊第3卷第64—72期、第4卷第73—82期，一共登载9章。因病未完稿。

11月7日　端木蕻良与萧红、茅盾、郭沫若、柳亚子、邹韬奋、周鲸文、胡风、夏衍等百余人联名的"致苏联人民书"在香港《华商

---

① 端木蕻良口述《我和萧红》，载曹革成《我的婶婶萧红》，江苏文艺出版社，2010，第205—206页。

② 钟耀群口述，孙一寒整理《钟耀群谈端木蕻良家事》，华文出版社，2015，第211页。

③ 曹革成：《我的婶婶萧红》，江苏文艺出版社，2010，第118页。

报》发表。

11月上旬　袁大顿去玛丽医院探望萧红，告诉她《马伯乐》积稿已登完了，问续稿怎么办。萧红怔了一下说："大顿，这我可不能写了，你就在刊物上说我有病，算完了吧。我很可惜，还没有把那忧伤的马伯乐，提出一个光明的交代。"①

同旬　萧红不耐烦继续住院，坚持要回家，端木蕻良和朋友商量认为要照顾病人情绪，就把萧红接回家了。②丁玲于1942年4月25日在延安写了一篇文章《风雨中忆萧红》，文中说：和萧红"分手后，就没有通过一封信。端木曾来过几次信，在最后的一封信上（香港失陷约一星期前收到）告诉我，萧红因病始由皇后医院迁出"③。

同旬　柳亚子来乐道拜访端木蕻良，适逢萧红出院在家，柳亚子回忆道："（萧红）虽偃卧病榻，不能强起，而握手殷勤，有如凤昔相稔者。嗣后暇辄往诣，每娓娓清谈，不以为累。尝倚枕为余题诗册子，喟然叹曰：'安得病愈，偕观电影，更就酒楼小饮，则其乐靡穷矣。'"④

11月16日　下午4时，香港文化界假座温莎餐室，热烈庆祝郭沫若50岁寿辰。端木蕻良与马鉴、柳亚子、邹韬奋、茅盾、胡风等90多人参会，马鉴主持，柳亚子、胡风等演讲，6时许，会议结束。（香港《大公报》17日消息）

同日　《时代批评》半月刊登出启事，曰："萧红女士的长篇《马伯乐》，因患肺病，未能续写，自本期起，暂停刊载。于此，我们祈祝作者早日健元，并请读者宥谅。"

---

① 袁大顿：《怀萧红——纪念她的六年祭》，香港《星岛日报》1948年1月22日。
② 端木蕻良口述《我和萧红》，载曹革成《我的姐姐萧红》，江苏文艺出版社，2010，第205页。
③ 丁玲：《风雨中忆萧红》，延安《谷雨》双月刊1942年第5期。
④ 柳亚子：《更生斋随笔·记萧红女士》，载《怀旧集》，上海耕耘出版社，1946，第45—46页。

同日　香港《华商报（晚刊）》刊登柳亚子撰写的《祝沫若先生五十初度》，端木蕻良、萧红等香港文化界127人签名。

11月18日　端木蕻良到柯士甸道拜访柳亚子，向柳亚子陈述东北沦陷情况，柳亚子当即作诗《端木蕻良过存，述东北过去痛史甚详，感赋一首》。柳亚子说起中旬再探望萧红于病榻，"感其挚爱之情，不能弭忘也"，又赋诗一首《再赠蕻良一首，并呈萧红女士》，诗曰："谔谔曹郎奠万哗！温馨更爱女郎花。文坛驰骋联双璧，病榻殷勤伺一茶。长白山头期杀贼，黑龙江畔漫思家。云扬风起非无日，玉体还应惜鬓华。"

11月中旬　端木蕻良送萧红再次住进玛丽医院。因不满医生护士的冷遇，萧红又急于出院。

11月下旬　于毅夫到玛丽医院看望萧红。萧红诉说护士小姐官气十足，自己又住在骑楼，要求回家。于毅夫看萧红的情绪不好，就把萧红接回端木蕻良家。

萧红回家的第二天，周鲸文夫妇就渡海去乐道8号看望萧红。周鲸文第一次来到端木蕻良和萧红的家，看到是一间大约20平方米的房子，中间是一张又老又破的大床，一张书桌，上面东西摆得乱七八糟，还有一只取暖烧水的小火炉。周鲸文心里很酸楚：萧红、端木蕻良都是成名作家了，生活还是这么困苦。周鲸文和端木蕻良都劝萧红回到玛丽医院去，家里这种环境对养病是不利的，萧红表示同意。萧红对周鲸文开玩笑说："周先生，你正提倡人权运动，请不要忘记了我这份人权。"周鲸文临走留了一笔钱给予资助。[①]

同旬　时为萨空了的妻子金秉英到玛丽医院看望住院的朋友，在电梯间无意中与萧红相遇，得以相识。

金秉英是10月从广西桂林乘飞机来到香港，住在九龙尖沙咀汉口道，离萧红家很近。回家的萧红差女佣到汉口道约金秉英来家交谈，

[①] 周鲸文：《忆萧红》，香港《时代批评》半月刊1975年第32卷第12期。

以此建立短暂的交往。萧红要和金秉英比赛烙葱油饼,给金秉英介绍浅水湾的美丽,还约来年一起去青岛观海。金秉英最后一次去看萧红,萧红睡着了,随即太平洋战争爆发,再无见面,这成了金秉英和萧红的诀别。① 香港沦陷后,金秉英和萨空了及两个孩子于次年1月25日乘船离开香港去了广州。

同旬　端木蕻良因为编辑刊物,助手袁大顿便经常来家里帮助做些事情。袁大顿回忆道:"由于在家医疗的不便,萧红的病一天比一天更糟了。白天她睡得也很不宁、卧榻常常要南移又要北转,端木和我就像给她摆动摇篮一样地去把她的床摆东又摆西。她喉头的痰越来越多了,我替她买痰盂,买药品一天有时得跑上几趟,她是很自信的,她要常常知道自己病态的变化。有一次,她要我替她到屈臣氏药房买一支试体温的摄氏水银管,因为不在行,给买了一支华氏的回来,于是她笑了(在这时她的笑靥是难得见的),笑后,却温顺地给我解释了一套体温管的使用法。"②

11月　于毅夫看到萧红久病,端木夫妇生活困难,向党组织反映。党组织经费也很紧张,但还是拿出50元港币通过于毅夫交给萧红养病。

11月29日　港府公布,自下午6时08分日落时起,至明日晨日出时止,举行灯火管制演习。

11月30日　柳亚子去医院看望住院的女儿柳无垢后,来端木蕻良家中看望萧红。作《赠萧红女士病榻》七律一首。

12月1日　华人代表罗旭和爵士在香港ZEK电台做紧急广播,劝告与香港防卫无关的居民及家属立即离开香港。

12月2日　驻港英军开始进驻军事要区,九龙、新界举行防空

---

① 金秉英:《昙花一现的友情——思忆萧红》,西宁《青海湖》1982年第6期。

② 袁大顿:《怀萧红——纪念她的六年祭》,香港《星岛日报》1948年1月22日。

演习。香港华人代表罗文锦等出面动员本港居民如无必要须迅速离港。

12月3日 《时代文学》第2卷第1号（即第7期，或称12月号）出版。内容有柳亚子多首诗作，其中有《亚子近诗——寄怀润芝先生兼呈伯渠玉章必武特立曙时诗老三十年十一月十三日　晨枕上作》《访萧红女士于病榻赠以两律》《赠司徒美堂先生》等；曹靖华译的苏联作品《穿过火网》、正明译的斯诺夫人与人合著的《翻过阿梨兰山的最后一峰》、骆宾基的小说连载《人与土地》第二章等。本期并登出1942年第1期的目录，因突遭太平洋战争而中断。香港《时代文学》是月刊，本年6月1日创刊，到12月，共出7期6册（10月、11月合刊）。

同日　香港《华商报》消息，英国首相丘吉尔警告远东将有大战。

12月4日　香港《工商日报》消息："旅港日侨定周内全部撤退。"

12月6日　端木蕻良的助手，经常协助他照顾萧红的袁大顿，离开九龙回东莞结婚。

12月7日　萧红收到海伦·福斯特从美国邮寄的稿费200元汇款单，但是12月8日太平洋战争爆发，这笔钱没能取出。

同日　港府宣布进入紧急状态，实施无限期灯火管制。九龙的英军炮兵部队6时30分前完成了战斗准备，启德机场做好了对付空降部队的战斗准备，加拿大营17时30分，完成了港岛的阵地配备。香港停泊的商船接受英海军命令，从11时30分开始，有30多艘开往新加坡。

12月8日　太平洋战争爆发。东八区时间（以下时间同）0时20分，日军在马来半岛东北岸哥打巴鲁登陆，打响太平洋战争的第一枪；2时20分，日军对美国夏威夷群岛珍珠港进行偷袭；3时30分，日军强行进入泰国；6时，日本播送临时新闻，"据大本营陆海军部宣布，帝国陆海军在今天八日凌晨在西太平洋方面和美英军进入了战争状态";7时30分,日军轰炸香港启德机场;9时,日军攻击菲律宾吕宋岛;10时40分,日本天皇发表宣战诏书,向美国、英国宣战。美国、英国对日宣战。

  同日 香港《华商报》消息:日寇向英美宣战;今晨8时许,敌机首次袭本港。

  同日 日军飞机轰炸香港启德机场,香港上空日军飞机的轰鸣声呼啸不止。萧红听到炸弹爆炸和机枪扫射声,惊吓不已,叫端木蕻良写条子由女佣送去请柳亚子过来。柳亚子刚刚在街上打听巡捕说是演习,柳亚子托女佣回去告诉是演习。接着柳亚子得知是日军进攻香港,战争爆发了。他先去看望何香凝,上午9时来到乐道看萧红。萧红对柳亚子表示自己病体不支,听到飞机声非常心悸,坚决要求柳亚子能留下来。柳亚子要端木蕻良去找刘清扬,因为早晨见过刘清扬,说他有避难的地方可以安顿柳亚子。在萧红闭目睡着中柳亚子悄然离去。[①] 端木蕻良找到刘清扬,但刘清扬原来计划避难的地方出了问题,表示安排不了柳亚子一家和萧红、端木蕻良。

  同日 骆宾基给端木蕻良打电话表示要回内地。端木蕻良考虑战争时刻,他一个人照顾萧红,对外又要应付战乱有困难,希望骆宾基来他这里帮忙。骆宾基来到端木蕻良家。

  同日 于毅夫来找端木蕻良,告知九龙不保,要赶快撤往港岛。他叫端木蕻良做好准备,他去联系渡海船只,夜里出发。端木蕻良让萧红、骆宾基抓紧休息,等候夜深人静偷渡维多利亚湾。

  同日 中共中央给中共南方局周恩来、廖承志、潘汉年等发电,电文称:"香港文化人、党的人员、交通情报人员应向南洋及东江撤退。此事请酌办。"

  12月9日晨 周恩来再次致电廖承志,要求迅速转移在港的各界朋友,可经澳门、广州湾(今湛江)或东江转入大后方。

---

 ① 柳无垢:《悼萧红》,桂林《文化杂志》月刊1942年第3卷第2期。

凌晨两三点后,于毅夫来通知出发,端木蕻良、骆宾基搀扶萧红下楼,乘坐两辆三轮车到了码头约定处,于毅夫安排好的渔船在此等候,端木蕻良一行上了渔船,到了港岛。不久柳亚子一家乘船前往港岛,在船上碰到刘清扬,刘清扬告诉端木蕻良和萧红已经过海。

同日　到了时代书店,由时代书店职员协助,上午将萧红抬往连合道周鲸文家,路过坚尼地道茅盾家时,骆宾基提出要去探望茅盾,端木蕻良夫妇请他代问好。①

在周鲸文安排下,端木蕻良和萧红住到港岛雪厂街思豪大酒店。张慕辛回忆说:"太平洋战起……萧红和端木蕻良终于搬到香港,先到周鲸文家中。周家当时已有几家亲属搬去避难,住得十分拥挤,萧红无法养病。我们便把她接到思豪酒店来住。"张慕辛《忆萧红》一文记载:张慕辛和林泉在太平洋战争一爆发,就住进思豪大酒店五楼一个房间,这个房间是张学良的弟弟张学铭长期包租的。张学铭住在半山,有时候下山到市区不回半山,就住在其他酒店,这间住房经常空着。思豪大酒店的女老板也是东北人,张慕辛、林泉和她很熟,于是就住了进去。端木蕻良知道这个情况,和萧红到了思豪大酒店,在张慕辛、林泉让出下,住进张学铭的房间。②

12月10日　端木蕻良去看望柳亚子,带回柳亚子先生赠予的40美元。③萧红从端木蕻良那里得知柳亚子住在西摩道保卫中国同盟总部后,打电话找到柳亚子,希望再见到柳亚子。柳亚子欣慰萧红精神很好,祝萧红早日康复。

12月11日　粮食实行配给,每人可买1元或10元的米。由于卖米点少,黑市活跃。私家汽车被港府征用。

12月12日　日军攻占九龙。中午派人来港府劝降,遭港督拒绝,

---

① 骆宾基:《太平洋战争爆发之后》,载骆宾基《初春集》,江西人民出版社,1982,第255—258页。

② 张慕辛:《忆萧红》,广州《羊城晚报》1980年1月26日。

③ 骆宾基:《萧红小传》,建文书店,1947,第153页。

日军随即全面突袭、炮轰港岛，港岛地面大火熊熊，时而断水断电。

12月15日　香港自本日起19时30分到翌晨6时30分戒严。食品实行管制售卖，面包只在一早有供应。

12月16日　彻夜炮声震天。

12月17日　9时30分，日军炮击民众聚居区。12时至下午3时日方派人来港劝降遭拒，16时炮声大作至夜愈加猛烈。晚，思豪大酒店中弹。萧红因为不能行走，无法到酒店地下室避难，端木蕻良在客房陪同萧红，两人商议要另外找地方去住。

12月18日　中午，思豪大酒店的寓客开始疏散。端木蕻良找民夫把萧红抬到后山一座空的别墅里避难。

同日　下午，廖承志在香港告罗士达酒店，分批会见文化界和爱国民主人士，传达撤退方案。确定分组负责人，分发必要的经费。端木蕻良因萧红生病没有去参加。事后被告知，他和萧红由于毅夫负责转移。

同日　别墅内无法居住，端木蕻良下山想办法，碰到于毅夫一家人。与于毅夫商量的结果是先搬到周鲸文家去。于是用帆布床把萧红抬到连合道周鲸文家。周鲸文回忆道："大概在十七八日这两天，一天下午两三点钟，端木、于毅夫两人抬着萧红来到我家。后边还跟着于太太和两个孩子。稍休息一会，我们谈如何住法的问题。于说，他可到另一个朋友家挤着住，只剩下萧红住的问题。住楼上，不安全，炮火已把三楼房东住的那层打了两三炮。我住的二层尚未着炮火，随时有着炮轰的可能。所以，警报一响或炮火一攻，大家都得挤进车房避难，一天不知要跑多少次。萧红是病人，不能行走，每次都由人抬，这就不胜其麻烦，而且她弱到这样的程度也经不起颠簸。车房是安全的，已经住满了杨家的老少，而且潮湿，不开车门就没有足够的空气。这个安全地方也不适于萧红。加上，我家和杨家都有七八岁的孩子，萧红是严重的肺病，我们也不能不给孩子们想一想。讨论的结果，大家决定暂把萧红送到雪厂街思豪酒店，由端木照顾她。临行时，我交给端木五百港币。"①

同日　端木蕻良和萧红离开周鲸文家后，据端木蕻良回忆是住进了告罗士达酒店。②告罗士达酒店位于毕打街，在告罗士达行的上面，告罗士达行底层是香港大酒店。

同日　晨，日军第三十八师团下达登陆作战命令。英军隔海炮击日军，日军出动轻型轰炸机轰炸港岛中环及港督府一带，重型轰炸机轰炸港岛摩天岭炮台。下午日军飞机轰炸鲤鱼门和赤柱炮台。20时40分，日军第一批登陆部队开始渡海，21时45分，日军用手划折叠艇在北角偷袭登陆成功，之后，日军在筲箕湾、太古船坞二处亦登陆成功。第二批日军登陆部队使用了机动船。英军和登陆日军激战。

12月23日　眼看港岛不保，告罗士达酒店必定会为日军占领，端木蕻良将萧红转移到士丹利街一家裁缝铺。骆宾基回忆："于是萧红再次迁往皇后道背后的一所两层楼的民宅里，这是在时代书店一广东青年朋友协助下找到的隐避点。与时代书店职工宿舍在同一条街上，仅仅隔着一条马路，中间也不过二三十户商店的间距。"③按：骆宾基所说的民宅应该就是端木蕻良所说的裁缝铺。

12月24日　端木蕻良去雪厂街10号交易所大楼找周鲸文想办法，周鲸文建议让萧红住到士丹利街的时代书店书库，房子安静又宽敞，加上时代书店的同人和端木蕻良、萧红相熟，也好照顾，端木蕻良同意这个安排，就把萧红转移到士丹利街时代书店书库安顿下来。

同日　端木蕻良去找周鲸文时，在香港酒店前碰到萨空了。萨空

---

① 周鲸文：《忆萧红》，香港《时代批评》半月刊1975年第32卷第12期。
② 端木蕻良口述《我与萧红》，载曹革成《我的婶婶萧红》，江苏文艺出版社，2010，第206页。
③ 骆宾基：《太平洋战争爆发之后》，载《初春集》，江西人民出版社，1982，第269页。

了回忆说:"端木蕻良的夫人萧红女士,据端木蕻良说正住在那附近,我们知道她的肺病在九龙时已很严重,现在又遇到战争,东迁西搬,饮食都成问题,真为她着急。"①

12月25日　香港沦陷。下午,周鲸文离开交易所,由张慕辛陪同前往避难地。走在皇后道上时,转进士丹利街时代书店宿舍去看望书店同人和萧红,萧红在书库里的一张小床上熟睡,周鲸文与端木蕻良众人告别离去。

本日　全港自本日起停电停水。日军布告,只许10元以下港币通用。日军举行"入城仪式"。

12月26日　凌晨,日军进入港岛市区。日军在九龙半岛酒店成立军政厅,下设总务、民政、经济、司法、海事5个部门。日军政厅委任以罗旭和为首的绅商名流,组成"善后管理委员会"。军政厅宣布,日军所使用的"军票"为香港合法货币,港币以二比一"兑换"成"军票",10元面值以上的港币禁止在市场流通。

同日　日军总医官江口上校访问养和医院院长李树芬,表示奉日政府之命,照顾李树芬阁下。会晤结束,李树芬请江口上校设法保护本院护士,江口上校取出已准备好的两张告示交给李树芬,告示内容为这里是医院,禁止侵犯,并盖有日本天皇的印鉴,而且已经填好养和医院的名称。李树芬又提出医院有600名病人,粮食不够,江口上校就乘着养和医院的救护车到日军总部,拉来一车粮食。养和医院位于港岛跑马地山村道,是一家私人医院,成立于1922年,李树芬1926年接管后获得较大发展,开初专治肺结核,后来开始治疗其他疾病并可以施行外科手术,港战爆发前被作为救伤医院,停战后一直营业。李树芬为香港名人,日军对其拉拢,在其他医院陆续军管的形势下,养和医院得以正常营业。李树芬的弟弟李树培也是一位医生,在养和医院工作。

---

①　萨空了:《香港沦陷日记》,生活·读书·新知三联书店,1985,第82页。

1942年（30岁）

1月5日　香港军票物资交换即日开始。军票交换所设在渣打银行，规定军票1元为港币2元。香港实行物品定限分配：每人每次按规定价可购米麦2两5钱，米盐鱼肉2钱。

1月9日　茅盾夫妇、邹韬奋等人在中共地下党营救行动中离港。

同期　于毅夫安排端木蕻良和萧红离港事宜，由于萧红病重无法行走，于毅夫委托王福时留港等待。

1月11日　香港电力恢复供应。

1月12日　萧红病重，呼吸困难。端木蕻良冒着暴露身份的危险，出外一路寻找在开业的医院。找到跑马地山村道养和医院，院长李树芬的弟弟李树培医生同意接收萧红住院。经过检查，李树培认为萧红呼吸困难是喉结核需要手术。端木蕻良因为有他二哥结核开刀常年不封口的教训，不同意签字手术。萧红急于治病，自己签了字。[1] 端木蕻良1994年致信刘以鬯："停战后，我在养和医院接洽，找李树培医治。他说萧红是喉结核，须开刀。"[2] 到养和医院后，骆宾基因为疲惫，回时代书店宿舍休息。[3]

1月13日　李树培给萧红动了手术，端木蕻良发现没有从喉管里切除什么东西，萧红并没有喉结核。到病房后，萧红很快清醒，用气声对端木蕻良说："我胸痛，是不是我的胸？"骆宾基回到养和医院，萧红对端木蕻良和骆宾基说："这样死，我不甘心……"端木蕻良哭着对萧红说："我们一定挽救你！"萧红做完手术后，一直发烧

---

[1] 曹革成：《我的姊姊萧红》，江苏文艺出版社，2010，第206—207页。

[2] 端木蕻良致刘以鬯信（底稿），载《端木蕻良文集8》（下卷），北京出版社2009年版，第384页。

[3] 骆宾基：《太平洋战争爆发之后》，载《初春集》，江西人民出版社，1982，第269—270页。

不退。

　　1月13日—17日　萧红术后不封口,由于战乱医药被日军军管,病情恶化,养和医院束手无策。端木蕻良步行几十里来到玛丽医院。医院同意接收萧红,但是由于交通工具已经被日军军管,端木蕻良冒着暴露身份的危险,争取到朝日新闻社随军记者小椋的帮助,同意调车送萧红转入玛丽医院。[1]端木蕻良晚年反思过萧红的手术,他1982年11月15日致信美国汉学家葛浩文:"我俩都是带病工作,而她的肺病更加严重,我也有,但没有她的严重,再加医生如果不是为了骗钱,便是盲目开刀,因而不治逝世。"[2]

　　1月15日　柳亚子父女陪同何香凝离港,柳夫人因枪伤留港治疗。之前曾因何香凝身体欠佳,萧红把自己食用的鱼肝油托端木蕻良送过去。

　　1月18日　《萧红小传》记载:萧红转至玛丽医院,住进了六楼病房。下午2时,换了喉口呼吸铜管,萧红盖着白色毛毯入睡。[3]

　　同期　端木蕻良回忆,把萧红转移到玛丽医院路程很长,需要用汽车,但香港的汽车都被日军征用,要找汽车只有找日本人。端木蕻良看到两个日本记者在用英语交谈,就走向前去,说明了自己的身份,并提出请他们帮忙找汽车把萧红转移到玛丽医院。日本记者小椋同意帮忙,他找来车,把萧红送到玛丽医院。萧红最后阶段,小椋曾经去医院看望萧红,他说看萧红这样,希望不大了,端木蕻良说是养和医院开刀缩短了萧红的生命,小椋说即使不开刀,也活不长。[4]萧红逝世前,端木蕻良曾经和小椋谈过萧红安葬的问题,端木蕻良说萧

---

[1] 曹革成:《我的婶婶萧红》,江苏文艺出版社,2010,第207页。
[2] 端木蕻良1982年11月15日致葛浩文信,载《端木蕻良文集8》(下卷),北京出版社,2009,第209页。
[3] 骆宾基:《萧红小传》,建文书店,1947,第156页。
[4] 端木蕻良口述《我与萧红》,载曹革成《我的婶婶萧红》,江苏文艺出版社,2010,第207—208页。

红的愿望是将来葬埋在鲁迅先生墓旁边。①

1月21日　晨，萧红突然脸色红润，情绪甚好。据说吃了半罐牛肉，还说："我完全好了似的，从来没有吃得这么多。"骆宾基要抽烟出去找火，就离开了玛丽医院。走到市区，骆宾基想今天萧红状态不错，干脆回九龙一趟，把《人与大地》稿子取回。12时，骆宾基上了开往九龙尖沙咀的轮渡。晚上渡轮7点停开，骆宾基没有赶上渡轮，留在九龙。②

同期　端木蕻良回忆：把萧红送进了玛丽医院，很快日军接管玛丽医院，驱赶病人，端木蕻良又把萧红转移到一家法国医院。港岛的法国医院应该就是铜锣湾的圣保禄医院，由法国沙尔德女修会开办，俗称法国医院。法国医院随即又被日军军管，端木蕻良又随一位法国医生把萧红转移到圣士提反女校。端木蕻良回忆：这是这位法国医生在圣士提反女校设立的临时救护站。日军驱赶玛丽医院住院重病号时，萧红还清醒，相信深受刺激，导致病情急剧恶化。法国医生对端木蕻良说，在正常情况下，萧红还可以存活，现在这个情况，我一点办法也没有，只能尽力维持吧。③端木蕻良1983年3月10日复信刘以鬯，信中写道："又萧红曾在玛丽医院改为野战医院时，迁入法国医院。当时法国医院有位法国大夫，对她非常好。但由于药物都在占领军控制下，他也束手无策。"④日军占领香港后，因为法国（维希政府）是日本的同盟国，所以相比其他西方人，日军对法国人最友好，圣保禄医院是否被军管已不可考，但是不准重病号住在医院，相信日军是能做出来的。萧红被驱赶到圣士提反女校的临时救护站，实际就

---

① 端木蕻良1982年11月15日致葛浩文信，载《端木蕻良文集8》（下卷），北京出版社，2009，第208页。

② 骆宾基：《萧红小传》，建文书店，1947，第157—158页。

③ 端木蕻良口述《我与萧红》，载曹革成《我的婶婶萧红》，江苏文艺出版社，2010，第207页。

④ 端木蕻良1983年3月10日致刘以鬯信，载《端木蕻良文集8》（下卷），北京出版社，2009，第380页。

是等死，临时救护站根本不具备抢救病危者的条件。按：骆宾基在他历次的回忆中，从来没有提及因为日军占领玛丽医院，萧红被迫转移到法国医院。由此可以推断：端木蕻良把萧红转移到法国医院的几天里，骆宾基可能并没有在萧红跟前。实情究竟是何，待有资料再定。

1月22日　黎明，骆宾基回忆：他从九龙乘渡轮来到港岛，到玛丽医院时，看见医院门口挂上了"大日本陆军战地医院"的牌子。端木蕻良找到他，告诉已经把萧红转移到列堤顿道的圣士提反女校的临时救护站。①

自早晨6时起，萧红昏迷不醒。10时萧红辞世，年仅31岁。随后，张学良的胞弟张学铭和林泉等得讯，赶到圣士提反女校向萧红遗体告别，张学铭说："唉，萧红死得不是时候！"② 端木蕻良请骆宾基找来一个照相师，拍下萧红的遗容，然后把萧红的遗体送入临时殓房。

1月23日　早晨，日本"军政厅民政部"的卫生督察马超栋按常规带领工人和车辆到柏道医院（圣士提反女校），挪运存放在殓房的尸体，准备埋葬。端木蕻良对马超栋说他是亡者萧红的丈夫，希望对方协助安葬亡妻。当时，死亡者如果无人认领，日本"军政厅民政部"下的有关部门即派人将尸体倾倒在西营盘一个运动场集体埋葬。马超栋原来是个文化人，读过端木蕻良和萧红的作品，很同情这位不幸病亡的女作家。那时所有被占领当局埋葬的尸体不穿衣服，尸体不分男女，全部搬上车运出埋葬，为了表示对萧红尊重，马超栋让取来医院的白毛毯遮盖她的遗体，并将遗体放置车中的特别车厢里，和其他尸体分隔。马超栋指点端木蕻良怎么到日本"军政厅"办领死亡证、火葬证和认领遗体手续。一切手续办理后，他安排把萧红遗体送

---

① 丁言昭：《萧红传》，江苏文艺出版社，1993，第278页。
② 杨筱：《骆宾基谈萧红之死》，香港《香江文坛》月刊2002年第10期。

到港岛东区日本人专门使用的火殓场火化。[①]在火殓场，端木蕻良看见妻子尸布下露出的头发，下意识地用钥匙链上的小剪刀剪了一绺，放进西服的内袋里。

端木蕻良在按照指点去办理萧红的火化和葬埋事宜时，对方日本管理人员，本来是个知识分子，会说英语，端木蕻良用英语交谈，他的态度变得很好。问端木蕻良准备把亡妻埋葬在哪里，端木蕻良说浅水湾。日方人员不知道浅水湾是风景区，是不能葬埋人的，就给端木蕻良办理了在浅水湾葬埋的手续。萧红辞世前给端木蕻良提过希望埋葬在鲁迅先生墓旁，端木蕻良说这个暂时办不到，萧红说那就埋在一个风景区，面朝大海。[②]港岛浅水湾萧红和端木蕻良去游玩过，很喜欢，所以端木蕻良提出要埋在浅水湾。

1月24日　萧红遗体在港岛东区日本火殓场火化。黄昏时分，端木蕻良到港岛东区日本火殓场取回萧红的骨灰。[③]当时买不到骨灰盒，端木蕻良敲开一家古玩店的门，买了两只古玩瓶。为保存住萧红骨灰，分装了两瓶。[④]

1月25日　黄昏时分，端木蕻良和骆宾基带着一个装有萧红骨灰的古玩瓶，步行到浅水湾。端木蕻良看到丽都酒店前面有一个花坛，四周有水泥围护，就决定埋在这里，掏出一个小坑，把骨灰瓶埋好，端木蕻良又把事先写好带来的一个木牌，用许多大石头堆压住，立在花坛里，木牌上写着"萧红之墓"。[⑤]晚上端木蕻良带着另一个装有萧红骨灰的古玩瓶，去了香港大学中国文史学系主任马鉴家里，马鉴很同情，留他住下。

[①] 沙洵泽、孙凯：《萧红和她逝世后的一些情况》，载曹革成编《端木蕻良和萧红在香港》，白山出版社，2000，第189页。

[②] 曹革成：《我的婶婶萧红》，江苏文艺出版社，2010，第208页。

[③] 沙洵泽、孙凯：《萧红和她逝世后的一些情况》，载曹革成编《端木蕻良和萧红在香港》，白山出版社，2000，第189页。

[④] 曹革成：《我的婶婶萧红》，江苏文艺出版社，2010，第208页。

[⑤] 曹革成：《我的婶婶萧红》，江苏文艺出版社，2010，第208页。

1月26日　傍晚，端木蕻良在香港大学一位广东学生的陪同下，将萧红另一瓶骨灰秘密埋在圣士提反女校后院土山的东北向的树下，以求保住部分骨灰将来迁回内地。①

1月28日　骆宾基说他是这天离开香港坐船去澳门，但端木蕻良回忆，他们是一起离开香港去澳门的。②

端木蕻良之前已经把关于萧红生前同意转让《呼兰河传》版税，酬谢骆宾基留下帮忙的证明信，交给骆宾基。

1月底前后　端木蕻良冒险渡海回九龙住处取出萧红和自己的部分手稿及一些物品。

2月初　端木蕻良和护送他的王福时乘坐"白银丸"离开香港，航班开往广州湾。在船上，听说日本人在广州湾抓人，途经澳门时，端木蕻良上岸，找到版画家黄新波，留在了澳门。③端木蕻良在澳门与其南开中学老师田聪及高剑父、戴南冠等会面。

2月　给上海鲁迅夫人许广平写信，告之萧红病逝和后事安排，委托她请日本友人内山完造设法保护萧红墓地。

3月　离开澳门，经江门、肇庆、梧州来到桂林。④走到桂林西南的永福坪石时，得到王坪等人的接待。王坪是《广西日报》记者，负责接待从香港回来的文化人。⑤抵达桂林时间应在下旬，和骆宾基住在孙陵在榕阴路的房子里。

---

① 端木蕻良口述《我与萧红》，载曹革成《我的姊姊萧红》，江苏文艺出版社，2010，第208页。

② 骆宾基：《写在〈萧红选集〉出版之前》，载《初春集》，江西人民出版社，1982，第237页。端木蕻良口述《我与萧红》，载曹革成《我的姊姊萧红》，江苏文艺出版社，2010，第208页。

③ 端木蕻良口述《我与萧红》，载曹革成《我的姊姊萧红》，江苏文艺出版社，2010，第208页。

④ 韩文敏：《骆宾基生平年表》，载《现代作家骆宾基》，北京燕山出版社，1989，第256页。

⑤ 端木蕻良：《桂林往事拾零》，载刁絜紫、罗标元、陆汉卿、左超英编《桂林旧事》，漓江出版社，1989，第209页。

4月2日　完成随笔《关于四人画展》，当月发表于《桂林日报》。

5月　端木蕻良请孙陵书店的员工秦黛帮忙，在桂林三多路13号2楼找到住处。在三多路居住期间，端木蕻良身体不好，又忙着写作，他便在门上、楼上、楼下，凡是目光所及处，都贴上"谢绝来宾"的字条。剧作家欧阳予倩来，端木蕻良却不在家，看到这些字条，欧阳予倩写了首《杜门诗》钉在门上。[①]端木蕻良丧妻后，情绪低沉，朋友智侣记述他仪态萧条，闭门索居，写字桌上堆满东西，"独自坐在一张高背靠椅上，面对凌乱不堪的书桌，默默如有所思"[②]。

6月7日　柳亚子从香港脱险辗转来到桂林。

6月20日　议论文《向〈红楼梦〉学习描写人物》和《我的创作经验》发表于桂林《文学报》月刊第1号。该期杂志还刊有特讯《端木蕻良、骆宾基同时脱险抵桂》。

6月27日　柳亚子为夫人郑佩宜女士从香港脱险辗转来到桂林写诗表达心情，同时为端木蕻良写《悼萧红女士》诗："杜陵兄妹缘何浅，香岛河山梦已空。私爱公情两愁绝，剩挥热泪哭萧红。"

6月　小说《风陵渡》收入《小说五年》（第1集），徐霞村等编，建国书店（重庆）初版。

7月6日　端木蕻良在桂林嘉陵川菜馆为柳亚子夫妇来桂林洗尘，田汉等作陪。宴后柳亚子写诗记之，称端木蕻良"甲帐君悲凤已空"，柳亚子注："谓萧红女士之逝。"

7月14日　端木蕻良与茅盾、田汉、柳亚子、胡风等十几人出席桂林《戏剧春秋》月刊在七星岩召开的历史剧问题探讨会。

7月15日　端木蕻良"穷一天之力"完成万余字小说《初吻》。

7月30日　小说《托尔斯泰之死》发表于重庆《文艺阵地》第6

[①] 端木蕻良：《欧阳予倩和〈杜门诗〉》，载《端木蕻良近作》，花城出版社，1983，第194页。

[②] 智侣：《萧红与端木》，香港《文汇报》1957年8月2日。

卷第6期。

8月20日　柳亚子作长诗《端木蕻良谱萧红事为梨花大鼓鼓词以授歌女董莲枝，索题赋此，八月二十日作》，先是端木蕻良将妻子萧红的事迹写成梨花大鼓词，授歌女董莲枝演唱，又请柳亚子以此事题诗，柳亚子于是铺排长诗，有句曰："一代红颜怜下葬，皓躯成骨骨成灰。"[1]

9月5日　凌晨完成小说《早春》。

9月15日　小说《初吻》发表于桂林《文学创作》月刊创刊号。

同日　作小说《海上》。

9月21日　散文《风物的恩情——纪念九一八》发表于桂林《大公报·文艺》。

10月9日　在大风寺完成散文《哀李满红》。

10月10日　议论文《写人物——以安娜·卡列尼娜为例》发表在桂林《青年文艺》月刊创刊号。

10月15日　小说《早春》发表于《文学创作》月刊第1卷第2期。

11月10日　完成小说《步飞烟（故事新编之一）》。

11月15日　小说《早春》（续完）发表于《文学创作》月刊第1卷第3期。

11月中旬　完成小说《雕鹗堡》。

11月25日　散文《哀李满红》发表于桂林《诗创作》月刊第16期，再刊于1946年1月15日上海《文艺青年》半月刊第2期。

11月28日　茅盾离桂赴蜀。

11月　小说《螺蛳谷》收入《抗战文艺丛选1》，徐盈等著，李辉英编选，中国文化服务社重庆分社初版。

12月3日　端木蕻良与田汉、巴金、柳亚子、杨刚、邵荃麟等出

---

[1] 柳亚子：《端木蕻良谱萧红事为梨花大鼓鼓词以授歌女董莲枝，索题赋此，八月二十日作》，载《柳亚子文集·磨剑室诗词集》（下），上海人民出版社，1985，第1004—1005页。

席"文协"桂林分会第四届会员大会。端木蕻良与杜宣、韩北屏等7人当选为候补理事。

12月15日　小说《雕鹗堡》发表于桂林《文艺杂志》月刊第2卷第1期。

12月17日　与柳亚子、李白凤、尹瘦石等参加熊佛西等在榴园的宴饮。柳亚子有诗记之。①按：以下谱文中柳亚子诗里记载的端木蕻良交游事，均见于本注中的《柳亚子文集·磨剑室诗词集》，不再另行注释。

12月27日　与柳亚子、田汉夫妇、熊佛西等参加王羽仪在春明馆的宴饮。柳亚子有诗记之。

12月31日　下午2时，端木蕻良出席在桂林省立艺术馆举办的洪深五十寿辰庆祝会，田汉提议每人出5元份金，会后吃面。4时散会摄影，然后去嘉陵川菜馆聚餐，端木蕻良与柳亚子、欧阳予倩、杜宣、萨空了等19人参加。宴席上大家决定联句一首献给洪深，其中端木蕻良题首句"洪深一代才"及"啄余香稻米，桃花历劫灰""离离寄生草，仆仆京华街"等句。②

1943年（31岁）

1月1日　桂林《大公报》刊登司马文森文章《闲话一九四二年的文艺——不算回顾》，回顾桂林文艺界的情况，短篇小说创作方面提到端木蕻良。

1月5日　有诗给柳亚子，柳亚子作《端木蕻良有招饮诗，次韵一首，一月五日作》。

---

①　柳亚子：《十二月十七日，佛西、仲寅招集榴园，同座者王羽仪、小涵昆季，暨端木蕻良、李白凤、尹瘦石、薛天鹤，酒后联句成此》，载《柳亚子文集·磨剑室诗词集》（下），上海人民出版社，1985，第1018页。

②　秋飙：《桂林祝洪深寿》，重庆《新华日报》1943年1月8日。

1月13日　柳亚子为尹瘦石作端木蕻良画像作诗《题端木蕻良画像》。

1月15日　小说《蝴蝶梦（故事新编之一）》发表于桂林《文学创作》月刊第1卷第4期，再刊于1943年11月重庆《天下文章》月刊第1卷第6期。

同日　小说《步飞烟（故事新编之一）》发表于桂林《人世间》月刊第1卷第3期。

同日　小说《海港》发表于桂林《文艺杂志》月刊第2卷第2期。

1月　小说《红灯》初刊于重庆《新中华》半月刊复刊号。

2月5日　农历元旦，和柳亚子等在嘉陵川菜馆聚会，柳亚子提议作灯谜。端木蕻良在《桂林往事拾零》中回忆他作的是"天生黛石千秋恨，梦上红楼第几重"。

2月16日　端木蕻良与柳亚子、田汉、欧阳予倩、安娥、郁风、孟超、萨空了等出席嘉陵馆老板徐寿轩的招待宴。饭后，田汉唱戏，柳亚子到后房作诗一首，让田汉看，田汉用西皮二黄唱了出来。[①]

2月17日　端木蕻良在梅影楼完成小说《女神》。

同日　去看柳亚子，要求把昨天柳亚子写的诗用作自己剧本《红拂传》中的人物虬髯客的出场引子，柳亚子表示用在李靖出场，虬髯客另写一个，给红拂姑娘也写一个。当晚，柳亚子又写了两首。[②]

2月18日　柳亚子派人把3首出场诗给端木蕻良送去。[③]

2月19日　元宵节，端木蕻良与柳亚子、田汉夫妇、熊佛西、尹瘦石等聚会榴园。众人联句赋诗，端木蕻良联句"因缘百世长"。

3月6日　音乐家马思聪在桂林新华戏院举行小提琴演奏会，连续两天。端木蕻良看了演奏会，听到《剑舞》一曲时，灵机一动，想到自己创作的《红拂传》有舞剑一场，用这个曲子伴奏，会获得更大

[①] 柳亚子：《关于〈红拂传〉及其他》，桂林《大千》月刊1944年第7期。
[②] 柳亚子：《关于〈红拂传〉及其他》，桂林《大千》月刊1944年第7期。
[③] 柳亚子：《关于〈红拂传〉及其他》，桂林《大千》月刊1944年第7期。

的艺术效果。①

3月10日　熊佛西画绿梅，端木蕻良请柳亚子题诗，柳亚子作《佛西绘绿梅，红莨索题，三月十日作》。柳亚子诗中的"红莨"即端木蕻良，以后柳诗中多称端木蕻良为红莨。

3月15日　长篇小说《科尔沁旗草原》第二部开始在桂林《文艺杂志》月刊第2卷第3期连载，连载5期（5月20日第2卷第4期、10月1日第2卷第5期、11月1日第2卷第6期、12月第3卷第1期）。

3月17日　此日为农历花朝节。端木蕻良与柳亚子、田汉夫妇、孟超等出席方镇华招饮。席上众人怀念萧红等人，柳亚子有诗称"相思桥下相思水，欲絮相思已隔生"。端木蕻良诗已佚。

3月22日　端木蕻良与柳亚子夫妇、安娥等寻访故临桂县令侍妓红玉墓。

3月23日　端木蕻良与柳亚子、欧阳予倩、尹瘦石、李白凤游览雁山，路过马君武墓。柳亚子在《雁山纪游一百韵》诗中称"红莨拟雪芹"。

3月24日　夜，端木蕻良出席在嘉陵馆为田汉举行的祝寿活动。

3月　端木蕻良完成剧本《红拂传》，马思聪谱曲，桂林四维平剧社排演。

同月　小说《火腿》《找房子》《生活指数表》收入《大后方的小故事》（文摘文艺丛刊），老舍、台静农、端木蕻良、舒群、陈白尘、萧红等著，文摘出版社（重庆）三版（初版时间不详）。《大后方的小故事》于1945年12月文摘出版社（上海）重排初版。

同月　歌曲《嘉陵江上》收入昆明《亚风半月刊》第1卷第1期。

4月1日　独幕话剧《林黛玉》发表于桂林《文学创作》月刊第1卷第6期"戏剧专号"。同期杂志还刊登"出书预告"《端木蕻良所作红楼梦——五幕剧》："作者对于《红楼梦》小说是有特殊见解和研究

---

① 端木蕻良：《〈红拂传〉前前后后》，《桂林日报》1989年5月25日。

的。他用了细腻委婉的笔法,选拔了小说的精华,使大观园中的人物活生生地表现于舞台,并以曹雪芹的前八十回为骨干,对于后四十回的续文加以重新的发展和决定,使这故事更趋于合理化,全剧十余万言,现已付印,即将分册出书。"按:目前所见端木蕻良作红楼梦系列的剧本有三种,即《林黛玉》《晴雯》和《红楼梦》。

同日 端木蕻良与柳亚子夫妇等赴画家黄尧、赵凯在普陀山馆的宴请,柳亚子有诗记之。

4月12日 端木蕻良与柳亚子夫妇、欧阳予倩、孟超、李白凤等16人出席熊佛西、叶仲寅在榴园的宴请,柳亚子有诗记之。

4月19日 于桂林环湖南路8号完成散文《雅歌译记》。

4月26日 柳亚子作《〈红拂传〉及其他》,文中称"红学大师端木蕻良"。

4月27日 柳亚子作诗《赠周鲸文两首,四月廿七日作》,内有"难忘萧红浅水湄"句。

4月 歌曲《嘉陵江上》收入《世界名歌选集》,薛良、甄伯蔚编,开新书店(桂林)初版。

5月 小说《饥饿》发表于桂林《艺丛》杂志第1卷第1期。

5月1日 小说《女神》发表于桂林《文学创作》月刊第2卷第1期。

5月5日 夜,端木蕻良与柳亚子、田汉夫妇、熊佛西、安娥、李白凤赴宴杨子餐厅,柳亚子有诗记之。

5月6日 端木蕻良与柳亚子夫妇、田汉等20余人出席安娥与聂耳哥哥聂守先在乐群社的招宴,柳亚子作诗记之。

5月9日 散文《〈红拂传〉赘言》收录于桂林四维平剧社宣传室《红拂传》特刊,文章写道:"我写《红拂传》的原因非常偶然。马思聪先生和王慕理小姐在桂林开演奏会,我去听到一个曲子叫作《剑舞》(马思聪先生作曲),我当时随意说,这要是按照原曲配上中国作风的跳舞,一定更有意思。思聪当时很赞成,我就提到金素秋小姐，后来我请他到桂林戏院来看戏，又烦金小姐来演《贵妃醉酒》。他和慕理小姐看了非常称赞她的演技。后来大家认为单是一个也不成，很难演出，最好写一个剧本。大家想到可以配上舞剑的故事，只有《红拂传》顶合适，于是我才写了这个剧本。大概费了十天工夫，总算完成了，这实在是思聪的曲子惹下的公案。"①端木蕻良后来回忆："通过田汉，我和金素秋、李紫贵、董俊楼、吴枫、曹慕髡等诸位戏剧工作者都熟识起来，他们都希望我能为他们的剧团写剧本。"②

端木蕻良写《红拂传》，得到多位同行赞许，如田汉说："端木、紫贵、素秋诸兄不知以为然否？但我很乐观。端木兄此剧的成功，他以辽东公子（却）有南相。想写来必定刚健婀娜，并极大妙，足以使桂林初忧剧坛焕然变色吧。"③

安娥说："也许，好心的先生并没有想到吧？他的努力，结了果实，成千成万的'红拂'，活跃于抗战的国土。"④孟超写道："有一天去桂林戏院后台闲聊天，又谈到写剧本，又有人提到风尘三侠，而我首先表示赞成，这时，端木蕻良兄当仁不让，而我也就极尽推动之力。因为我深知端木兄对旧剧知道得很多，又长于文采，那么在这一题材上，必有很大的发挥。……端木兄告诉我说：他处理这一个剧本，特别加重当时背景的抒写，特别强调几个人物的身份，尤其是虽只写到送别，但海外一局作为共赴国难的伏线，是以虬髯口中曲曲地道出来，是深知风尘人物的心情的，我深韪其言，也就觉得这剧的成

---

① 端木蕻良：《〈红拂传〉赘言》，载广西壮族自治区戏剧研究室、中国戏剧家协会广西分会编印《广西戏剧史料集》，1982，第152—153页。

② 端木蕻良：《〈红拂传〉前前后后》，《桂林日报》1989年5月25日。

③ 田汉：《关于红拂》，载广西壮族自治区戏剧研究室、中国戏剧家协会广西分会编印《广西戏剧史料集》，1982，第155页。

④ 安娥：《献给"红拂"》，载广西壮族自治区戏剧研究室、中国戏剧家协会广西分会编印《广西戏剧史料集》，1982，第155页。

功，是有十分把握的。"①

5月10日　端木蕻良请柳亚子等观看他的新剧作《红拂传》。此剧由桂林四维平剧社演出，著名京剧演员金素秋女士主演。柳亚子作诗《红莨招观素秋女士演〈红拂传〉有作示北丽》。

5月15日　小说《海上》发表于重庆《时与潮文艺》月刊第1卷第2期。

5月17日　夜，端木蕻良在嘉陵馆宴请柳亚子等，柳亚子有诗记之。

5月28日　夜，端木蕻良与田汉夫妇、孟超、熊佛西等桂林文化界百余人在嘉陵馆为柳亚子57岁举行祝寿活动，柳亚子有诗记之。端木蕻良为祝寿活动12个发起人之一。事后尹瘦石画纪念此次祝寿活动的《漓江祝嘏图》，画有端木蕻良等48人，并有被画者在自己画像旁的亲笔题名。

5月30日　柳亚子作诗《浅水一首，为萧红女弟赋》，有句"文章辽海终名世，衣钵稽山老胆薪"。

6月1日　散文《雅歌译记》、独幕话剧《晴雯》发表于桂林《文学创作》月刊第2卷第2期。

6月10日　在梅影楼完成小说《琴》。

6月15日　陈迩冬主编的《大千》月刊在桂林创刊。本期原要连载端木蕻良将柳毅传说改编的京剧《龙女传》，因当局要求剧本必须送"中央书审处"审查，故未能登出。

6月　小说《吞蛇儿》收入《小说精华》，茅盾等著，文华书店（桂林）初版。

7月1日　小说《琴》发表于桂林《文学创作》月刊第2卷第3期，再刊于1944年南平《文学集林》月刊第1期。

同日　剧本《红楼梦》（三幕话剧）发表于桂林《文学杂志》创

---

① 孟超：《漫谈〈红拂传〉》，载广西壮族自治区戏剧研究室、中国戏剧家协会广西分会编印《广西戏剧史料集》，1982，第158、160页。

刊号，该杂志由孙陵主编。

8月　王鲁彦夫人覃英应聘到湖南茶陵第二中学任教，全家要移居茶陵。①有病在身的王鲁彦不放心《文学杂志》，找邵荃麟商量，决定由端木蕻良代替王鲁彦编辑《文学杂志》，对此端木蕻良表示同意。王鲁彦约端木蕻良到家，说自己的心愿是刊物编下去，主编名字改为端木蕻良也可以。端木蕻良表示这个刊物存在一天，也还用王鲁彦的名字。②端木蕻良对王鲁彦说："编辑费我也不要，给你寄去。说句不好听的话，即使你去世，我还是用你的名义出版，你就安心地养病吧。"③开始以王鲁彦名义代编《文学杂志》。

9月25日　桂林《大公报》刊登寒流的《桂林作家群》，报道留桂作家的清贫生活，提到端木蕻良。

9月　七言诗《赠瘦石》发表于桂林《大千》月刊第4期。

10月1日　小说《前夜》发表于桂林《文学创作》月刊第2卷第4期"小说专号"。

10月16日　王鲁彦自湖南茶陵致信在湖南攸县的王西彦，信中说："杂志事我离开桂林前均已安排好，三卷一期都已编好审好发排。以后由端木蕻良接代，所有稿件均交端木。"④

10月19日　端木蕻良找柳亚子参加在一个偏僻的茶馆举办的鲁迅先生七周年祭，柳亚子因有病及雨后道路泥泞未出席。

10月20日　端木蕻良与巴金、田汉、艾芜、安娥等出席祝贺茅盾长篇小说《霜叶红似二月花》第一部在桂林出版座谈会，座谈会由《自学》杂志社和"读书俱乐部"在蜀腴菜馆联合召开，决定联名去

---

① 《王鲁彦生平和文学活动年表》，载曾华鹏、蒋明玳编《王鲁彦研究资料》，江西人民出版社，1984，第17页。
② 端木蕻良：《忆鲁彦》，北京《新文学史料》季刊1983年第2期。
③ 端木蕻良：《桂林往事拾零》，载刁紫紫、罗标元、陆汉卿、左超英编《桂林旧事》，漓江出版社，1989，第302页。
④ 王西彦：《一个朋友的病和死》，上海《文艺春秋》月刊1946年第2卷第6期。

电重庆向茅盾祝贺。

10月 小说《遥远的风砂》收入《二十人所选短篇佳作集》第一分集,老舍等著,茅盾等选,良友复兴图书印刷公司(桂林)初版。

11月5日 散文《心浮私记》发表于桂林《人世间》月刊第1卷第6期。

11月28日 与熊佛西、田汉、欧阳予倩等21人出席《文学创作》社在桂林月牙山倚红楼举办的第一次"战后中国文艺展望"座谈会。

12月1日 议论文《论艾青》发表于桂林《文学创作》月刊第2卷第5期。

12月22日 与熊佛西、田汉、欧阳予倩等出席《文学创作》社在桂林榴园举办的第二次"战后中国文艺展望"座谈会。端木蕻良发言:"我认为文学是一个整体,依时间来分,拿它做一个中心,一个环节是可以的,但文艺到底是有机的,是整个的。譬如五四时代的作品,有些似乎很浅薄,但仔细看来,像'怀恋表妹'的那种作品,他们对封建的搏斗,并不亚于我们今日的作品。"对战后文艺展望,端木蕻良说:"具体来讲,战后英美的文学,可能产生类乎新人道主义的文学。至于战后中国的文艺,必然要歌颂人民的领袖,人民英雄,各阶层人民的生活。在纵的方面,是民族主义的文学,在横的方面,是人民的文学。"[①]

同月 《文艺杂志》主编王鲁彦在第3卷第1期登出启事,声明因病退休,委托端木蕻良主持编务。

1944年(32岁)

1月1日 小说《红夜》发表于桂林《当代文艺》月刊第1卷第1

---

① 《战后文艺展望》,载《抗战时期桂林文学活动(桂林文史资料第三十三辑)》,漓江出版社,1996,第179、185、189页。

期，再刊于1944年8月5日上海《春秋》月刊第1卷第9期。

1月上旬　长篇小说《几号门牌》在桂林《大公晚报》开始连载。

1月15日　桂林《大公报》刊登消息《王鲁彦医药费桂文化界发起募捐》，消息称："名作家王鲁彦年来贫病交迫，最后肺结核复又转剧，现留医衡阳，情况困苦万分，桂市文化界闻讯后，特发起筹捐医药费，一时响应者颇见踊跃，昨日由端木蕻良经手募得一万元，计端木蕻良本人捐二千元，开明书店二千元，三户图书社二千元，良友图书公司一千元，聂守先一千元，周鲸文一千元，熊佛西五百元，司马文森五百元。以上各款汇于昨日托交本报代为汇出。"

同日　"文协"桂林分会在乐群社设简宴欢送李济深离桂，端木蕻良和柳亚子、田汉、欧阳予倩、熊佛西等文艺界人士数十人参加宴会。

1月　诗词《秋日访迩冬不遇戏题一绝》发表于桂林《大千》月刊第5期、6期合刊。同期杂志还刊登柳亚子的七绝《辽东端木蕻良》。

2月1日　重庆《新华日报》"东南西北"专栏刊登无标题消息，消息称："作家王鲁彦，入湘养病后，因为生活困难，病势一天天加重，桂林文化界的柳亚子、端木蕻良、田汉、熊佛西等，特发出启事、代筹医药费。"

同日　桂林《大公报》消息：为王鲁彦募捐医药费，续收到端木蕻良经手募得的5200元。

2月8日　长篇小说《几号门牌》在桂林《大公晚报》连载到30节，后因战乱停载，小说也未完成。

2月15日　是日为戏剧节。端木蕻良出席桂林举办的西南第一届戏剧展览会开幕式。

2月27日　散文《介绍初阳美术学院》、诗词《赠马思聪诗一首》发表于衡阳《力报》副刊"文艺新地"第93期。

2月　应湖南衡阳《力报》雷锡龄之约去衡阳[①]，短期编辑衡阳《力报》副刊"文艺新地"。其时，刘思慕在衡阳《力报》任总主笔，他介绍端木蕻良编副刊。不久端木蕻良从衡阳返回桂林，在桂林，端木蕻良继续编辑衡阳的"文艺新地"，自称"遥编"。

3月10日　译诗《古诗今译》发表于衡阳《力报》副刊"文艺新地"第96期。

3月19日　下午，端木蕻良与田汉、柳亚子等百余人出席"文协"桂林分会第五届会员大会。端木蕻良与田汉、巴金、柳亚子等当选为第六届理事会理事。

3月20日　桂林《大公报》刊登消息《桂林文艺协会昨开会员大会》。

4月1日　议论文《论曹雪芹》发表于桂林《当代文艺》月刊第1卷第4期。

4月9日　与柳亚子夫妇、陈迩冬、尹瘦石等13人出席琴可、绮雯在猫屋菜馆的招饮，柳亚子作诗记之。

4月11日　与柳亚子、田汉、熊佛西等人出席尹瘦石画展，柳亚子有诗记之，但无端木蕻良之名，疑漏记；端木蕻良与柳亚子、李白凤、尹瘦石等合影留念。

4月16日　出席桂林分会举办的中华全国文艺界抗敌协会重庆总会成立六周年纪念会。会后，与柳亚子夫妇、陈迩冬、尹瘦石、李白凤等出席熊佛西在榴园招饮。柳亚子作诗记之，诗中有句曰"传奇能写感红茛"。柳亚子注释："红茛改编柳毅传书故事，为《龙女传》剧本以寿余，将以余生朝公演。"

4月19日　出席西南剧展秘书处在广西艺术馆主办的话报剧会演，有千余人参加。

4月29日　为瘦石画展留影题诗《赠瘦石》，发表于桂林《大

[①] 刘士昀、刘士璋、陈古海：《刘思慕传略》，载中国人民政治协商会议广东省委员会文史资料研究委员会编《广东文史资料（第52辑）》，广东人民出版社，1987，第154页。

千》月刊第4期。柳亚子作诗《题与白凤、红茛、瘦石合影》,并注释曰:"红茛自署端木氏,余戏谓木石因缘正堪与瘦石作配。"

4月30日　与柳亚子夫妇、田汉、李白凤等出席尹瘦石在蜀腴楼的招饮,柳亚子有诗记之。

4月　长篇小说《大江》由桂林良友复兴图书印刷公司出版。剧本《龙女传》在平乐《八步日报》开始连载。

5月2日　苏曼殊逝世20周年,夜,与陈迩冬、熊佛西、尹瘦石等11人出席柳亚子夫妇等在甘寂寞室举行的纪念晚餐,柳亚子有诗记之。

5月8日　夜,与柳亚子夫妇、熊佛西、李白凤、尹瘦石等11人出席素野、方可在绿宫的招饮,柳亚子有诗记之。

5月14日　与柳亚子夫妇、田汉夫妇、尹瘦石等出席熊佛西、王羽仪等先后在榴园和春明馆的招饮,柳亚子有诗记之。

5月20日　柳亚子来端木蕻良寓所,恰端木蕻良不在家,柳亚子写《访红茛不值》诗。

5月下旬　去衡阳。适逢衡阳举行募捐义演晚会,前去观看,马思聪应邀从桂林来到衡阳,在晚会上演奏小提琴,他的《思乡曲》使整个会场的观众哭泣,哭声导致《思乡曲》演奏中断3次,马思聪流着眼泪拉完《思乡曲》。端木蕻良深受感动,作《在衡阳听马思聪演奏赠诗一首》赠马思聪,并在衡阳《力报·文艺新地》发表,有句曰:"铁马金铛落花钿,相思一曲一可怜。"

同期　完成《三月手记》,在桂林《文学创作》月刊第3卷第3期发表。[①]按:此文目前未发现。

同期　柳亚子58岁寿诞庆祝活动在桂林举办,端木蕻良在衡阳未能出席。

6月4日　剧本《红拂传》发表于桂林《大千》月刊第7期,同期

[①]《文创点滴》,桂林《文学创作》月刊1944年6月15日第3卷第2期。

还刊有柳亚子作《关于红拂传及其他》。

6月25日 重阳节,端木蕻良与尹瘦石出席柳亚子在桂林丽君庐的招饮,柳亚子有诗记之。

6月27日 当局发布战时疏散令。端木蕻良计划去宜山,后去了柳州。柳亚子离开桂林赴平乐。

6月 端木蕻良主编的《文艺杂志》月刊到第3卷第3期停刊。

7月10日 剧本《龙女传》在平乐《八步日报》连载结束,柳亚子作诗《八步日报社副社长刘乾元来谈有作,九叠浣霞韵,时友人曹红莨为余所写〈龙女传〉剧本已登载完毕矣》记之。

8月20日 王鲁彦病逝于桂林疗养院。王鲁彦是7月携家人从茶陵经衡阳返回桂林的。

8月22日 为料理王鲁彦后事,端木蕻良、司马文森、曾敏之从柳州赶回桂林。[①] 王鲁彦灵柩早7时出殡,桂林文化界100余人送葬。

8月30日 上午,与邵荃麟、欧阳予倩、曾敏之、司马文森等200余人出席在桂林社会服务处礼堂举行的王鲁彦追悼会。曾敏之回忆道:"王鲁彦贫病交迫而不治逝世,我与端木都曾为殡葬事策划奔走和参加追悼会的。"[②] 王鲁彦夫人覃英回忆道:"邵荃麟、曾敏之、端木蕻良、司马文森等同志四出奔走,在报上刊登讣告,撰写悼文,发起募捐,救助遗孤。"[③]

9月8日 桂林今起紧急疏散。

9月上旬 离开桂林,向柳州转移,最终到了贵阳。按:从桂林到贵阳,是从桂林坐火车到柳州,再从柳州乘火车到贵州都匀,然后

[①]《明朝莫作鸟兽散,再为中原着一鞭》——忆记田汉同志和"桂林文抗队",载《抗战时期桂林文学活动(桂林文史资料第三十三辑)》,漓江出版社,1996,第56页。

[②] 曾敏之:《端木蕻良与香港缘》,《香港作家》1998年第112期。

[③] 刘增人、陈子善:《鲁彦夫人覃英同志访问记》,载曾华鹏、蒋明玳编《王鲁彦研究资料》,江西人民出版社,1984,第138页。

在都匀换乘汽车到贵阳。可是难民太多，火车很难坐上，更开不快；都匀到贵阳没有客车，只能排队等货车，被过路货车带走的旅客叫"黄鱼"。"黄鱼"票昂贵，坐到贵阳是半两黄金的价格。从柳州到贵阳，绝大多数难民是步行，包括很多文化人。这就是历史上悲惨的"黔桂路大撤退"。

10月中旬　到贵阳。"一路上亲眼看到一批批难民倒毙在路上，听到无数挣扎在死亡线上的婴儿撕裂人心的哭声。"①

先到贵阳的田汉、熊佛西为撤退到贵阳的文化人士着想，在贵阳小十字创办了"文化招待所"，供文化人暂住；利用社会关系到处筹钱，给文化人一点救济，"根据第一批救济名单，当时受到救济的就有……端木蕻良……共合70余人"②；组织文化人自救。在贵阳期间，端木蕻良曾经应张一凡、惠全安的邀请，在贵阳青年会礼堂主讲《红楼梦》，共8讲。③

同期　端木蕻良回忆："我在贵阳遇到覃英同志，我找了车子送她及孩子们乘车去重庆。"④当时党组织安排要把覃英和孩子转移到重庆，湘桂大撤退中覃英走的水路，安排的人没有找到她。覃英到贵阳后，碰到田汉和端木蕻良，端木蕻良协助覃英离开贵阳前往重庆。

同期　观看钟耀群主演的话剧《陈圆圆》，对钟耀群的演技印象深刻。

10月下旬　到遵义。端木蕻良初到遵义住在新城福音堂⑤，再

---

① 王树仁：《战时遵义亲历记》，重庆《红岩春秋》2015年第4期。
② 王淮冰、黄邦和主编《大刚报史》，中国文史出版社，1999，第52页。
③ 范泉主编《中国现代文学社团流派辞典》，上海书店出版社，1993，第55页。
④ 端木蕻良：《桂林往事拾零》，载刁絜紫、罗标元、陆汉卿、左超英编《桂林旧事》，漓江出版社，1989，第302页。
⑤ 陈福彬：《名作家端木蕻良在遵义》，载遵义市文化局史志编写组编《遵义文化史专题史料汇编》，1990，第751页。

"赁居老城协台坝16号。这是一栋木结构的小青瓦房屋"[1]。后来又搬到社会服务处。[2]

11月1日　给香港的戴望舒写信，表示自己当前去不了香港，希望戴望舒能代他"分神照料"萧红墓。信中透露，他有把萧红墓迁到杭州西湖旁的设想。[3]信中端木蕻良通信地址是遵义县协台坝16号。

同日　创作谈《我的创作经验》发表于上海《万象》月刊第4卷第5期。

11月5日　随笔《从〈陈圆圆〉想起》发表于贵阳《星期》周刊第41期。

12月1日　上海《文艺春秋丛刊》之二《星花》刊登消息："苏联近出版《中国小说》一册，内选有老舍、茅盾、姚雪垠、张天翼、端木蕻良、萧红等六人的最新作品，且附有陈烟桥的木刻，译者是罗果夫等多人。"

12月2日　日军占领独山，贵阳震动，人心慌乱。

12月10日　侵黔日军退出黔境。

12月中旬初　熊佛西等离开贵阳到了贵州遵义，"西南文化垦殖团"亮相于遵义，端木蕻良是其中成员。[4]遵义老城标准学校杀羊设宴招待"西南文化垦殖团"一行，并请遵义文教界知名人士作陪；遵义县教育局等单位在老城标准学校礼堂举行欢迎晚会，端木蕻良在会上发言。[5]

---

[1] 石永言：《端木在遵义的日子》，载中国人民政治协商会议贵州省遵义市委员会宣教文卫委员会编《遵义掌故》（一），1999，第243页。

[2] 陈福彬：《名作家端木蕻良在遵义》，载遵义市文化局史志编写组编《遵义文化史专题史料汇编》，1990，第755页。

[3] 孔海珠：《友情的丝在绵延》，载《聚散之间：上海文坛旧事》，学林出版社，2002，第142页。

[4] 熊佛西：《贵阳三月》，《贵州日报》1945年8月16日。

[5] 陈福桐：《熊佛西率文化垦殖团来遵》，载中国人民政治协商会议贵州省遵义市委员会宣教文卫委员会编《遵义掌故》（一），1999，第240页。

在遵义期间，端木蕻良多次被清华老同学张君川邀请去西迁此地的浙江大学讲学《红楼梦》。当时的遵义青年学生陈福彬和端木蕻良交往较多，他回忆："寒冬腊月，常见他一个人，孤零零地伴着几块烂砖砌成的小方地台，放上一个破旧瓷盆，生上几片木炭火，烤半边刮过皮的老南瓜，边烤边啃，当水果吃。"①"西南文化垦殖团"举办文艺讲座，端木蕻良讲小说创作，还做过报告。王树仁回忆："端木蕻良先生的报告内容主要是介绍抗战中文艺界的情况，因为他刚随熊佛西率领的文化垦殖团逃难到遵义，所以对当时黔桂溃退的情况感触较大。当他谈到一路上亲眼看到一批批难民倒毙在路上，听到无数挣扎在死亡线上的婴儿撕裂人心的哭声时，他声泪俱下：'这种呼叫、呻吟、狂奔，构成一个中华民族灾难的交响曲，惨绝人寰，目不忍睹。这一切都是由于国府的独裁专制，消极抗日，腐化无能所造成的。'他说：'我要把沿途所见所闻告诉朋友们，即使今天出门就被抓去，我也要讲。'令听众无不动容。"②

12月31日　"西南文化垦殖团"在遵义新城社会服务处举行文艺晚会，端木蕻良在会上朗诵唐代诗人李商隐的诗歌。③

12月　熊佛西搬到老城菩提寺，自称"勺水山庄"，端木蕻良和秦牧经常到"勺水山庄"叙谈。秦牧回忆："端木有时搬张躺椅到梨树下，他躺在那儿，一动也不动，瘦削得可怜，面肌轻轻地抽搐着，显然病痛正在折磨着他。梨花飘落下来，铺满他的身上，他也不把落英拂去。他这种孱弱静卧，仿佛重病初愈般的情景，此后在香港等地，我都见过多次。"④

下半年　剧本《红拂传》由桂林大千书屋出版。

---

①　陈福彬：《名作家端木蕻良在遵义》，载中国人民政治协商会议遵义市委员会文史资料研究委员会编《遵义文史资料》（第四辑），1984，第105页。

②　王树仁：《战时遵义亲历记》，重庆《红岩春秋》2015年第4期。

③　陈福彬：《名作家端木蕻良在遵义》，载中国人民政治协商会议遵义市委员会文史资料研究委员会编《遵义文史资料》（第四辑），1984，第105页。

④　秦牧：《漫记端木蕻良》，广州《花城》1980年第7期。

1945年（33岁）

1月1日　时任浙江大学校长竺可桢日记：下午会晤熊佛西。"昨晚文化垦殖团举行文艺晚会，余以昨晚有教职员同乐会故未能往。"[1]

1月5日　竺可桢日记："晚六点约（宴）文化垦殖团熊佛西、端木蕻良、许幸之、张正宇、张光宇、陈迩冬、白克、俞佳章，张君川、给周、尊生作陪。八点半散。"[2]

1月6日　陈耀寰日记：参加现代文学班，"端木蕻良先生讲《〈科尔沁旗草原〉的创作经过》。我是四年前看过《科尔沁旗草原》的，听起来特别有兴趣"[3]。按：以下谱文中凡录陈耀寰日记，均见于本注《端木蕻良在遵义》，不再另行注释。陈耀寰当时是浙江大学学生。

1月上旬　浙江大学学生战地服务团"出发前进行了紧张的战地服务训练工作。有战地救护训练，有战地服务讲座（主讲人有熊佛西、张光宇、白克、端木蕻良等），有歌咏练习，有剧目排练"[4]。

1月15日　陈耀寰日记："下午，我因参加了战服团，曾到文化垦殖团驻地去告辞，还特地去看望了端木先生。他病了，躺在床上。"按：陈耀寰参加的是浙江大学学生战地服务团。

1月　熊佛西接办《力报》，任总编辑，找来端木蕻良和秦牧一起办报，办了几个月，因经费困难而停办。

同月　上海《知识周刊》第3期刊登《端木蕻良对于东北的意见》，意见共有四个要点。

---

[1] 竺可桢：《竺可桢日记》（第一册），人民出版社，1984，第813页。
[2] 竺可桢：《竺可桢日记》（第一册），人民出版社，1984，第813页。
[3] 陈耀寰：《端木蕻良在遵义》，北京《新文学史料》季刊2005年第3期。
[4] 支德瑜、丁儆：《忆浙大战地服务团》，载中国人民政治协商会议湄潭县委员会文史资料征集办公室编《贵州省湄潭县文史资料》（第五辑），1988，第159页。

2月2日　《新华日报》发表由郭沫若起草的《文化界对时局进言》。端木蕻良与郭沫若、茅盾等300余人签名。

2月11日　议论文《我们的一面镜子》发表于贵阳《星期》周刊第43期。

2月18日　致信陈新桂，请他来遵义主持《力报》的编务，信中透露自己身体不好，但大家对搞好《力报》很有想法和信心。陈新桂时在成都，为基督教刊物《天风》周刊的主编，他曾在贵阳清华中学执教，住在贵阳青年会，和贵阳青年会干事惠全安甚熟。端木蕻良在信中说他和熊佛西到贵阳和惠全安一见如故，惠全安给他介绍了陈新桂的情况，借以说服陈新桂。[1]

2月20日　致信陈新桂，再次动员他来遵义参与《力报》的编务。[2] 但《天风》周刊才创刊，陈新桂不好离去，于是辞谢了端木蕻良的邀请。

3月6日　散文《小小的画面》发表于《贵阳日报·新垒》。

3月13日　陈耀寰日记："往访端木蕻良先生，不遇。"

3月16日　陈耀寰日记："去访端木蕻良先生。已是（上午）十点半了，他还没起床呢！他说，近来夜里要编报，经常熬夜到凌晨4时才就寝。我告诉他我在战地服务团的工作和生活情况，但他总问我'前线'是什么样，弄得我也挺不好意思再提'青岩前线'了。他还说，他没有写什么东西，甚至足迹不出遵义的城圈圈。"按：端木蕻良编的是贵阳《力报》，该报总编辑是熊佛西。

3月21日　陈耀寰日记：建议端木蕻良搬到浙江大学学生岑凤荣的房子。"吃过中饭，我便到内地会去找了端木先生，并同他一起到遵义老城的西门沟去看房子。他又提起他的病，他的脸色，说是睡眠

---

[1] 端木蕻良1945年2月18日致陈新桂信，载《端木蕻良文集8》（下卷），北京出版社，2009，第28页。

[2] 端木蕻良1945年2月20日致陈新桂信，载《端木蕻良文集8》（下卷），北京出版社，2009，第29页。

很不好。我想起张君川老师说过，端木的外表看不出他内心的脆弱，他不能'独立'生活。讲起搬家后要到馆子里包饭，端木说：'到外面包饭，要出去吃，也麻烦啊。'"

3月25日　陈耀寰日记："下午，和端木先生、严（刘枯）、粤（安毅夫）去坐茶馆。端木谈起中国文艺界在抗日战争期间的成就。他认为诗的收获最大。不过，他说，目前，中国的新诗作家因生活经验不够丰富，还不能写出长的（史）诗来，只能写点短的抒情诗。他认为艾青、彭燕郊和卞之琳的诗写得比较好；田间的诗是跃动式的，可他刻苦用功，很有希望。谈到戏剧，端木认为在演出（技巧）上比抗战前有了很大的进步。至于小说，他认为短篇小说，最好要有点故事情节，才能把握（吸引）读者；长篇的东西比较容易写，但长篇的形式，却很少作家去认真研究。他说，福楼拜尔的小说结构很严谨，反而不能让作家施展他的才能。最好的（长篇）形式，是以人物为中心，就像果戈理的《死魂灵》中的契契诃夫（今译"乞乞诃夫"），西万提塞（今译"塞万提斯"）的唐·吉诃德（今译"堂吉诃德"），鲁迅的阿Q和《西游记》中的孙悟空、唐僧、猪八戒，等等，它们都是以人做圆心，随人物的社会活动来做背景。今天，契契诃夫可以在这里出现，明天他又跑到别的地方去了。比如，作家要个说书的场面，就可以把人物带到说书场去；当然也可以把人物带去坐茶馆。这样，处理情节就很灵活了，也能较好地把握读者的情绪，使他们同小说的主人公生活在一个圈子里。"

4月3日　陈耀寰日记："午饭后，严（刘枯）来找我一同去散步。我们又去看望了端木。端木以为我们去商量搬房子的事。我们也觉得今天天气好些，能搬去岑凤荣那里也好。可是，岑凤荣偏偏把话听岔了，并且将房子让给别人住了；还收了另一位同学的钱用了……我很难过，也不好意思再跟端木先生说，便请岑凤荣自己去解决这个矛盾。"

4月16日　陈耀寰日记：端木蕻良已经搬家石家堡与张君川为

邻，阳台可以俯瞰遵义城，院子里种了万年青和茶花。晨，陈耀寰、刘赓书来找端木蕻良、张君川外出郊游，游览了城北的观音阁、水洋阁，过小河的跳磴时，端木蕻良动作敏捷利落。一路上，大家讲故事取乐，端木蕻良讲了《公主夫人》和《美丽的死》等故事，中午回城，在一条龙饭馆吃午饭。

4月下旬　陈新桂辞去《天风》主编，想起了端木蕻良的邀请，准备前往遵义参与《力报》编务，到了重庆，得知遵义《力报》已经停刊，便留在重庆。①

5月5日　晚上6点半，浙江大学学生现代文学班等3个团体请端木蕻良、熊佛西、张君川、田德望等参加诗人节诗歌朗诵晚会。会上端木蕻良主讲《屈原生平及楚人的历史》。陈耀寰日记里说他没有去听，有点遗憾。

6月13日　小说《他》发表于《贵阳日报·新垒》，再刊于贵阳《知识》双月刊1945年8月第1期。

6月15日　译作《小歌》（诗），C.C.洛赛蒂原著，发表于《贵阳日报·新垒》。

6月17日　陈耀寰日记："往访端木。不意端木门口贴了一张'窗外莺声催梦回'的纸条。不过，我们不管三七二十一，还是叫醒了他。我们同端木先生谈论了文艺，也讲到木刻艺术。最后，我请端木介绍我去重庆的美国新闻处找木刻家陈烟桥。"

6月22日　陈耀寰日记：和刘赓书到端木蕻良那里去，在走廊里闲聊谈星球之类的文学作品。

6月29日　陈耀寰日记：拜访端木蕻良先生，端木蕻良谈了陈耀寰习作《一株草》的优缺点，并谈到小说结构等问题。

6月30日　陈耀寰日记："下午，我去了端木先生那里。他托我把《读〈安娜·卡列尼娜〉》的手稿带去重庆，还给我写好了三封介

---

① 董宝光：《吴耀宗和〈天风〉周刊的主编们》，载北京市政协文史资料委员会编《北京文史资料》（第54辑），北京出版社，1996，第221—222页。

绍信；其中一封是给重庆《大公报》记者曾敏之的，一封是给美国新闻处陈烟桥的。"按：陈耀寰在浙大毕业，要去重庆谋业。

7月12日　陈耀寰在重庆的日记："上午，快十一点了，我把端木蕻良先生的手稿《读〈安娜·卡列尼娜〉》送交了建国书店的禹纲舜先生。"

7月24日　小说《复活》初刊于《贵阳日报·新垒》，连载到30日，再刊于1946年6月1日上海《新文艺》杂志创刊号。

7月25日　陈耀寰日记：持端木蕻良介绍信拜访重庆《大公报》的曾敏之先生，曾敏之谈到在重庆做新闻采访和写作无自由，建议进中国航空公司，或者帮他介绍《商务日报》的差事。

7月26日　重庆《新华日报》发消息《苏京新出版中国小说集》，其中有端木蕻良和萧红、老舍、茅盾等6人短篇小说。

7月　翻译英国作家高尔斯华绥小说《苹果树》，单行本为"世界文艺杰作译丛"之一，由重庆建国书店出版。

同月　许杰著小说评论集《现代小说过眼录》，由永安立达书店出版，有评论文章《端木蕻良的〈前夜〉》。

8月上旬　从遵义到贵阳。

9月　马思聪从重庆来到贵阳，任贵州省立艺术馆馆长。实由中共领导的军委会政治部抗敌演剧宣传第四队没地方住，副队长舒模找到了马思聪，舒模是马思聪的学生，马思聪安排他们住到了艺术馆。马思聪说："剧宣四队、五队一帮人马百人左右来到贵阳，便接待他们住入艺术馆大礼堂汀地铺；端木碰巧也来贵阳，就在艺术馆做了上客，住在楼上一个房间。"[①]马思聪和端木蕻良熟识，对端木蕻良以"上客"相待，给他在贵州省立艺术馆安排了住处。

同月　文章《寄少年先锋》发表于《上海滩》周刊第24期，该文1946年7月2日作于武昌。

[①] 马思聪1975年9月6日致美国纽约哥伦比亚大学教授夏志清信，载《居高声自远》，百花文艺出版社，2008，第161页。

10月15日　短论《发扬地方文化》发表于《贵阳日报·新垒》。

10月22日　从英文翻译瑞士诗人G.凯勒的诗《晚歌》。

10月30日　议论文《建设东北的意见》发表于上海《文萃》周刊第1卷第4期。

11月6日　从英文翻译瑞士诗人G.凯勒的诗《晚歌》发表于上海《文萃》周刊第1卷第5期，再刊于西安《骆驼文丛》1946年第4辑。

11月13日　诗歌《鸶鹭树》发表于上海《文萃》周刊第1卷第6期。

11月27日　古文译文《三千三百年前的演说词》发表于上海《文萃》周刊第1卷第8期。

12月　《大后方的小故事》（文摘文艺丛刊），老舍、台静农、端木蕻良、舒群、陈白尘、萧红等著，1943年3月文摘出版社（重庆）三版（初版时间不详），这次是文摘出版社（上海）重排初版。收端木蕻良《火腿》《找房子》《生活指数表》。

12月25日　议论文《尊重东北人民意志，坚持释放张学良将军》发表于上海《文萃》周刊第1卷第12期。

12月　散文《水仙私记》发表于遵义《黎明》月刊第1期。

年内　在遵义某报陈福彬主编的副刊《启明星》或《山蕾》上发表步韵毛泽东《沁园春·雪》词一首，发表文艺随笔《葡萄私记》《水仙私记》等，七绝《青石》《桃花》等。在浙江大学文艺杂志《黎明》发表长诗《民主进行曲》等。[①]

1946年（34岁）

1月15日　散文《哀李满红》发表于上海《文艺青年》半月刊第

[①] 陈福彬：《热情洋溢的信和诗》，《遵义晚报》1994年2月14日连载，2月21日结束。

2期。

1月下旬　军委会政治部抗敌演剧宣传第四队建议端木蕻良作词，马思聪作曲，写个大合唱，端木蕻良和马思聪欣然接受，写成《民主大合唱》。马思聪说，端木蕻良一夜写出了《民主大合唱》歌词。①马思聪还说"端木为人样子似乎懒懒散散，但必要时他能在短时间内写出很有分量的东西。他说话带重鼻音，夜里睡得晚，早上起得迟，并且时常失眠，有一次内子给了他十余粒安眠药，他竟一齐吞下去，一直眩了几天，吓死人"②。

1月　诗歌《写在十二月九日》发表于遵义《黎明》月刊第2期，再刊于香港《华商报》副刊《文艺专页》第5期，再刊于上海《文章》杂志3月号。

同月　小说《风陵渡》收入《风陵渡》（名著选集2），徐霞村等编，建国书店（上海）初版。

2月15日　《贵阳日报》刊登消息《民主大合唱——马思聪端木蕻良合作》，消息称："剧宣四队与省艺术馆，特于今明两晚在艺术馆联合举办音乐会，节目计有一：马思聪谱曲，名作家端木蕻良作词，由剧宣四队在筑首次演出之《民主大合唱》……"消息还称："端木蕻良则定十七日赴渝转沪港，筹办大型文艺杂志云。"

2月17日　端木蕻良离开贵阳赴重庆，下旬抵达重庆。和马思聪在贵阳告别时，端木蕻良送给马思聪两本书，一本是自己的《科尔沁旗草原》，另一本是田军的《八月的乡村》。③马思聪于本月28日离开贵阳去上海。

2月28日　散文《春草》发表于上海《文萃》12期。

---

①《访问马思聪院长的记录——汪毓和、张前等的访谈录》，载《马思聪全集》编委会编《马思聪全集》（第七卷），中央音乐学院出版社，2007，第106页。
② 马思聪1975年9月6日致美国纽约哥伦比亚大学教授夏志清信，载《居高声自远》，百花文艺出版社，2008，第161页。
③ 孔海立：《端木蕻良传》，复旦大学出版社，2011，第153页。

2月　军委会政治部抗敌演剧宣传第四队改名为军委会政治部演剧第四队，并获得国民政府军委会政治部第三厅同意，调到武汉配属"军委武汉行辕"。

3月14日　诗歌《东方的暴君》发表于上海《文萃》周刊第21期。

3月15日　议论文《东北与张学良》发表于重庆《东北文化》周刊第8期。

3月16日　议论文《不能想象的事》发表于上海《人民世纪》周刊第3期。

4月5日　是日为音乐节。端木蕻良作词、马思聪作曲的《农村的伤感》发表于重庆《新华日报》。

4月18日　追念王若飞、博古的坠机殉国的七律《哀词二首》发表于《新华日报》。

4月20日　议论文《张学良和东北》发表于广州《文猎》半月刊第6、7期合刊。

4月25日　议论文《我控诉，为了三千万被侮辱和被损害的人民》发表于《新华日报》"东北作家的话"栏目。

4月　歌词《民主大合唱》（马思聪作曲，组歌）发表于重庆《音乐艺术》双周刊第2卷第4期，6月第2卷第5、6期合刊；再刊于香港《新音乐》月刊（华南版），6月第1卷第3期、8月第1卷第4期、10月第1卷第5期。

5月中旬　军委会政治部演剧第四队抵达重庆。

5月　为第六届诗人节完成议论文《诗人和狼》，后发表于6月重庆《诗歌》月刊第3、4期合刊，此期还刊载端木蕻良的歌词《黄鱼满天飞》。长篇小说《新都花絮》由上海知识出版社再版。

同月　歌曲《嘉陵江上》收入《抗战歌曲辑》（流亡三部曲 流亡之歌），郭奋扬编辑，十三军政治部编印。

6月　歌词《黄鱼满天飞》（舒模作曲）发表于重庆《音乐艺术》

第2卷第5、6期合刊，再刊于7月上海《文萃》周刊第37期。

上半年 认识朱健。丰村领着端木蕻良去朱健的教工宿舍，对朱健开玩笑说："你们都是七月派，认识一下吧！"三人去茶馆一顿神聊，晚餐吃了担担面。月亮上来，端木蕻良手臂一扬，拦下重庆特色交通工具小马车，跨上马车，在嘚嘚的马蹄声中西去。朱健觉得端木蕻良像是翩翩佳公子，不知怎么能写出"那等雄丽长篇"[①]。

7月1日 英译法国魏尔伦的诗歌《狱里》、俄国普希金的诗歌《囚徒》发表于上海《文艺生活》光复版第6期。

7月25日 完成散文《追悼陶行知先生》。后收入陶行知先生纪念委员会编印的《陶行知先生纪念集》。

7月 散文《哀诗人闻一多先生》发表于重庆《诗歌》月刊第5期。

同月 散文《写人物——以安娜·卡列尼娜为例》收入《谈人物描写》，茅盾、艾芜、胡风等著，文史出版社（福建）初版。

8月3日 诗歌《鲁迅先生诞辰六十五周年纪念献诗》发表于《新华日报》。

8月 歌曲集《民主大合唱》由成都中原出版社出版，收有端木蕻良作词、马思聪作曲的组歌《民主大合唱》。组歌有：1.《东方的暴君》；2.《民主的浪潮》；3.《农村的感伤》；4.《都市的控诉》；5.《两个人类》；6.《我们是人民》；7.《真正的胜利》；共七章。

9月7日 军委会政治部命令军委会政治部演剧第四队开赴武汉。

9月12日 乘船离开重庆。端木蕻良回忆道："我在重庆已买好机票，准备去香港。这时，刘开渠来到重庆，他急于去香港，但买不到机票，便要我把机票让给他。我答应了，准备等下一班飞机再走。"[②]

[①] 朱健：《端木杂忆》，载《往事知多少》，湖北人民出版社，2006，第142—143页。

[②] 端木蕻良：《〈大江〉副刊琐忆》，载王淮冰、黄邦和主编《大刚报史》，中国文史出版社，1999，第163页。

恰遇军委会政治部演剧第四队约端木蕻良一起去武汉，端木蕻良便随着乘坐一艘运难民的船到宜昌，又换船前往武汉。

9月19日　和军委会政治部演剧第四队、第六队乘船抵达武汉。① 到武汉后，和军委会政治部演剧第四队住在大华饭店（当时还没营业）。王采来武汉后，端木蕻良介绍他也住过来，两人都成了演剧第四队"队友"。在武汉小住后计划去香港，邵荃麟知道端木蕻良来武汉，便和夫人葛琴来找他让他接编汉口《大刚报》副刊"大江"，端木蕻良因而担任《大刚报》副刊部主任。报社请他搬到报社去住，为了保险起见，端木蕻良没搬到报社，仍然和演剧第四队住在一起。②

10月3日　接替曾卓主编汉口《大刚报》副刊"大江"。

10月4日　军委会政治部演剧第四队、第六队在武汉维多利戏院联合演出，主要节目有端木蕻良作词、舒模作曲的《黄鱼满天飞》。

10月25日　诗歌《温泉小唱》发表于重庆《诗生活》杂志第2期，由3首小诗组成，分别是《青春》《一棵松树》《给一个不相识的女郎》。

10月　歌词《抛锚大合唱》（马思聪作曲）发表于上海《音乐艺术》双周刊第3卷第1期。

同月　短篇小说集《憎恨》英译本由英国伦敦跨两大洋美术有限公司出版。

同月　诗歌《哀词二首》收入《四八被难烈士纪念册》，中共代表团编印（上海）。

11月　议论文《诗人和狼：为第六届诗人节作》、诗歌《黄鱼满天飞》发表于重庆《诗歌月刊》第4卷第3期。

---

① 田影、王紫平、少池、盘剑波：《武汉文学艺术活动记事》，载武汉市文联文研室编《武汉文学艺术史料》（第二辑），1986，第88页。

② 端木蕻良：《〈大江〉副刊琐忆》，载王淮冰、黄邦和主编《大刚报史》，中国文史出版社，1999，第163—164页。

11日 《罗曼·罗兰小史及著作年表》在《大刚报·大江》开始连载，12日载完。

12月9日 完成诗歌《写在十二月九日》。议论文《奥斯特洛夫斯基的〈大雷雨〉》发表于《大刚报·大江》。

12月11日 剧评《天国春秋》发表于《大刚报·大江》。

12月15日 议论文《苹果私记》发表于《大刚报·大江》。

同日 散文《送茅盾先生出国》发表于上海《文艺春秋》月刊第3卷第6期。诗赋《红楼梦赋序》发表于《大刚报》副刊《星期》，署名红楼内史。

12月24日 议论文《创作和生活》发表于《大刚报·大江》。

12月25日 散文《勉演剧六队》发表于《大刚报·大江》。

12月30日 议论文《从郑成功说到明末地下军》发表于《大刚报·大江》。

12月 为茅盾先生出访苏联，在"大江"上设立专刊，发表散文《送茅盾先生出国》。

同月 将议论文《安娜·卡列尼娜》寄往上海《文艺春秋》。

同月 上海《幸福世界》月刊第1卷第5期刊登天行的"作者印象"《记端木蕻良》，文章说："在香港，他的住址是九龙景道八号三楼，和萧红，住在一起，我有一位朋友何君，当时曾来信报告他们的生活，说他们所居住的室内，布置很是简单，使人们走了进去，一望而知是文人的住室，只有二张写字台，正表示他们终日埋头案桌的情态。平常的生活，他们除了喜欢看外国影片以外就别无嗜好了。如果再要说有，那就是每餐少不了有番茄牛肉汤这味菜，萧红曾这样对人说：'有一天能够转回东北老家，每天也享受一次，就心满意足了。'……去岁山河光复，端木蕻良仍留居贵阳，作有《民主大合唱》的歌曲，颇得青年爱赏。又有一本《新都花絮》，写重庆的情形十分动人。"

年内 短篇小说集《憎恨》由文化生活出版社第三次印刷出版；

翻译英国作家高尔斯华绥小说《苹果树》单行本，由重庆群益出版社出版；《鹭鸶湖的忧郁》《憎恨》收入罗伯特·培恩和袁家骅英译本《中国作家作品选集》出版。

1947年（35岁）

1月　完成诗歌《江西民谣》。歌词《新儿童赞歌》发表于重庆《新音乐》月刊杂志第1期。

1月5日　针对抗议美军的"沈崇事件"，在《大刚报》发表议论文《反对罪行》。

1月上旬　《新上海》周刊第52期刊登文章《记东北作家端木蕻良》，文章写道："他是东北很有名的作家，有一首东北流亡人的流行曲，便是他的作品。……他时常有作品发表，最著名的是那篇《大地的海》，是抗战文化界的不朽之作。"

1月13日　在《大刚报·大江》第142期发布启事，寻求1943年连载于桂林《文艺杂志》上的《科尔沁旗草原》第二部章节。

1月15日　散文《新年试笔》发表于上海《文艺春秋》月刊第4卷第1期。上海《文艺春秋》月刊主编范泉以《一九四七年试笔》为题，约许多名作家撰文，展望新年，评议时政，端木蕻良应约而写。

1月22日　和好友王采到野外去，满眼噙着泪水静躺在墓地上绝食终日，在深深沉闷和极度悲哀的情绪下，王采莫悉底细地陪伴他，直到回来以后若干日，他才告诉王采那一天是萧红逝世忌日。①

1月24日　散文《耗子》发表于《大刚报·大江》。

1月25日　散文《介绍凯勒》发表于《宁波日报》。

2月15日　议论文《安娜·卡列尼娜》发表于上海《文艺春秋》

---

① 刘岚山：《端木蕻良散记》，上海《幸福》月刊1949年第25期。

月刊第4卷第2期。歌词《滚你妈的个原子弹》发表于上海《新诗歌》月刊创刊号。

3月15日　书面发言参加上海《文艺春秋》月刊举办的"推荐新人问题笔谈会",端木蕻良在书面发言的附注里说:"我的意见是很粗糙的,而且为了减少字数,更觉简略,这请编者先生原谅。又答复里面的特定名词都是依照原信引用的,如'新人'等等。"①

3月20日　致信上海《文艺春秋》月刊主编范泉。信中提及,不久前蒋牧良路过汉口来看望端木蕻良,谈起上海旧日生活,并说端木蕻良犹似当年。端木蕻良感而赋诗《有赠》一首,诗曰:"大野苍苍楚天寥,中原霸业莽萧萧。犹有天南春一树,不负长江上下潮。"②

3月21日　由邹荻帆提议,经端木蕻良同意,在《大刚报·大江》开辟一个专登诗稿的《北辰》双周刊。

3月　在汉口大华饭店四楼完成议论文《创作和生活》。

同月　歌曲《嘉陵江上》收入《中国名歌集》(音乐会名歌选集),陈曼鹤编,美乐图书出版公司(广州)初版。

4月5日　散文《母亲·声音·日子》发表于《大刚报·大江》。

4月　歌词《短歌》发表于汉口《现代学生》月刊创刊号。

同月　以《大刚报》副刊室主任身份与特务周旋,保护了在《北辰》写诗揭露当局污蔑解放区种植鸦片的胡天风同志。胡天风当时是《大刚报》副刊"大江"的《北辰》诗刊的兼职编辑,他以林紫为笔名在《北辰》发表短诗《谣言》,被特务嗅出气味,托人找胡天风询问,要求去和特务谈话,胡天风说要和端木蕻良商量,来人和胡天风找到端木蕻良,端木蕻良听了事情原委,心里明白,说我是副刊主

---

① 《推荐新人问题笔谈会》,上海《文艺春秋》月刊第4卷第3期。杂志编者在编后里说:"首先我们应当感谢参加座谈会的十七位先生,尤其是几位外埠的作家,例如汉口的端木蕻良。"

② 《书简一页〔手迹〕(端木蕻良)》,上海《文艺春秋》月刊第4卷第5期。

编,副刊问题由我负责,我去和那个人打交道。后来经过端木蕻良交涉,特务没有把这事再追下去。①

4月14日　在汉口红镫轩完成电影文学剧本《紫荆花开的时候》。

5月1日　应武汉大学举办纪念"五一"大会之请去该校讲演。报告后由演剧第四队同志保护离校,走后不久即有特务来校抓走了另一位演讲人缪朗山。事后,端木蕻良通过老师吴宓的关系,将缪朗山保释出来。②

5月7日　议论文《内容与形式》(原名《论艾青》)发表于《大刚报·大江》。

5月15日　议论文《创作和生活》发表于上海《文艺春秋》月刊第4卷第5期。同期登有3月20日给主编范泉的《书简一页》和诗《有赠》的手迹,及"端木蕻良先生近影"照片一帧。

5月下旬　辞去《大刚报》文艺副刊《大江》主编。③

6月　端木蕻良作词、邱方(宋扬)作曲的歌曲《破桌子》发表于重庆《新音乐》月刊第6卷第6期。

6月14日　散文《水仙私记》再刊于《大刚报·大江》。

7月1日　小说《夏夜》发表于武汉《文艺》月刊复刊号,再刊于1948年2月、3月香港《时代批评》月刊第5卷第98期、第99期,以及1949年1月21日上海《幸福》月刊第24期。

7月15日　电影脚本《紫荆花开的时候》发表于上海《文艺春秋》月刊第5卷第1期。

7月　由于已遭特务注意,端木蕻良悄然离开武汉,前往长沙。时湖南省立音乐专科学校要开办,时在武汉广播电台工作的巫一丹被

---

① 胡天风:《从一首小诗忆端木蕻良》,济南《春秋》双月刊1985年第1期。
② 端木蕻良:《〈大江〉副刊琐忆》,载王淮冰、黄邦和主编《大刚报史》,中国文史出版社,1999,第165页。
③ 《〈大刚报〉历史年表》,载王淮冰、黄邦和主编《大刚报史》,中国文史出版社,1999,第198页。

聘为钢琴系主任，他建议端木蕻良去长沙湖南省立音乐专科学校看看，如果合适，就一起待下去。① 长篇小说《大江》由上海晨光出版公司作为晨光文学丛书之一出版。

同月　歌曲《嘉陵江上》收入上海《邮汇生活》月刊1947年7月第10期。

8月底　军委会政治部演剧第四队来到长沙做巡回演出，端木蕻良和他们住在一起。

8月　位于长沙水陆洲的湖南省立音乐专科学校正式开办。端木蕻良被湖南省立音乐专科学校聘任为学科系主任。②

同月　议论文《阿Q论拾遗》收入评论集《论阿Q》，张天翼等著，草原书店（上海）初版。

9月15日　湖南省立音乐专科学校开学上课。

9月　小说《遥远的风砂》《鸳鸯湖的忧郁》收入《抗战前后》（《八十家佳作集》下集），施方穆主编，新流书店（香港）初版。

10月　完成诗歌《雨天》。

10月25日　诗歌《雨天》发表于《大刚报·大江》。

11月　朱健得知端木蕻良已在湖南省立音乐专科学校教书，就去水陆洲看他。端木蕻良对朱健说，他是应湖南省立音乐专科学校校长胡然之约来此任教，不准备长留。③

12月1日　散文《古文艺（上）》发表于香港《星岛日报·文艺》第1期。

12月8日　散文《古文艺（下）》发表于香港《星岛日报·文艺》第2期。同期登载消息："端木蕻良在抗战胜利后，即蛰居汉

---

① 端木蕻良：《〈大江〉副刊琐忆》，载王淮冰、黄邦和主编《大刚报史》，中国文史出版社，1999，第165页。
② 端木蕻良口述、钟耀群整理《自传》，载赵杰、王金屏主编《璀璨的星辰》，辽宁人民出版社，1995，第100页。
③ 朱健：《端木杂忆》，载《往事知多少》，湖北人民出版社，2006，第143—144页。

口，住于汉口的大华饭店。创作小说写得很少，正在编撰一部《中国文学史》。现已完成一半。不久得住长沙，任某校教职。"

12月15日　关于《水经注》研究的议论文《最古的宝典》发表于上海《文艺春秋》月刊第5卷第6期。

同日　香港《星岛日报·文艺》登载消息："端木蕻良近已自汉口抵长沙，在长沙的音专执教。"

本年　撰写《中国古代文学史》。

同年　散文《追悼陶行知先生》收入《陶行知先生纪念集》，陶行知先生纪念委员会编辑发行。

同年　小说《鹭鹭湖的忧郁》收入小说集《草原上》，刘白羽等著，三联出版社（上海）初版。

同年　小说《遥远的风砂》收入小说集《遥远的风砂》，老舍等著，三联出版社（上海）初版。

1948年（36岁）

1月1日　议论文《胜利以来的文坛》发表于《大刚报·大江》。

1月　与沈子复创办影评刊物《银色批判连丛》，在上海出版三期。

3月15日　散文《音诗的作家马思聪》发表于上海《文艺春秋》月刊第6卷第3期。

3月　离开长沙抵达上海，住在北四川路新福里二哥曹京实家。按：端木蕻良因和上级发生芥蒂，辞去湖南省立音乐专科学校的职务。[1]

同月　与二哥曹京实去许广平家看望许广平。

4月　长篇小说《科尔沁旗草原》第3版由上海开明书店出版。

---

[1] 孔海立：《端木蕻良传》，复旦大学出版社，2011，第153页。

4月15日　随笔《恩格斯谈屑》发表于香港《时代批评》月刊第5卷第100期。

5月3日　香港《星岛日报·文艺》登载消息："端木蕻良于辞去长沙音专的教务后，从长沙转道汉口来到上海。现暂住海格路友人处，正预备找寻房屋，作久居之计。"

5月16日　与石啸冲、曹京实、张慕辛等筹办、端木蕻良任主编的上海《求是》月刊在上海出版，端木蕻良撰写《创刊词》和《编后话》。并在撰写长篇小说《中国基地》(即《上海潮》)和电影剧本。

6月11日　萧红诞辰(农历五月初五)。端木蕻良在虹口公园默祭一天。

6月15日　香港《时代批评》月刊第5卷第102期"文讯"："战前本社出版之《时代文学》主编端木蕻良，自长沙抵沪后，月来应酬已过，即埋首写小说，第一篇闻定名《山丹》，正赶写中。"

6月16日　社论《反对金元美国扶植法西斯蒂的日本复活》、书评《评费孝通的〈乡土中国〉》发表于上海《求是》月刊第2期。

7月15日　小说《门房》发表于上海《文讯》月刊第9卷第1期。

7月20日　上海《求是》月刊第3期出版。本期为"反美扶日运动特辑"。

7月26日　邀请马思聪来沪。以《求是》月刊社名义，联系上海文化界筹办马思聪、王慕理夫妇小提琴、钢琴演奏会和李铁夫画展。香港《星岛日报·文艺》第35期登载消息："本报音乐双周刊主编马思聪这次去沪是由艺术批评杂志《银色批判连丛》、文艺杂志《同代人》月刊和综合性杂志《求是》月刊等3个文艺团体的主持人联合邀请的。最近将成立筹备会，布置在沪演奏事宜，并代觅居所。"同期还刊登消息："《求是》月刊第三期已出版，内容比前二期增一倍，收集自波茨坦宣言以来美国扶持日本的文献和各地学生反美扶日运动的报道。"

8月15日　香港《时代批评》月刊第5卷第104期"文讯"："端

木蕻良在沪现写成论罗曼·罗兰之巨著《约翰·克里斯多夫》论文，长约二万余字，立论精辟，即将发表。近据端木寄港友人信说，他对香港很眷怀，大有跃跃欲来之慨。"按：此论文未发现。

8月25日　小说《狱中记》初刊于《扬子江颂歌》（《同代人》文艺丛刊第1年第3集），同代人文艺丛刊社（上海）初版。同期预告：下期发表端木蕻良小说《海盗》。

8月　在鲁迅先生生前寓所附近一家茶店，遇到上海《新民报（晚刊）》编辑刘岚山，与刘岚山就方言、美学、现代小说流变等方面交谈5个多小时。①

同月　短篇小说集《憎恨》由上海文化生活出版社出版第4版。

9月1日　议论文《现阶段文艺课题检讨》、议论文《"放大炮"》（署名牧心）发表于上海《求是》月刊第4期。

9月13日　香港《星岛日报·文艺》第42期登载消息："端木蕻良来到上海以后，埋头写作短篇，已经写了《狱中记》《海盗》等多篇。最近马思聪到了上海，正预备和他合作，创作'音诗'。"

9月15日　计划发表端木蕻良小说《海盗》的《同代人》文艺丛刊第4集未能出版；散文《风物恩情》发表于香港《时代批评》月刊第5卷第105期；散文《音诗的作家马思聪》发表于上海《文艺春秋》月刊7卷3期。

10月1日　散文《人民音乐家马思聪》、随笔《学优则仕》（署名欣欣）发表于上海《求是》月刊第5期。本期《求是》设"马思聪旅行演奏会特刊"。

10月2日　译作《约翰·娄马斯的民歌》发表于香港《星岛日报·星座》。

10月2日　小说《海港复仇记》初刊于香港《星岛日报·星座》，连载到16日。

---

① 刘岚山：《端木蕻良散记》，上海《幸福》月刊1949年第25期。

10月10日　散文《朴素朴素——音诗的作家马思聪》发表于重庆《影剧》杂志第1卷第4期。

同日　求是社等单位筹办的马思聪提琴演奏会在上海虹光大戏院举办。

10月13日　小说《早春》发表于上海《时事评论》周刊第1卷第15期。

10月下旬　去北平看望母亲及亲友，并去天津会友。

10月　小说《红灯》收入《皮包》（"新中华丛书"中的《文艺汇刊》），叶圣陶等著，中华书局（上海）初版。

11月3日　小说《早春》在上海《时事评论》第1卷第18期连载完。共连载4期——第15、16、17、18期。

11月15日　香港《时代批评》月刊第5卷第107期"文讯"："端木蕻良在大动乱的上海里，住不下去，十月底，走上北平了。"按：端木蕻良去北平省亲。

11月上旬　由于白色恐怖加重，端木蕻良与方蒙同行由沪乘火车避难到香港。《求是》杂志交由二哥曹京实主持。离沪前，把收藏的鲁迅先生的拖鞋、许广平转送给萧红的红豆等物交给曹京实夫妇保存。到香港第二天，由方蒙陪同去圣士提反女校祭扫当年端木蕻良秘密埋葬萧红部分骨灰的墓地，第三天又去浅水湾祭扫公开的萧红墓。

端木蕻良回忆道："我们这批文人一起从上海跑到香港避难，同行的有方成、杨晦、单复、余心清、臧克家、楼适夷、黄永玉等。我们住在九华径，当时大家戏称为'狗爬径'，那是一片农舍，过着集体生活，公推黄永玉为村长。"① 按：端木蕻良所称"一起"是指同时期，九华径位于香港新界葵涌。

方蒙回忆道："我和端木结伴离沪赴港。当火车开出深圳前往香

---

① 宜宏：《天上人间魂梦牵》，《香港文学》1990年第63期。

港时，端木的心情沉重，两眼望着窗外，一路寡言。我知道他在怀念萧红。"①

端木蕻良和方成、单复合住在楼上一间较大的房间，端木蕻良负责洗碗刷锅。上午大家写文章画画，下午去海里游泳。②方成回忆道："我和端木蕻良同住，得他帮助不少。他和我们一起学习共产党的书和文件，向我们讲解放区的情况。我以前对共产党毫无所知。"③

11月20日　长篇小说《上海潮（一）》在上海《人物新丛·看大局》月刊第1辑开始连载，仅见此一期。小说未写完。

11月　长篇小说《大江》由上海晨光出版公司再版。香港一山本屋翻版。

12月1日　议论文《易卜生的一种透视》发表于上海《求是》双月刊第6、7期合刊。由于时局艰难，《求是》杂志改为双月刊。

12月15日　香港《时代批评》月刊第5卷第108期"文讯"："战前本社出版之《时代文学》主编端木蕻良，由沪转乘粤汉路车抵港，暌隔七年，他还是那么潇洒呢。"

同日　议论文《羿射十日的研究》发表于上海《文艺春秋》月刊第7卷第6期；散文《不朽的一天》发表于武汉《大刚报》文艺副刊"大江"。

同日　歌曲《嘉陵江上》收入《大家唱》，梁秋编，音乐研究社（重庆）出版。

12月　议论文《东北和张学良》收入《论张学良》（"时代丛书"人文组第二种)，鲁泌著，时代批评社（香港）初版。

冬　母亲在北平病逝。

---

①　方蒙：《萧红与端木蕻良》，香港《文汇报》1993年3月14日。

②　方成：《忆九华径》，载《方成世纪人生》，人民文学出版社，2014，第132—134页。

③　方成：《香港三年》，载《方成世纪人生》，人民文学出版社，2014，第128—129页。

1949年（37岁）

1月1日　出席在思豪酒店画厅举办的关山月画展。散文《题关山月画展》发表于香港《星岛日报·星座》。

同日　散文《不朽的一天》发表于香港《大公报》元旦增刊。

同日　散文《第一个人民的春天》发表于香港《华商报》元旦增刊。

1月15日　议论文《图腾柱崇拜》发表于上海《文艺春秋》月刊第8卷第1期。

同日　上海《求是》改由曹京实主编，出版《求是》"革新号"第2卷第1期。本期刊登"求是丛书预告"，列有端木蕻良的《中国新文学史》（没有完成）。

1月21日　散文《略谈马思聪的路》发表于香港《华商报·茶亭》。

1月24日　评论《致陈纳德》发表于香港《大公报·文艺》。

1月27日　评论《主观的作怪》发表于香港《华商报·茶亭》。

1月30日　阿超的《来港作家小记》发表于香港达德学院文学系主编的《关于创作》（《海燕文艺丛刊》第二辑）。文中较详细记载月内端木蕻良与臧克家等出席香港达德学院文学系举办的招待会的情况，会上端木蕻良谈到闻一多和朱自清、"文艺的新生的问题"及自己的小说《新都花絮》等内容。

1月31日　北平和平解放。

2月3日　端木蕻良与叶圣陶、臧克家、黄药眠等200多人出席香港文协举办的联欢会。

同日　在香港《大公报》开辟杂文专栏"真自由书"，陆续发表一批杂文。杂文《拟冈村宁次致何应钦书》（署名蒙田）发表于香港《大公报》。

2月9日　完成介绍李纳小说《煤》的书评。

2月10日　议论文《米谷的画》在香港《华商报·茶亭》连载两天。

2月15日　上海《求是》出版第2卷第2期。因登出上海地下党转来的稿件，公开林彪和平解放北平八项措施，遭当局通缉被迫停刊。本期登出的"求是丛书预告"里有端木蕻良的《中国新文学史》和电影剧本《野狼》，后未见出版。

同日　散文《不及格的答案》发表于香港《文艺生活》海外版第10、11期合刊，诗歌《命星》发表于香港《时代批评》月刊第5卷第109、110期合刊。

2月17日　议论文《工人文学》发表于香港《华商报·茶亭》。

同日　议论文《史纽斯的政治讽刺诗》发表于香港《文汇报》。

2月23日　完成杂文《拟萧伯纳致中国人民书》。

2月24日　杂文《拟萧伯纳致中国人民书》（署名蒙田）发表于香港《大公报》。

3月1日　周鲸文乘挪威"宝通"货轮离港前往天津，端木蕻良担任了香港《时代批评》月刊的编辑工作。周鲸文说："1949年3月我离开香港后，《时代批评》的编辑工作交给他去做。"①

同日　刘岚山作《端木蕻良散记》发表于1949年3月上海《幸福》月刊第25期，附有端木蕻良《给李白凤诗》手迹，该文作于1948年9月14日。

3月3日　杂文《拟毕加索致×××书》（署名蒙田）发表于香港《大公报》。

3月8日　散文《哀黄克强夫人》发表于香港《大公报·大公园》。

3月10日　杂文《致各色帝国主义论客书》（署名蒙田）发表于

---

① 刘以鬯：《周鲸文谈端木蕻良》，载《见虾集》，辽宁教育出版社，1997，第75页。

香港《大公报》。

3月11日　散文《黄永玉的木刻》发表于香港《华商报·茶亭》。

3月14日　散文《煤》发表于香港《大公报·文艺》。

同日　散文《火柴》发表于香港《华商报·茶亭》。

3月30日　议论文《保卫世界和平》发表于香港《大公报·文艺》。

4月15日　香港《文艺生活》海外版第13期封里刊登端木蕻良和臧克家出席香港达德学院文学系举行的招待会上的合影。

4月22日、24日　诗歌《山歌》(配黄永玉木刻)发表于香港《大公报·大公园》。

4月26日　诗歌《狗爬径山歌》发表于香港《大公报·大公园》。

4月28日　诗歌《秧歌调》1—12发表于香港《大公报·大公园》。

4月29日　诗歌《狗爬径山歌·七姊妹》八首(配黄永玉木刻)连载于香港《大公报·大公园》，5月16日载完。

5月4日　诗歌《五四谣》发表于香港《大公报·大公园》。

5月12日　完成议论文《论全面解放》，发表于5月15日香港《时代批评》月刊第6卷第113期。

5月13日　诗歌《秧歌调》在香港《大公报·大公园》连载两天。

5月18日　诗歌《狗爬径山歌·新村乐》五首连载于香港《大公报·大公园》，5月27日载完。

5月25日　散文《谈舞》发表于香港《大公报·文艺》。

6月6日　散文《秧歌舞》发表于香港《大公报·大公园》。

6月10日　《记录文学》发表于香港《大公报·大公园》。

7月11日　诗歌《翻身大合唱》发表于香港《大公报·文艺》。

8月1日　议论文《评〈种谷记〉》(与方成、单复等合写)发表于香港《大公报·文艺》。

同日　北平《新音乐》月刊第8卷第3期刊登了歌曲《北平城》，端木蕻良作词，董平作曲。

8月4日　议论文《战士的典型》发表于香港《大公报·文艺》。

8月29日　议论文《评〈暴风骤雨〉》（与方成、单复等合写）发表于香港《大公报·文艺》。

8月　端木蕻良与方成、单复计划去上海，上海船进不去，端木蕻良和单复通过组织关系，坐上了运送在香港的民主人士北上天津的船，方成托关系乘坐便船，恰巧也是这艘船，三人在船上相遇。① 到了天津，受到天津文协阿英、鲁黎的热情接待，在天津住了几天。②

9月　和方成、单复来到北京。③

10月1日　在北京参加中华人民共和国成立庆祝大会。

10月19日　议论文《一切是为了新生的爱——纪念鲁迅先生而作》发表于北京《光明日报》。

10月23日　议论文《推荐王希坚作〈民歌百首〉》（与方成、单复等合写）发表于香港《大公报·文艺》。

10月25日　小说《朱刀子》发表于香港《文艺生活》月刊第18、19期合刊。

11月20日　歌词《翻身乐》《联合生产》发表于北京《新音乐》月刊第8卷第4期。

11月　议论文《阿Q论拾遗》收入论文集《论阿Q》，张天翼等著，耕耘出版社（上海）初版。

冬　参加北京南郊的土改工作。

本年　《起来，奋勇前进》等发表于香港《大公报》。

---

① 方成：《无巧不成书》，载《方成自述》，大象出版社，2003，第12页。

② 单复：《风雨四十春》，载赵杰、王金屏主编《璀璨的星辰》，辽宁人民出版社，1995，第174页。

③ 方成：《深情永忆》，载《方成自述》，大象出版社，2003，第116页。

本年　端木蕻良加入全国文联。

本年　北京三联书店出版老舍等人的小说集《遥远的风砂》，收录端木蕻良的《遥远的风砂》。

1950年（38岁）

年初　继续在北京南郊大红门、鹿圈等地参加土改。

1月20日　大众文艺创研会的刊物《说说唱唱》创刊。端木蕻良参与编稿工作。

2月9日　议论文《谈农民的语言》发表于《人民日报》。

2月28日　议论文《当心地主转移土地的诡计》发表于《人民日报》。

5月17日　下午出席在北京人民艺术厅举行的北京市文学艺术工作者联合会发起人大会。与老舍、欧阳予倩、赵树理等35人被推选为北京市文学艺术工作者联合会筹备委员。

同日　出席北京市文学艺术工作者联合会筹备委员会举行的第一次会议，与老舍、李伯钊、王亚平等11人被推举为筹备委员会常务委员。

5月19日　下午出席北京市文学艺术工作者联合会筹备委员会举行的第二次常务委员会议。会议讨论决定有关召开北京市文代会的各项组织工作。端木蕻良与赵树理等5人为起草委员。

5月25日　下午出席北京市文学艺术工作者联合会筹备委员会举行的第二次会议。听取王松声关于北京市文代会筹备情况报告，讨论代表名单和大会各项报告内容。

5月28日　出席北京市文学艺术工作者代表大会。

5月30日　北京市文艺工作者代表大会主席团名单公布，端木蕻良为主席团成员之一。

5月31日　北京市文学艺术工作者代表大会闭幕，周恩来总理出席大会。端木蕻良与老舍、王亚平、梅兰芳等45人当选为北京市文联理事。大会宣告成立北京市文联。

6月5日　下午出席北京市文联第一次理事会。理事会决定各部负责人选，端木蕻良和凤子、苗培时出任编辑出版部副部长。端木蕻良参与筹备《北京文艺》。

7月2日　在《人民日报》与臧克家、贺敬之等25人署名发表《抗议土耳其反动政府迫害人民诗人希克梅特》。

8月9日　端木蕻良任主编的周刊《创作学习》在《光明日报》正式创刊。

同日　老舍致胡风信，信中提到："近两月来，我是上午在家工作，乱造妖魔。下午到市文联办公——这是个相当重的包袱。市文联班底不大，可是办得还起劲；主要的是我与亚平，端木蕻良，凤子，来搞。"

8月23日　完成短篇小说《蔡庄子》，发表于《北京文艺》9月创刊号。

9月10日　北京市文联的文艺月刊《北京文艺》创刊，端木蕻良为编委，这期杂志登有端木蕻良小说《蔡庄子》。《北京文艺》创刊号有简讯称："北京市业余艺术学校为了发扬广大工人、学生的创作能力，在光明日报主办了一个周刊，已组织了编委会。主编端木蕻良，编委：巴波、李薇含、李克、王雁、张永经及学生代表五人。"

9月18日　与老舍、卞之琳、赵树理、徐迟等出席北京市文联召集的诗歌朗诵座谈会。

10月　短篇小说集《遥远的风砂》由香港三联书店出版。

10月7日　完成特写《白老虎连——战斗英雄田广文》，发表于10月10日《北京文艺》第1卷第2期。

10月15日　出席北京市大众文艺创作研究会和大众游艺社联合举办的成立周年纪念大会。与赵树理、王亚平等25人当选为北京市大众文艺创作研究会执行委员。

11月　散文《诗歌朗诵座谈会上的发言》发表于《北京文艺》第1卷第3期。

11月7日　晚上，出席中苏友好协会总会举办的苏联国庆庆祝会，遇柳亚子，提议柳亚子为抗美援朝运动写新诗，以记抗美援朝运动。子夜柳亚子返家，仍兴奋，写出白话诗《抗美援朝之歌》。第二天，柳亚子在国民党革命委员会召集的第二次抗美援朝座谈会上，朗诵《抗美援朝之歌》，全场"掌声如雷动"。

年内　创作评剧《梁山伯与祝英台》，并印出未定本征求意见。

1951年（39岁）

1月　电影《武训传》在北京上映前举行盛大招待试演。

1月12日　下午与老舍、贺敬之、赵树理等30余人出席北京市文联在北京市文艺处召开的老舍剧本《方珍珠》座谈会。

2月　散文《给抗美援朝的志愿军同志》发表于《新观察》第2卷第1期，议论文《创作中的爱国主义》发表于《北京文艺》第1卷第6期。

2月21日　晚，电影《武训传》在北京中南海放映，周恩来、朱德等党和国家领导人出席。

2月25日　电影《武训传》在北京公映。

3月　儿童文学《星星记（上册）》由北京文化供应社出版。

3月15日　署名杨雨明、端木蕻良（执笔人）的《论〈武训传〉》发表于《北京文艺》第2卷第1期。

3月26日　纪录片影评《评〈团结起来到明天〉》发表于《人民日报》。

5月20日　《人民日报》发表社论《应当重视电影〈武训传〉的讨论》（后知为毛泽东撰写）。编者发表时点名批评一些报纸杂志上的"所登载的歌颂《武训传》、歌颂武训，或者虽然批评武训的一个方面，仍然歌颂其他方面的论文"，其中有端木蕻良等人的《论〈武训传〉》。

同日　评论《武训是封建统治者所肯定的示范人物——致本刊编者信》发表于《人民日报》，文章说："我和杨雨明同志曾合写了一篇《论〈武训传〉》登在北京文艺二卷一期。在那篇文章里我们虽然批评了《武训传》电影，但对武训这个人物却采取了肯定的赞扬的态度，这主要是由于我们所掌握的材料的不足及认识的偏差，是一种粗枝大叶的作风。"

5月27日　《人民日报》发表文章《应该认真对待〈武训传〉的思想论争——读端木蕻良同志两篇文章的意见》，文章认为端木蕻良的《武训是封建统治者所肯定的示范人物》"观点虽有一些进步，但未能做到以认真的态度向读者揭露自己原来的错误观点及其根源，而是对自己的错误采取含混的、包容的态度。他的文章缺少必要的起码的自我批评"。

5月30日　《人民日报》发表一组讨论文章，其中天津一位读者说："我读了端木蕻良同志说的，'这主要是由于我们所掌握的材料的不足及认识的偏差，是一种粗枝大叶的作风'，我觉得这种说法是不够深刻的，我觉得我们很多人所以未能正确地认识武训，是因为自己没有掌握着科学的历史唯物论的思想、观点和方法，从社会的阶级的本质上来分析武训，而是以违反历史的唯心论的思想和观点来看武训。"

5月　全国掀起对武训和电影《武训传》思想批判高潮，一直到7月。端木蕻良在文联反复受批做检查。

6月　议论文《讨论〈武训传〉所得到的启发和教育》发表于《北京文艺》第2卷第4期；为配合1950年5月新婚姻法的公布，将赵树理小说《登记》改编成评剧《罗汉钱》，发表于《说说唱唱》第6期。

7月7日　《人民日报》刊登读者来信《对端木蕻良先生自我检讨

的一点意见》，来信说："端木蕻良先生的第二篇文章，和他第一篇文章，虽然从表面上看来说法不同，但在其思想实质上是一致的。希望端木蕻良先生能正视自己的错误，并进一步做严肃的自我检讨。"

12月　诗歌《正义的绞架在等着你》发表于《大众诗歌》第12期。

12月20日　根据中华全国文学艺术界联合会第八次常委扩大会议关于展开文艺界的学习运动和调整全国性文艺刊物的决定，《北京文艺》停刊，《说说唱唱》改由北京市文联和北京市大众文艺创研会联合主办。

12月26日　下午与老舍、王亚平、王松声、张梦庚等40人出席北京市文联召开的干部及理事会议，庆贺老舍获得北京市政府授予的"人民艺术家"称号。

1952年（40岁）

2月　评剧《罗汉钱》由北京宝文堂书店出版，议论文《坚决肃清小资产阶级错误思想》发表于《说说唱唱》第2期。

6月　议论文《文艺必须通俗化》发表于北京《说说唱唱》第6期。

7月　评剧剧本《梁山伯与祝英台》由北京大众出版社初版。后由北京宝文堂书店出版。

10月　平原省民艺剧社根据端木蕻良评剧剧本《罗汉钱》略有改动的河南梆子剧本《罗汉钱》由平原人民出版社出版，仍署名端木蕻良。

年内　加入中国共产党。

年内　由北京实验评剧团著名评剧艺术家小白玉霜、新凤霞主演排练端木蕻良新编评剧《梁山伯与祝英台》，后因故停止排演，改由著名评剧艺术家李忆兰的北京市评剧团演出。

1953年（41岁）

5月下旬　老舍参加捷克斯洛伐克戏剧节回国后送给端木蕻良一本精致的布拉格相集。

6月13日　莫斯科的一个夏日公园举行中国作家作品朗诵会，鲍里斯·莫尔古诺夫在一个叫作《太阳照耀着中国》的特别节目中，向听众朗诵了许多中国文学作品，其中有端木蕻良的诗歌。

6月17日　《人民日报》登载新华社消息：6月13日苏联莫斯科一个夏日公园举行中国作家作品朗诵会。会上，鲍里斯·莫尔古诺夫在《太阳照耀着中国》特别节目中朗诵毛泽东及端木蕻良、艾青、芦甸等人的诗歌。

7月　报告文学《刺儿菜的故事——京郊纪事之一》发表于《说说唱唱》第7期。

10月4日　中国文学工作者第二次代表大会闭幕。通过《中国作家协会章程》，将中国文学工作者协会改组为中国作家协会。

1954年（42岁）

3月　与张孟恢翻译匈牙利诗人米海·法塞卡什的长诗《卖鹅郎马季》发表于《译文》第3期。

3月　评剧剧本《梁山伯与祝英台》由北京宝文堂书店多次翻印，翻印到8月，已一版15印。

6月3日　全国总工会和中国作家协会召集座谈会，议作家如何到工厂体验生活。端木蕻良这前后正在石景山钢铁厂长年体验生活。

6月18日　完成京剧剧本《除三害》（原名《周处》）。

7月21日　散文《握手》发表于《北京日报》。

9月7日　短篇小说《钟》发表于北京《人民文学》第9期。被人批评是写鸡毛蒜皮小事与时代不相称，端木蕻良由此长期停止短篇小说创作。

10月19日　出席北京饭店欢迎印度总理尼赫鲁的宴会。宴会前周恩来总理在小客厅接见端木蕻良等部分作家，谈到对曹雪芹的评价，端木蕻良对此触动很大，产生写小说《曹雪芹》的想法。

10月24日　与茅盾、老舍、周扬等出席中国作家协会古典文学部召集的关于《红楼梦》研究问题的座谈会。

10月25日—28日　出席北京市文学艺术工作者第二次代表大会。端木蕻良与老舍、曹禺、赵树理等45人当选为理事，组成新一届北京市文学艺术工作者联合会理事会。

10月31日—12月8日　全国文联和中国作协召集第八次扩大联席会议，批判《红楼梦》研究中的胡适派资产阶级唯心论倾向等问题。

冬　京剧《戚继光斩子》由张梦庚和张艾丁导演，北京市京剧一团李万春夫妇主演。李万春演戚继光，夫人李砚秀演戚夫人，儿子李小春演戚子戚印，他的弟弟李庆春演倭寇首领。此剧参加北京市第一届戏曲观摩大会，并获奖，又在京沪地区上演。北京市京剧二团谭富英、裘盛戎演出端木蕻良剧本《除三害》，并参加北京市第一届戏曲观摩大会。

11月3日　出席新一届北京市文学艺术工作者联合会理事会第一次会议。端木蕻良与老舍、王亚平、曹禺等24人当选为常务理事。老舍任主席，曹禺任副主席，王亚平任秘书长，端木蕻良与王松声、张梦庚等4人任副秘书长。端木蕻良任副秘书长一职到1965年。

11月23日　组织安排撰写的议论文《俞平伯资产阶级思想的根源》发表于《北京日报》。

12月1日　华东作家协会资料室编印《红楼梦研究资料集刊》。收入1954年9月—11月登载主要报刊的78篇文章，其中有端木蕻良的《俞平伯资产阶级思想的根源》。

12月　评剧剧本《梁山伯与祝英台》由北京宝文堂书店第17次

印刷。

年内　在文联内部做了《红楼梦杂记》学术报告，获得好评。完成京剧剧本《戚继光斩子》（原名《戚继光平倭斩子》）。

1955年（43岁）

1月—7月　北京市文联与全国同步开展对胡风和"胡风反革命集团"的批判和斗争。按北京市委指示，市文联、市文化局成立5人肃反领导小组。

4月　当选为政协北京市第一届委员。

5月18日　胡风夫妇被捕。这前后，北京市以"胡风反革命集团分子"罪名，将市文联秘书长王亚平抓捕入狱。同时，时为文联出版部部长的端木蕻良、研究部部长施白芜、画家汪刃锋、编辑考诚被打成"王亚平反革命小集团"，住家和办公室被搜查。并因此遭到长达一年多的批判和审查，端木蕻良一度几乎精神崩溃。

5月20日　《北京文艺》复刊。

5月27日　下午老舍、曹禺等135人出席北京市文联理事扩大会议，批判"胡风问题"。端木蕻良在会上受批。

6月　京剧剧本《戚继光斩子》由北京大众出版社出版。剧名由郭沫若题写。

6月29日　书评《创造性劳动的颂歌——介绍苏联小说〈顿巴斯矿工〉》发表于《工人日报》。

8月　短篇小说集《憎恨》经修改，撤掉《乡愁》一篇，由上海新文艺出版社出版。

1956年（44岁）

1月　短篇小说集《憎恨》由上海新文艺出版社再版。

4月　长篇小说《科尔沁旗草原》经修改，由作家出版社出版。

6月15日　短篇小说集《鹭鹭湖的忧郁》由香港艺美图书公司出版。

7月12日　中国京剧院组建的访日京剧代表团首次赴日本。在广岛与朝日新闻社联合举办救济日本广岛原子弹受难者及战争中的孤儿义演，在日本最大剧场国际剧场上演，日夜两场，李和曾、袁世海主演的《除三害》在夜场演出。

8月29日　完成散文《关于牛郎织女》，发表于《北京文艺》11月号。

10月18—22日　参加北京各界隆重举行的纪念鲁迅逝世20周年活动。

12月5日　《人民日报》副刊登载陈凡从香港发来的《萧红墓近况》，报道萧红墓的损毁现状，呼吁将萧红墓迁回内地。端木蕻良开始与有关方面联系。

年底　全国正式定78人为"胡风反革命集团分子"。端木蕻良由于一直拒绝签字承认自己是"王亚平反革命集团"成员，在北京市文联留下一个悬案。直到1980年中共中央办公厅通知，为胡风错案和受害者彻底平反，端木蕻良此案才画上句号。

1957年（45岁）

1月　散文《香山碧云寺漫记》发表于《北京文艺》1月号。

2月　散文《山胡桃》发表于沈阳《处女地》第2期。

3月　议论文《略谈公式化概念化》发表于《北京文艺》3月号。

4月1日　议论文《吴梅村佚诗八首》发表于上海《文汇报》。

4月27日　议论文《兰亭八柱有下落》发表于《北京文艺》第4期。

5月22日　香港谭宝莲用英文为萧红的墓一事代表中英学会给端

木蕻良写信。此信交给陈君葆后，陈随即附信寄中国文化部夏衍，托他转交端木蕻良。

5月 应萧乾之约撰写议论文《"短"和"深"》发表于北京《文艺报》第5期。还有《浅与深》一文亦发表于《文艺报》。

6月4日 香港中英学会开会，谭宝莲报告写信给端木蕻良的经过。大家商议要等端木蕻良回信才能进行萧红墓地的处理。

6月6日 中国作家协会召集第二十七次党组（扩大）会议，此会一直开到本年9月17日，共开25次会，会上批判了"右派分子"丁玲、陈企霞、冯雪峰、艾青、罗烽、李又然和白朗等。

6月8日 全国开展反右运动。

6月20日 端木蕻良回复香港陈君葆等信。

6月 散文《香山碧云寺漫记》收入游记《山水游踪迹》，香港新地出版社6月出版。

上半年 香港萧红墓面临毁掉境地，香港中英学会开始奔走，暂时保护墓地，并写信给端木蕻良商议此事。端木蕻良正陷入北京文联"王亚平反革命集团"收尾和反右前夕，仍困难地与有关方面联系迁墓事宜。

7月1日 写《大地的海》的《新版后记》。

7月12日 中国作协广州分会致信香港谭干，说已得端木蕻良函，关于萧红墓一事，决定把骨灰迁穗安葬。

7月20日 《陈君葆日记》记载：下午谭干来，携作家协会广州分会12日的信给我，信说已得端木蕻良函，关于萧红墓一事，决定把骨灰迁穗安葬。此事这样决定也甚好。晚，金尧如把端木蕻良6月20日复我的信送来。

7月22日 香港方面在浅水湾挖掘出萧红骨灰罐。

7月 散文《传说》《小马戏团》《节日》发表于《人民文学》第7期。

8月 由组织安排撰写的议论文《从维熙的论调是谬误的》发表

于《北京文艺》8月号，散文《多刀多刃法》发表于《春雷》第8期。

8月　长篇小说《大地的海》经修改由上海新文艺出版社出版。封面由章西厓设计，封面题字为茅盾。

8月3日　未得组织批准前往广州，端木蕻良委托中国作家协会广东分会，将萧红骨灰由香港接回广州。

8月15日　散文《纪念萧红，向党致敬》发表于《广州日报》。

同日　萧红骨灰迁葬广州市银河公墓。

8月17日　散文《纪念萧红，向党致敬》发表于香港《文汇报》。

9月　评论《查理三世的子孙》发表于《文艺报》第9期。

10月5日　散文《路及其他》发表于上海《文艺月报》第10期。

10月8日　散文《年轮》《月亮最圆的时候》《一对孪生兄弟》发表于《人民文学》第10期。

11月　散文《最难忘的友谊》发表于《北京文艺》11月号，短篇小说集《憎恨》由上海新文艺出版社3次印刷。

1958年（46岁）

1月12日　散文《清晨》发表于沈阳《处女地》第3期。

1月　议论文《用资产阶级观点写的"末代皇帝传奇"》发表于《读书月报》第1期，议论文《被误会的和平论调》发表于《中国青年》第1期。

4月12日　为帮助在上海的二哥曹京实全家迁往哈尔滨，先后寄去200元。

5月20日　与郭沫若、老舍、田汉等300余人参加文化部、中国文联、北京市文化局、北京市文联组织的首都文艺界慰问团到十三陵水库工地慰问活动。

5月　散文《石钢交响乐》发表于《北京文艺》5月号。

6月2日　诗歌《帐篷》发表于北京《十三陵水库报》。

6月29日　散文《单臂英雄李世喜》发表于《北京日报》。

6月　诗歌《总路线》(包括《太阳》《总路线》《过郊区水田口号》《十三陵水库》《五一天安门前晚会》《毛主席来到十三陵水库》6首古体诗)发表于《诗刊》第6期；报告文学《石景山钢水沸腾》发表于《中国工人》第18期。

8月　完成散文《钢铁战士王才》。诗歌《中苏公报挂在天》发表于《北京文艺》8月号。

9月24日　小说《蜜》发表于上海《收获》第5期。

10月　诗论《一点感受》发表于《诗刊》第10期。

10月　散文《钢铁战士王才》（工农英雄传）在《北京文艺》10月号始连载。诗歌《十三陵水库诗》收入十三陵水库修建总指挥部政治部编的诗集《十三陵水库》中，由北京出版社出版。

11月　散文《钢铁战士王才》在《北京文艺》11月号连载。

12月　散文《钢铁战士王才》在《北京文艺》12月号连载。

年内　患高血压病。

1959年（47岁）

1月8日　散文《钢铁战士王才》在《北京文艺》第1期连载毕。

6月1日—7月24日　中国人民解放军第二届文艺会演大会在北京举行。昆明军区国防话剧团编导钟耀群随团来京导演话剧《遥远的勐垅沙》，演出期间，经刘玲夫妇介绍与端木蕻良相识。

10月　昆明军区领导给钟耀群来北京香山军事学院一个月创作假。端木蕻良与刘玲夫妇去机场迎接钟耀群，两人开始交往。中午，端木蕻良请钟耀群在和平餐厅吃西餐。

秋　端木蕻良和钟耀群经各自组织批准，确立恋爱关系。

1960年（48岁）

2月 由组织安排撰写评论《一部歪曲历史真实的小说》，发表于《北京文艺》2月号。

3月 端木蕻良与从西安来北京的钟耀群在北京东城区登记结婚。当天晚上，端木蕻良与钟耀群在北京饭店用餐祝贺。饭后，钟耀群离京赶回西安创作话剧《沁源人》，端木蕻良去北京电影制片厂参加批判会。

同月 散文《首都劳动英雄乐章》（英雄赞歌）发表于《北京文艺》3月号。

5月5日 昆明军区首长在京开会期间，应部队首长提议，端木蕻良与钟耀群在北京西单鸿宾楼饭店举办一简单的婚礼。昆明军区司令员秦基伟和政委、副司令员，钟耀群的妹妹钟耀美、端木蕻良大哥曹京哲等出席，司令员主持婚礼。婚后，昆明军区首长给钟耀群一个月的创作假，在北京东单三条端木蕻良的居室度蜜月。

6月 月初，钟耀群回到昆明军区国防话剧团。因昆明军区首长不同意钟耀群转业调往北京，端木蕻良夫妇开始多年的两地生活。

下半年 婚后，单位给端木蕻良分配一个三居室，面积30平方米，地点宣武区虎坊路一楼一单元二号。与大哥曹京哲夫妇同住。端木蕻良主要在石钢（后来的首钢）体验生活，搞厂史等创作，很少回家。

7月 在石钢参与用包钢地区的铁矿石为包钢提供烧结数据的试验。后写出散文《风从草原来》。

9月 小说《同志》发表于《北京文艺》9月号。

12月 京剧剧本《戚继光斩子》由李敬慈改编成秦腔剧本，由西安长安书店出版。

1961年（49岁）

1月10日　散文《风从草原来》发表于《北京日报》。

2月　《钢铁的凯歌》（《石景山钢铁公司工厂史》）第三章开始连载于《北京文艺》2月号，署名"中共石景山钢铁厂委员会厂史编写室编写"。

2月26日　女儿钟蕻在昆明出生。

3月　《钢铁的凯歌》（《石景山钢铁公司工厂史》）第三章连载于《北京文艺》3月号。

5月　短篇小说《红河涨满了春潮》发表于《人民文学》第5期。

7月29日　应内蒙古自治区主席乌兰夫邀请，文化部、全国民族事务委员会、全国文联组织端木蕻良与老舍、叶圣陶、曹禺、吴组缃等20余位作家、画家、舞蹈家、歌唱家、摄影家为访问团成员。历时近两个月，行程万里。当晚8时离京。

7月30日　早8时多，访问团到达哈尔滨，住北方大厦。上午游览松花江等地。午后，端木蕻良离团去哈尔滨师范学院，看望二哥曹京实夫妇及侄子。傍晚，曹京实带长子曹革成去北方大厦与端木蕻良话别。夜9时，访问团离哈西行。

7月31日　下午4时20分，访问团到达海拉尔。晚上出席当地负责人的欢迎宴会。

8月1日　上午自由活动。下午3时参观呼伦贝尔盟展览馆。

8月2日　上午8时去陈巴尔虎旗白音哈达牧业公社夏季牧场，观看套马、赛马等表演。下午6时多返回海拉尔盟招待所。

8月3日　上午自由活动。下午3时出席呼伦贝尔盟文艺工作者座谈会。晚上出席呼伦贝尔盟文艺工作者联欢会。

8月4日　上午参观奶品厂。午后1时出席当地负责人的欢送宴会。下午3时去火车站，4时45分开车。晚9时30分到满洲里。

8月5日　上午去达赉湖参观。下午5时30分返回。晚上看《枫洛池》等剧。

8月6日　上午自由活动。下午3时与昨夜演出剧团的领导和演员座谈。晚上出席联欢舞会。

8月7日　上午6点多登车离满洲里。下午1时40分到牙克石市。5时,市委书记招待介绍林区概况。晚上看京剧《杨排风》《古城会》《别姬》。

8月8日　乘火车离牙克石去350公里外的甘河。下午4时左右到岭顶站。半夜12时到达甘河,在车上过夜。

8月9日　清晨7时30分林业局同志来相迎,到局里休息吃早餐。9时换乘小火车进入林区。中午12时30分到达库中。野餐后参观林场。下午3时乘小火车,晚6时30分返回甘河。

8月10日　早晨乘火车离开甘河,下午6时40分到达牙克石市。晚上出席联欢会。

8月11日　上午自由活动。下午3时先后参观烤胶厂、细木厂、酒精厂和奶品厂。晚上观看歌剧《刘三姐》。

8月12日　早晨乘火车离开牙克石,下午4时30分到达扎兰屯。晚上游览附近公园。

8月13日　在扎兰屯市观光。

8月14日　上午游览吊桥公园。下午3时30分上火车,4时45分开车。晚上11时到达齐齐哈尔市。

8月15日　上午自由活动。中午12时45分乘火车离开齐齐哈尔市。在车上,叶圣陶和老舍修改端木蕻良所写的诗歌《大兴安岭歌》。交由杜宇谱曲,一次晚会上由余叔岩演唱。

8月16日　早晨6时30分到达通辽市。下午5时,市委书记石光华介绍哲里木盟概况。晚上8时出席歌舞晚会。

8月17日　上午7时出发,途经莫力庙水库去参观茂林公社。晚上7时返回。

8月18日　上午自由活动。下午3时与本市文艺工作者座谈。晚上8时出席联欢舞会。

8月19日　参观哲里木盟大林公社。

8月20日　上午参观展览馆，为馆里题字画。晚上观看二人转《杨宗保问路》、评剧《密耘风尘》。

8月23日　下午5时与当地领导座谈。晚上出席歌舞晚会。

8月24日　上午9时乘火车离开通辽市，经新立屯西行。

8月25日　上午10时到达赤峰市。下午，当地领导介绍昭乌达盟概况。晚上出席晚会。

8月26日　先后参观五三公社农业中学、养蜂场，昭乌达盟农业研究所、兽牧兽医研究所，下午3时返回宾馆。晚上8时观看京剧团演出《二进宫》《辕门斩子》等剧。

8月27日　安排去赤峰市东北95公里处的红山水库参观，早7时30分出发，晚上8时30分返回宾馆。

8月28日　上午自由活动。下午3时出席座谈会。晚上出席联欢晚会。

8月29日　上午7点多乘火车去平庄煤矿参观。晚上9时返回赤峰市。

8月30日　上午先后参观毛织厂、制药厂、当铺地公社当铺地大队。下午自由活动。晚上8时观看京剧《巴林怒火》。

8月31日　上午参观赤峰市文物馆，又去红山游览。下午5时30分与当地领导座谈。

9月1日　清晨乘火车离开赤峰市。晚上7时到达锦州。3小时后坐上沈阳开来的火车返回北京。

9月2日　到达北京，休整几日。完成散文《在草原上》，记录8月5日在达赉湖的旅程。发表于《人民文学》第8期。

9月5日　赴内蒙古访问团于中午乘火车离京去呼和浩特市继续参观活动。

190

9月6日　上午7时到达呼和浩特市。下午4时雨中乘车去博物馆参观。晚上出席文艺演出会。

9月7日　上午自由活动。下午3时游览市区。晚上观看京剧《武松打店》《宇宙锋》《杨排风》。

9月8日　出席中国作家协会内蒙古分会的文艺座谈会。晚上观看晋剧《西厢》。

9月9日　上午10时听取自治区政府哈丰阿副主席介绍自治区概况。下午与当地同志分别座谈。晚上出席联欢会。

9月10日　上午登大青山。下午访问满城。晚上观看反映自治区新貌的纪录片。

9月11日　先后参观内蒙古农牧学院、内蒙古大学。晚上观看满族歌舞。

9月12日　上午去参观昭君墓。晚上观看苏联电影《海之歌》。

9月13日　中午，自治区党委王铎书记、自治区政府哈丰阿副主席来到宾馆设宴饯别。下午4时乘火车离开呼和浩特市。晚上7时30分到达包头市。夜间看香港电影《华灯初上》。

9月14日　上午自由活动。下午2时30分先后参观糖厂、黄河、龙泉寺等。晚上市委书记设宴招待。饭后观看京剧《望江亭》。

9月15日　去参观五当昭庙。下午4时多返回。

9月16日　上午8时30分，包头市委孟书记介绍包头市概况。后由包钢刘副经理陪同参观包钢。中午返回宾馆。晚上出席联欢会。

9月17日　上午与包头市文艺工作者座谈。下午3时30分参观麻池生产大队。晚上8时出席歌舞晚会。

同日　古体诗词七绝五首《内蒙即景》《红莲湾》《大兴安岭》《青冢》《大青山》发表于《内蒙古日报》。

9月18日　上午出席访问团全体成员会议，讨论本次活动总结事宜。晚上出席电影歌舞晚会。

9月19日　上午10时30分参观包头市展览馆。傍晚自治区党委奎璧书记和包头市领导设宴饯别。晚上出席晚会,有歌舞、二人台和晋剧《挂画》。

9月20日　上午7时15分乘火车离开包头市,中午11时经过呼和浩特市,自治区政府哈丰阿副主席特来晤别。下午6时30分到达山西省大同市,住大同宾馆。

9月21日　上午8时30分去参观云冈石窟。下午3时参观上下华严寺、善化寺、九龙壁等名胜。晚上出席晚会,有歌舞、地方戏和晋剧《岳母刺字》。

9月22日　上午全体成员在西门外大会堂,与大同市领导、文艺界、教育界、文艺爱好者等1000余人会面。下午3时30分,访问团分文学和音乐两个组分别与大同市文艺界座谈。端木蕻良与老舍、吴组缃、叶圣陶等都发了言。下午6时54分乘火车离开大同市返回北京。

9月23日　清晨6时到达北京。历时八周的内蒙古之行圆满结束。

9月25日　出席首都文学界和其他各界人士1400人在政协礼堂举办的纪念鲁迅先生八十诞辰集会。

9月27日　下午出席北京市文联在首都剧场举办的纪念鲁迅先生八十诞辰集会。

9月　散文《我们心中在唱歌——北京》发表于《北京文艺》9月号。

10月13日　散文《在内兴安岭原始森林里》发表于《北京日报》。记录8月8日、9日在甘河的旅程。

10月15日　与老舍、叶圣陶、吴组缃、梁思成、杜宇、蔡若虹等首都文化界300多人出席由全国文联和民族文化工作指导委员会联合举办的报告会。由内蒙古访问团成员报告访问观感。会上演唱端木蕻良作词、杜宇谱曲的新作《歌唱大兴安岭》。

10月　完成散文《草原放歌》,记录8月3日和6日在呼伦贝尔盟联欢会听民族歌曲感受；完成散文《雨后》，记录8月11日返回牙克石的旅程。

11月　石景山钢铁厂厂史《钢铁的凯歌（上部）》由北京出版社出版。此书由端木蕻良执笔，出版署名"中共石景山钢铁厂委员会厂史编写室编写"。后半部分因端木蕻良需回文联参加各种政治运动，未能再写成出书。当时已经在创作长篇小说《北方》，反映"北方矿藏开发的故事"。

11月21日　散文《好客的主人》发表于《北京日报》，记录8月2日在陈巴尔虎旗白音哈达牧业公社夏季牧场的旅程。

12月24日　回哈尔滨师范学院中文系教师钟汝霖信。表示自己一直关注收集有关萧红的作品，但收获不大。支持钟汝霖对萧红做系统的研究。

12月　完成散文《草原！新禧！》。散文《草原放歌》发表于《民间文学》第12期。散文《雨后》发表于《北京文艺》12月号。

1962年（50岁）

1月1日　给哈尔滨二哥曹京实夫妇信。表示自己要写一部以"钢铁公司为题材的长篇""写完再写一部以中国大革命以后知识分子分化为经，以革命为纬的大长篇，新儒林外史""约有百万字"。

1月7日　散文《草原春曲——内蒙古纪行》发表于北京《大公报》。

1月9日　散文《美丽的呼伦贝尔草原——内蒙古纪行之二》发表于北京《大公报》。

1月11日　散文《三河马——内蒙古纪行之三》发表于北京《大公报》。

1月18日　散文《套马——内蒙古纪行之四》发表于北京《大公报》。

1月25日　散文《撂跤》发表于北京《大公报》。

1月　散文《草原！新禧！》发表于《北京文艺》第1期。

2月　完成散文《泥板书的新页——昭乌达盟散记》。

2月22日　散文《原始森林——内蒙古纪行之五》发表于北京《大公报》。

2月27日　散文《去达赉湖路上——内蒙古纪行之六》发表于北京《大公报》。

同日　回哈尔滨师范学院中文系教师钟汝霖信。表示对萧红研究"不要陷入材料里去"，要"看到她的思想性，同时应该对她的独特的艺术手法进行分析"。对作家作品不必"平均对待""能对最主要的作品，如对《呼兰河传》做专题研究，我意是最需要的"。

3月1日　散文《达赉湖——内蒙古纪行之七》发表于北京《大公报》。

4月5日　散文《鸽子》发表于《光明日报》。

4月24日　散文《蓖麻》发表于《光明日报》。

4月　散文《泥板书的新页——昭乌达盟散记》发表于《民族团结》第4期。

春　赠陈迩冬诗《浣溪沙·迩冬五十初度》。

5月　完成散文《红玫瑰礼赞》。散文《蓖麻》发表于《边疆文艺》第5期。

7月2日　散文《同观》发表于《光明日报》。

8月　端木蕻良不顾高血压病来到昆明与妻女相聚，且计划继续写作长篇小说《北方》。

9月　散文《我们心中在歌唱——北京》发表于《北京文艺》第9期。

9月20日　文学评论《〈胆剑篇〉断想》发表于《云南日报》。

9月29日　散文《山谷里的笑声》发表于《光明日报》。

10月　短篇小说《粉碎》（长篇小说《北方》的一个片段）发表于昆明《边疆文艺》第10期。

同月　端木蕻良由云南省文联委员王梅定和王松陪同去西南边疆采访两个月。

12月30日　从西南边疆返回昆明途中，在保山突发中风。

12月31日　钟耀群飞往保山护理端木蕻良。

12月　短篇小说《护秋》发表于《北京文艺》12月号。散文《向前进！古巴人民！》发表于《边疆文艺》第12期。散文《花一样的石头》发表于《人民文学》第12期。

1963年（51岁）

1月2日　在保山当地中医针灸治疗下，端木蕻良很快恢复意识可以下地，随即转昆明军区四十三医院治病。

1月—2月下旬　在昆明军区四十三医院治病。

2月下旬—11月下旬　在昆明安宁温泉疗养院休养。其间，以曹雪芹为题材撰写2万余字小说《霜红记》，未拿出发表，在"文革"中丢失。

8月　内蒙古人民出版社编辑部编辑出版散文集《远域新天》。收入端木蕻良1961年内蒙古访问回来撰写发表的散文8篇，篇目为《泥板书的新页》《在内兴安岭原始森林里》《草原放歌》《好客的主人》《在草原上》《雨后》《红玫瑰礼赞》《草原！新禧！》。

11月下旬　身体基本康复，由昆明返回北京，留下脑血栓偏瘫后遗症。

1964年（52岁）

年内又一次中风，基本丧失工作能力。

4月24日　诗歌《营业员之歌》发表于北京《大公报》。

1965年（53岁）

2月14日　给哈尔滨二哥曹京实夫妇信。告知他们"四清运动""基本结束"，个人检查不做书面总结。自己身体转好，在吃中药。钟耀群在昆明出席省人代会10天，很忙。

5月　诗歌《全世界人民行动起来!》发表于《北京文艺》5月号。

8月　北京市文联组织端木蕻良、杨沫、管桦、浩然等作家撰写反映北京市工农战线事迹的报告文学。

1966年（54岁）

年中　完成报告文学《敢叫日月换新天——古北口河西大队记事》。

3月初　老舍在东来顺饭庄招待上海来京作家杜宣，约请端木蕻良、臧克家、骆宾基作陪。

4月　书评《欢呼〈欧阳海之歌〉》发表于《北京文艺》第4期。

8月23日　上午带病去北京市文联机关参加"文化大革命"活动。下午，与北京市文联的老舍、金紫光、骆宾基、江风等7人和北京市文化局萧军等共29人被北京大学和第八女中的红卫兵强行拉到国子监野蛮毒打批斗。下午又被拉回市文联机关继续遭毒打批斗。事后，在信封里装了一枚毛泽东像章，寄给昆明的妻子钟耀群，表明自己活着。当时钟耀群也被打成"历史反革命"，已失去人身自由。最可惜的是她多年的日记、身边所有舞台剧照及端木蕻良给她的信件、诗作等全部被野蛮查抄和烧毁，至今未能寻到一片残迹。

1967年（55岁）

9月　钟耀群和女儿钟蕻来北京探亲。

10月8日　北京市文联被撤销。

10月14号　钟耀群母女离开北京，绕道武汉回昆明。

11月　女儿钟蕻入小学。

年内　患心绞痛。

1968年（56岁）

年内　香港文学社出版《中国新文学大系续编》第4集，收入端木蕻良小说《鹭鹭湖的忧郁》《遥远的风砂》《浑河的急流》。

12月　原北京市文联全体干部集中到马神庙行政干校大院，进行以清理阶级队伍为主要内容的学习批判活动。

1969年（57岁）

10月　集中到市委党校学习。

1970年（58岁）

香港创作书社影印出版《新都花絮》。

1971年（59岁）

1月28日　端木蕻良的二哥曹京实全家下放到黑龙江省双城县兴农大队，住到农民家里。由于屋子小，图书、家具散落农家院里，结果丢失不少东西，其中包括端木蕻良保存的鲁迅先生的一双拖鞋。

3月28日　曹京实收到端木蕻良和大哥曹京哲的信。端木蕻良信中告之钟耀群近日能来北京。

5月3日　曹京实由夫人倪美生陪同乘火车去北京治疗哮喘，住在端木蕻良家里。

1972年（60岁）

1月6日　陈毅同志逝世。端木蕻良作诗词《破阵子·悼陈毅同志》。

12月30日　给在北大荒黑龙江生产建设兵团的侄子曹革成信，谈古体诗词的写作知识。

年内　钟耀群被定为"历史反革命"，开除军籍，下放云南活塞厂当工人。

1973年（61岁）

3月11日　给哈尔滨二哥曹京实夫妇信，告诉自己经常胸痛；给在北大荒黑龙江生产建设兵团的侄子曹革成信，谈小说创作问题。

6月9日　给在黑龙江生产建设兵团的侄子曹革成信，谈诗词用语和歌曲创作问题。

7月底　端木蕻良患心肌梗死病情严重，濒危。钟耀群到北京短期照顾丈夫。

年内　作诗词《黎丁北旋以代书问》《赠克家》《小诗一首赠远人》《和芦荻兄诗步朱蕴老、伯恒韵》。

1974年（62岁）

2月6日　香港丝韦《端木蕻良诗·柳文·萧红》发表于香港《新晚报》。

5月　端木蕻良又一次报病危，已获平反的钟耀群到北京照料。钟耀群恢复军籍后要求转业。

7月24日　香港朱喜楼《端木蕻良的小说》发表于香港《中国学生国报》第627期"五四抗战文艺专辑"。

8月28日　在美国波士顿召开的研究现代中国文学的会议上，美国著名学者夏志清教授宣读议论文《端木蕻良的小说》，端木蕻良再次引起国际文学评论界的注意。

12月17日　原八一电影制片厂副厂长夏川来访。给端木蕻良一家三口留影。

年内　寄姚雪垠诗词《百字令·赠雪垠》。

1975年（63岁）

1月上旬　用一个星期写议论文《曹雪芹是法家的举证》。这是停笔7年后第一篇长文，心情愉快。

1月12日　完成议论文《曹雪芹是法家的举证》，即复印寄给哈尔滨的二哥曹京实征求意见。附信透露，议论文题目是曹京实起的。端木蕻良原题目是《曹雪芹反儒崇法举证》，但"反儒部分我写的不多"，只是"作为崇法的根据就行了"。同时邮去夏川照的全家福。还画来一张双喜帖，上面写道："耀群即下调令报喜！！！一笑！"钟耀群被批准可以调入北京，15年的分居生活即将结束。

春　创作诗词《满庭芳·病中率笔奉夏川》未定稿。赠臧克家诗《一九七五岁朝赠克家》。

3月17日　给哈尔滨曹京实夫妇信。为已住院的二哥曹京实介绍青岛名医。

5月22日　给在黑龙江生产建设兵团的侄子曹革成信，谈历史小说创作问题。

6月　在加拿大的施本华女士作长篇议论文《论端木蕻良小说》，在香港《明报月刊》第10卷第6—8期连载。

9月　美国学者夏志清《端木蕻良作品补遗》发表于香港《明报

月刊》第10卷第9期。

10月底　作诗词《齐天乐·咏梅》。

10月　钟耀群被批准转业到北京文物管理处工作，结束长达15年的夫妻分居生活。

同月　香港学者刘以鬯《补端木蕻良作品补遗》发表于香港《明报月刊》第10卷第10期。

11月3日　作诗词《一萼红·全国学大寨》。同期作诗词《永遇乐·读辛弃疾〈西江月〉遣兴作》。

12月　把诗词《齐天乐·咏梅》《一萼红·全国学大寨》《永遇乐·读辛弃疾〈西江月〉遣兴作》邮给哈尔滨二哥曹京实，请他修改。

年底　致夏川信。信中告知"耀群已去昆明办理转业手续，不久即回"。并寄春天所作诗词《满庭芳·病中率笔奉夏川》，及《永遇乐》一词。二哥曹京实修改《齐天乐·咏梅》后邮给端木蕻良。

1976年（64岁）

1月6日　给哈尔滨二哥曹京实夫妇信。告之已将咏梅花的原作《齐天乐》邮给香港《大公报》陈凡。后因故撤回未能发表。另外告诉《光明日报》也来约稿。

1月8日　周恩来总理病逝北京。端木蕻良非常悲痛，动笔写词《水调歌头·总理逝世泪成斯词》，后又作五绝《哀诗十首敬悼周总理》。

1月9日　晨，给广州芦荻信，对周总理逝世表示"不胜悲戚，愿化悲痛为力量，以更大努力来报答"。

2月　香港李立明《端木蕻良小传》发表于香港《大任周刊》。

2月8日　香港学者刘以鬯《端木蕻良与萧红》发表于香港《益智》半月刊第3期。这一年刘以鬯发表多篇有关端木蕻良的研究文章，影响极大。

2月23日　艾青夫妇来访。

2月24日　给哈尔滨二哥曹京实信，告之已经给大哥曹京哲夫妇搞到一间24平方米的住房。

2月26日　香港翁灵文《怀端木蕻良》刊登于香港《大任周刊》。

6月11日　香港《大拇指》周报第33期刊载《端木蕻良专辑》，内收6篇研究文章，其中有刘以鬯的《大山：端木蕻良塑造的英雄形象》。

7月28日　凌晨3时43分唐山发生大地震，波及北京。行动不便的端木蕻良与家人住到楼外临时搭建的简易棚里。唐山地震后，二哥曹京实夫妇来信请端木蕻良全家去哈尔滨。

8月2日　给广州芦荻信，告之唐山地震后北京诸友的近况，以及自己露宿街头状况，表示有信心度过震灾。此信当日未发。

8月3日　得广州芦荻信，又补一信，表示在地震中读到友人关心的信"真是人生一乐"。

8月10日　晚上7时40分，端木蕻良夫妇与女儿钟蕻乘157次火车离京去哈尔滨。

8月11日　端木蕻良一家到哈尔滨。住入哈尔滨师范学院家属宿舍曹京实家中。

8月12日　致北京夏川信，告之"兄安抵哈市，住我二家兄处一切顺适，请释锦注"。

8月26日　给在北大荒的侄子曹革成信，告诉一家三口来哈尔滨的新鲜感受，信中提议曹革成写一部"孔老二传"。

8月29日　端木蕻良夫人钟耀群和女儿钟蕻离哈回京。端木蕻良继续留住二哥家中。

9月9日　毛泽东主席病逝，端木蕻良和二哥曹京实一家非常悲痛。端木蕻良说自己"举世悲痛时刻，书不成字，所以迟迟未能握笔作书"。

9月10日　给北京妻女写信，告之昨天下午从广播知毛泽东主席逝世"心情极其沉痛"。此信只写了87个字，未能写完。

9月11日　晚上继续写完昨天的信。

9月24日　给广州芦荻信，告之前已全家来哈尔滨二哥家避震灾，钟耀群和女儿钟蕻已离哈回京，自己可能在哈过冬。

10月6日　中央抓捕"四人帮"。

10月10日　两报一刊发表社论《亿万人民的心愿》，透露出"四人帮"下台的信息。

10月13日　钟耀群从北京给端木蕻良写信，告知两报一刊发表社论《亿万人民的心愿》的内容，并透露"四人帮"下台信息已经在北京市井传开。

10月14日　中共中央正式公布粉碎"四人帮"的消息，但端木蕻良在哈尔滨家中消息闭塞还不知道。

同日　给北大荒的曹革成信，表示在哈尔滨身体大见好，对侄子提出的小说提纲提出建议，另外坚持要曹革成写"孔老二传"。

10月15日　端木蕻良收到钟耀群13日来信。从信中引用社论的用语"就觉有迹象了"。当天侄子曹建成从外面带来"四人帮"被抓捕的消息。从不沾酒的端木蕻良和二哥一家喝酒庆贺。

10月17日　获知耽搁多年的鲁迅书信集和日记得以公开发行，高兴异常，称之为"十七日是大大高兴的日子"。

10月19日　哈尔滨师范学院党委向党内传达中央领导关于粉碎"四人帮"的讲话。二嫂倪美生出去了解内容后，回来向端木蕻良和曹京实转述。

10月20日　给钟耀群写信，详细讲述15日以来，哈尔滨市民知晓"四人帮"倒台的喜悦表现，称"从十七日起是我平生最高兴的日子"。中午，倪美生听取并记录哈尔滨师范学院党委向党外群众传达中央领导关于粉碎"四人帮"的讲话，回来又详细向端木蕻良和曹京实转述讲话内容。叮嘱钟耀群订一套新版的《鲁迅全集》。此信过长当天未写完。

10月21日　继续写20日信。提到一天庆祝游行的锣鼓声不绝于耳。下午5点与二哥曹京实出去散步，看到游行队伍。

冬　端木蕻良在二哥家动笔续写《红楼梦》后四十回。

年底　给回家探亲的曹革成修改诗词和画讽刺"四人帮"的漫画。

1977年（65岁）

1月　五律《迎春曲》发表于《北京文艺》1977年第1期。这是端木蕻良在"文革"10年结束后第一篇在中国报刊公开发表的作品。

同月　致《光明日报》黎丁信，表示"惊心动魄的一九七六年过去了，迎来了伟大胜利的一九七七年，彼此心情舒畅，精神焕发，自非语言所可形容"。另计划春节前后回京。

1月22日　萧红逝世35周年忌日。端木蕻良填词《临江仙·萧红逝世卅五周年》。题记称："萧红拟写北大荒，题名《泥河》，并期解放后，写下部，对照做强烈对比，未尝夙愿而逝。今值三十五忌，欣逢粉碎'四人帮'，天地咸新，红日重辉，谨制《临江仙》以告。"

2月17日　除夕夜，写诗给北京的钟耀群，表达对妻女的怀念。

6月20日　致广州芦荻信，信中透露"颇欲写些东西，未知能如愿否，特别是想写曹雪芹传，用小说体"。

7月　香港学者刘以鬯研究端木蕻良的集子《端木蕻良论》由香港世界出版社出版，内收他研究文章13篇。这是第一部公开出版的端木蕻良研究专集。

7月15日　给广州芦荻信，信中再次谈到"我搞曹雪芹多年，晚年想写小说体传记，如身体继续好下去，大可完成。我有此信心，尚望老友们多方促成之"。

8月　完成诗词《七七年八月于哈尔滨得刘火子书，告知巴金同志解放，诗以寄之》。

9月　与二哥曹京实一同回到北京。

秋冬　又犯脑病，经常全身抽搐。

1978年（66岁）

1月　诗词《水调歌头·总理逝世，泪成斯词》《破阵子·悼陈毅同志》发表于《上海文学》第1期。

1月2日　诗词《水调歌头·元旦献词》发表于上海《文汇报》。

3月　完成评论《重读〈家〉》，发表于4月6日上海《文汇报》。

3月18日　长篇小说《曹雪芹》的序跋《不是前言的前言》发表于香港《文汇报》。

3月24日　从此日起一段时间因脑供血不足，每天都要发病。

4月6日　评论《重读〈家〉》发表于上海《文汇报》。

5月27日—6月6日　全国文联在西苑礼堂召开三届三次委员扩大会议。端木蕻良因为身体原因，断续参加。

6月　香港文学研究社编辑出版端木蕻良小说散文集《端木蕻良选集》。内收小说《鴜鹭湖的忧郁》《爷爷为什么不吃高粱米粥》《遥远的风砂》《浑河的急流》《风陵渡》《螺蛳谷》《可塑性的》7篇，散文《在草原上》《花一样的石头》《传说》《节日》4篇。

6月　完成散文《怀念老舍》，发表于《北京文艺》第7期。

6月14日　致《光明日报》黎丁信，表示"朱总司令逝世二周年祭快到了，病中写了一首词，以寄无限哀思"。诗词为《最高楼·朱总司令逝世二周年祭》7月6日发表于《光明日报》副刊《东风》。

6月20日　七律《郭老逝世，敬致小诗，以志哀思》发表于上海《文汇报》。

7月　完成散文《生活的火花》，11月发表于《新闻研究资料》第1期，12月收入香港三联书店成立十三周年纪念集。

8月11日　致西安西北大学刘承思信。信中回忆20世纪50年代,刘"和你校长一起找我去西北大学讲学,我执意未去,主要是写写长篇。我一直在首钢体验生活"。又透露"我已买了录音机,待病稍好,即写长篇人物小说《曹雪芹》,并想改写《红楼梦》后四十回,工程浩繁,实在是个拼命勾当"。

秋　　向北京市有关部门提出报告,申报长篇小说《曹雪芹》写作计划,获得北京市委和有关部门支持,并同意调钟耀群到北京市文联,协助端木蕻良创作。

9月　　诗词《酹江月·吊刘澍德同志》发表于《边疆文学》第12期。

9月1日　　完成散文《写在蕉叶上的信》,发表于10月22日上海《文汇报》。后作为序收入《曹雪芹》上卷,北京出版社1980年1月出版。

11月12日　　散文《追思——为西谛先生逝世二十周年纪念而作》发表于《北京日报》。

11月12日　　完成散文《〈憎恨〉后记》,收入短篇小说集《憎恨》,香港文教出版社1979年6月初版。

11月14日　　完成散文《〈风陵渡〉后记》,收入短篇小说集《风陵渡》,香港文教出版社1979年4月初版。

11月27日　　散文《赤子泪成虹》发表于《北京日报》。

11月　　完成散文《菊颂》,发表于《广州文艺》1979年第1期。

12月4日　　钟耀群工作关系调入北京市文联。

12月5日　　端木蕻良在妻子钟耀群协助下开始动笔写《曹雪芹》。

12月24日　　散文《写在蕉叶上的信》由香港《新晚报》转载。

1979年 (67岁)

1月14日　　诗词《调寄诉衷情·忆谷柳》发表于《广州日报》。

1月24日　　第一次回复美国汉学家葛浩文信,从此建立了书信联系。葛浩文的信是由中国作家协会转过来的，同时还有他的新著《萧红评传》。回信提到对大作"我虽未能细阅，但您对萧红艺术上的才能与造诣，说得是很透辟的。您掌握的资料是相当丰富的。但也正是由于别人的文字有不实之处，妨碍您的某些观点。作为一个外国学者，又远隔重洋。这也是难免的。今后在通信中，我想可以解决这个问题"。

1月　完成散文《金砖琐谈》，发表于《故宫博物院院刊》第1期，红学议论文《曹雪芹的朴素的唯物主义思想》发表于吉林《社会科学战线》第1期。

2月　散文《鱼》发表于广州《花城》第2期。散文《从"望乡"到〈望乡〉》发表于《鸭绿江》第2期。

3月　完成散文《李白凤手迹小志》，发表于7月29日香港《文汇报》。

3月2日　晚上，秦牧来访。

3月10日　完成长篇小说《曹雪芹》序《不是前言的前言》，发表于3月18日香港《文汇报》，后收入《曹雪芹》上卷，北京出版社1980年1月版。

3月中旬　完成长篇小说《曹雪芹》上卷。嘱咐北京出版社来取稿，交红学家吴世昌先生审阅。

4月1日　长篇小说《曹雪芹》上卷在香港《文汇报》副刊《百花》周刊开始连载，1980年3月6日连载完毕，共39章。

4月29日　诗词《"五四"怀旧词》发表于香港《文汇报》。

5月17日　夜，完成散文《云杉》，发表于《北方文艺》第11期。

5月20日　与茅盾、王昆仑、王朝闻等出席在四川饭店举行的《红楼梦学刊》编委会成立大会。端木蕻良等聘为学刊编委。

5月23日　诗词《念奴娇·挽田汉》发表于《文汇报》。

5月　红学议论文《曹雪芹师楚》发表于《红楼梦学刊》第1期。

6月　散文《〈革命烈士印谱〉小叙》发表于《广州文艺》第

6期。

7月　完成长篇小说《曹雪芹》上卷修改稿和《前言》。交北京出版社出版，并复印一份送上海请戴敦邦作插图。

7月25日　完成散文《记画家王梦白》，发表于1980年《人物》第1期。

8月31日　完成散文《泉》，发表于《北京文艺》第10期。

8月　《编辑〈科学新闻〉的回忆》发表于《新闻研究资料》第1辑。

同月　香港《开卷》月刊总第8期刊登彦华木的文章《端木蕻良畅谈生平与创作》，彦华木即香港出版人潘耀明先生，另有笔名彦火，文章记述了端木蕻良谈自己的经历、文学创作活动、《曹雪芹》创作计划、与萧红的相处情况及目前的家庭情况。

9月　完成散文《玉田胭脂米》，9月13日发表于《北京日报》。

9月5日　完成散文《题乾隆汉妃着汉装》，发表于香港《七十年代》第10期。

9月15日　完成为李白凤新作写的《跋〈东夷杂考〉》，发表于《开封师专学报》1985年第2期。

10月24日　《曹雪芹》上卷在《太原日报》开始连载，至14章止。

10月28日　诗词《念奴娇·和尧如兄依前韵》发表于香港《文汇报》。

11月　完成散文《恐龙化石》，发表于《鸭绿江》1980年第1期。

12月3日　完成红学议论文《宝玉新释》，发表于《红楼梦学刊》1980年第2期。

12月　完成散文《鲁戈邓林室随想》，发表于广东《旅游》1980年第1期。完成散文《我与紫禁城的一段姻缘》，发表于《北京文艺》第10期。

207

1980年（68岁）

1月1日　散文《一九八〇年的歌》发表于《北京日报》。

1月6日　完成散文《嘉陵江上》，发表于广州《花城》第5期。

1月　长篇小说《曹雪芹》上卷由北京出版社出版。第一印20万册。

同月　散文《孤猿叫雪》发表于广州《风采》第2期。

同月　散文《旅游文学小议》发表于广州《旅游》第3期。

同月　散文《为金静芬〈金陵十二钗〉刺绣作》和诗词《贺新郎·咏故宫壁画〈红楼梦〉》发表于《中国轻工》第1期。

同月　小说《曹雪芹》上卷节选《曹雪芹初游圆明园（上下）》发表于北京《旅游》第1、2期。

春节期间　冒着大风与家人寻访与曹雪芹踪迹有关的瓶湖。

2月22日　致巨赞法师信，介绍高健去向巨赞拜师研究佛学。

2月25日　完成散文《黎明的眼睛》，发表于1981年福建《榕树》第2期。

2月　红学议论文《〈红楼梦〉与〈女仙外史〉》发表于《西北大学学报》第2期。

同月　散文《"动"和"静"的韵律》发表于《艺丛》第2期。

3月1日　端木蕻良夫妇与北京出版社总编田耕及刘文、郑万隆、曹革成等去西山考察舒家老宅及健锐营等故址。

3月17日　完成序言《张嘉鼎收集整理〈曹雪芹传说故事〉代序》。

3月　《青年时代的点滴回忆》发表于《长春》第3期。

4月27日　完成散文《访"瓶湖"》，发表于6月15日香港《文汇报》。

4月　散文《从"游鸟"说起》发表于《散文》第4期。

同月　红学议论文《〈红楼梦〉是否有"底本"？》发表于《红楼梦学刊》第4期。

5月　散文《牙雕艺术家杨士惠》发表于《中国轻工》第5期。

收到巴金邮寄赠送他的译著赫尔岑回忆录《往事与随想》第一册。

7月15日　完成散文《〈火鸟之羽〉散文集序》。收入（香港）文学研究会1981年7月版《火鸟之羽》。

7月18日　完成红学议论文《〈曹雪芹〉友声》。

7月20日　在夫人钟耀群陪同下赴哈尔滨参加第一届全国《红楼梦》学术研讨会。

7月20日　夜，在哈尔滨友谊宫宾馆完成散文《江畔红潮——1980年全国〈红楼梦〉学术讨论会散记》，发表于8月2日《黑龙江日报》。

7月21日—7月30日　第一届全国《红楼梦》学术研讨会在哈尔滨举办。其间，端木蕻良夫妇几次去二哥家探望曹京实夫妇。

7月29日　在哈尔滨友谊宫宾馆完成散文《和单复通信谈〈曹雪芹〉中卷》，发表于8月2日《鸭绿江》第9期。

7月30日　出席第一届全国《红楼梦》学术研讨会闭幕大会。会上宣布红楼梦学会正式成立。

8月初　应佟东邀请与吴世昌等红学家离哈到长春一游。游览南湖、伪皇宫等。后回北京。

8月13日　下午3时30分，美国学者葛浩文由肖凤陪同，第一次来家看望端木蕻良。因晚上葛浩文另有约会，约定16日再来拜访。

8月16日　下午至晚上，肖凤陪同美国萧红研究学者葛浩文来寓所采访。端木蕻良第一次向外国学者比较详细地回忆自己与萧红婚前婚后的经历及太平洋战争中与萧红的生死之别。

8月　散文《鲁戈邓林室随想》发表于广州《随笔》第8期。

同月　散文《嘉陵江上》发表于广州《花城》第5期，同期封底发表端木蕻良水墨画《小品三幅》。

9月14日　散文《从一根鸡毛掸子说起》发表于《天津日报》。

9月　完成散文《千山一叶》，发表于北京《旅游》第6期。

同月　完成散文《生命》，发表于1981年天津《智慧树》第1期。

同月　完成散文《回忆郊祭李大钊同志》，发表于《长春》第2期。

同月　红学议论文《曹雪芹时代饮食风貌一斑》发表于《中国烹饪》第3期。

同月　散文《仲夏书简》（关于《曹雪芹》上卷的通信）发表于《鸭绿江》第9期。

10月24日　完成散文《〈十五小豪杰〉和我》，发表于1981年1月10日《上海书讯》。

10月26日　完成散文《艺术创造的广阔天地》，发表于《北京艺术》1981年第1期。

11月20日　漫画《我是过河卒子，我要吃老帅》发表于《羊城晚报》。

12月23日　诗词《拟〈咏红述事〉三首步原韵》发表于《光明日报》。

12月27日—28日　议论文《赖少其求索》发表于香港《文汇报》。

12月28日　完成散文《记游之外》，发表于北京《旅行家》第3期。

12月　完成散文《关山月的艺术》，发表于广州《花城》1981年第2期。

同月　红学议论文《〈红楼梦〉随记》发表于广州《花城》第7期。

1981年（69岁）

1月13日　在寓所接待老朋友香港《文汇报》负责人曾敏之和老记者罗成勋。

1月16日　完成散文《在神州大地上》，发表于广州《随笔》第2期。

1月27日　出席红楼梦学会年会。

1月31日　上午，全家去故宫参观元明清珍品展览。

1月　散文《东方，我们生长的地方》发表于《东方》第1期，古体诗词《李白纪念馆索诗漫题四首》发表于广州《花城》第1期。

2月　散文《心愿》发表于《青海湖》第2期。

2月4日　除夕，第一次给美国学者夏志清回信。对夏志清多年来艰苦收集自己的作品，坚持研究，并且要撰写《端木蕻良传》表达特别的敬意和感谢，然后按夏志清信上列出的生平和创作经历等问题一一给予回答。

春　曹革成在哈尔滨把端木蕻良与美国学者葛浩文谈话录音整理出来。

3月7日　与钟耀群等去香山白家疃寻访曹雪芹踪迹。

3月14日　完成回忆《鲁迅先生头像和萧红小说插图》，发表于《富春江画报》第6期；散文《拓荒者》发表于香港《文汇报》。

3月18日　给学者马蹄疾信。回忆了在北平左联时期，与赵竹天、徐突微左联成员的交往。另外提及当年鲁迅给端木蕻良在清华信箱的那封未能收到的信的下落经过。

3月22日　晨，与钟耀群同时写信给二哥曹京实全家。信上提到：革成来信整理父亲的旧稿时，为发现父亲当年写了不少文艺作品而感到惊讶。"这是大好事。第一，可证明我之走上文学的道路，和二哥是分不开的，我在他身上学到许多东西，不仅是文学，这些孩

211

子，现在才懂。懂了就好。"

3月23日　夜，完成散文《盗火者的歌声——江枫译〈雪莱诗选〉序》，发表于12月12日《文汇增刊》。

3月25日　日本女学者岩同真佐子来寓所采访。

3月27日　深夜，完成回忆《文学巨星陨落了——怀念茅盾先生》，发表于4月9日《北京日报》。

3月　完成散文《傅山的书法美学》，发表于《山西师范学院学报》第2期。

同月　红学家胡文彬来寓所采访端木蕻良。端木蕻良回忆了自己在南开和清华时期的创作与参与学运、北平左联的历史，及对小说《曹雪芹》后面情节的设想。

4月8日　完成散文《耐力》，发表于《昆仑》1982年第2期。

4月14日　晨，完成回忆《茅盾先生二三事》，发表于《浙江画报》第7期。

4月23日　《人民日报》公布鲁迅诞辰一百周年纪念委员会名单，端木蕻良为委员。

4月25日　书信《就〈曹雪芹〉中卷出版端木蕻良信答本报记者》发表于上海《书讯》报。

4月26日　出席清华大学70年校庆。

4月27日　完成散文《散文散谈》，发表于8月15日《文艺报》。

4月28日　完成回忆《鲁迅先生和萧红二三事》，发表于8月28日北京《新文学史料》季刊第3期。

4月29日　华岗夫人谈滨若给端木蕻良信，寄来1940年至1941年萧红和端木蕻良在香港给当时在重庆的华岗的目前所存的9封书信。

4月　完成散文《新的早晨》，发表于《榕树文学丛刊》第4期。

5月3日—6月5日　为搜集《曹雪芹》中卷写作素材，在夫人钟耀群陪同下去南京、扬州、常州、无锡、苏州、杭州、上海等地采访会友。

5月5日　《曹雪芹》中卷在上海《书讯》报开始选载。

5月11日　在南京完成回忆《治学经验谈》，发表于8月南京《群众论丛》第4期。

5月14日左右　与曹禺在扬州大明寺拜访如皓法师。

5月15日　在常州小营前招待所5楼1号完成回忆《追念茅公》，发表于《中国现代文学研究》第4期。

5月22日　完成散文《李白凤印谱序》，收入《李白凤印谱》，中州书画社1981年版。

5月28日　到上海。在上海期间，拜访巴金、陈沂、夏征农、杜宣、王西彦等老友，并瞻仰大陆新村鲁迅故居和鲁迅墓。

5月30日　诗词《江南吟草》三首发表于香港《文汇报》。

5月　广东花城出版社出版"花城丛书"之一《文坛老将》，内收有关端木蕻良、巴金、沈从文三人的作品、评论、作品目录等。

完成散文《"邦伊伦邦"》，发表于《榕树文学丛刊》第4期；散文《拓荒者》发表于《个旧文艺》第3期；诗词七律《痛悼茅公二首》发表于《诗刊》第5期；散文《书窗对语》发表于《文学书窗》第5期。

6月3日　在上海完成散文《不尽哀思向虹桥——回忆宋庆龄同志》，发表于6月4日上海《文学报》。

6月5日　回到北京。

6月12日　致上海巴金信及诗词。

6月16日—6月18日　萧红七十诞辰纪念活动在哈尔滨举行。由于某些人的小动作，端木蕻良放弃了与会计划。

6月18日　向因爱人即将分娩请假来京的曹革成讲述南行的情况。

6月25日　美国学者葛浩文和日本研究萧红、端木蕻良的学者前野淑子来家拜访端木蕻良。葛浩文介绍萧红纪念会的情况，对活动中种种不正常的现象表示不满，并特地将自己要赠给哈尔滨方面的作品请端木蕻良签名。端木蕻良把他和萧红当年在香港给华岗的9封信的复印件分送给葛浩文和前野淑子。

同日　回哈师大中文系教授钟汝霖来信。谈及葛浩文等来舍交谈的情况时，提到葛浩文表示通过萧红纪念会的乱象，回去要修改他的《萧红评传》，应该更加致力于萧红作品的研究，表示"席间我们举杯同祝为正确理解和研究萧红生平和艺术创作而干杯"。

6月下旬　哈师大中文系教授钟汝霖来信。谈到哈尔滨萧红纪念会组委会告之某某等人以罢会威胁来阻挠端木蕻良与会的乱象，及舒群知晓此事后的抗议等会况。后来组委会负责人关沫南公开表示"我们对不起端木蕻良"。

6月　完成散文《鲁迅先生和〈大树风号图〉》，发表于《紫禁城》月刊第6期；完成红学议论文《从晴雯撕扇谈起》，发表于12月上海《书林》第6期。

7月2日　夜，完成散文《虹》，发表于《智慧树》1982年第4期。

同日　曹革成将去年8月16日端木蕻良与葛浩文谈话录音整理稿交给端木蕻良夫妇，后以《我与萧红》为题，收入曹革成《我的婶婶萧红》，吉林时代文艺出版社2005年1月版。

7月3日　雨夜致巨赞法师七绝。

7月10日　给哈师大中文系教授钟汝霖回信。转述6月美国学者葛浩文来访时谈到哈尔滨萧红纪念活动的情况，葛浩文赞同他关于"中国的女作家（现代）应以萧红居首位"的提法，并强调"萧红的艺术性比哪个女作家都强""并说，她后期的作品《马伯乐》《呼兰河传》《小城三月》是最主要的作品，比《生死场》更有过之。他的原话是比《生死场》更强"。端木蕻良对此表示："我同意后期的更强，但《生死场》不应因此减低分量。"

7月18日　前去拜访巨赞法师，叙忆当年他们的"漓水榕城之情"，聘请他担任自己写作小说《曹雪芹》的佛学顾问。

7月20日　致巨赞法师信，说自己正忙于《曹雪芹》中卷创作，感谢他允为担任佛学顾问。

7月 与夫人钟耀群去天津出席天津师范学院座谈会,其间去母校南开中学,参观周恩来当年住的学生宿舍开辟的纪念馆,发现端木蕻良当年住的宿舍恰是这间周恩来住过的学生宿舍。

8月 完成散文《青萍》,发表于1982年《花城》第2期。议论文《散文中,也需有人在》,发表于《文艺报》第15期。

9月19日 晨,完成回忆《我的第一本书》,发表于1982年2月10日上海《书讯》。

9月24日 散文《鲁迅和自我批评》发表于《北京日报》。

9月 文论《中国新文化传统的发轫》发表于《鲁迅研究》第4期。

1949年以来第一部新编端木蕻良散文集《火鸟之羽》由香港著名作家、出版家刘以鬯集稿,香港文学研究社出版。

散文《青年的导师——鲁迅》发表于《民族团结》第9期;完成回忆《欧阳予倩和"杜门诗"》,发表于9月20日《桂林日报》;完成散文《〈端木蕻良近作〉序》,收入《端木蕻良近作》,花城出版社1983年1月出版。

10月 散文《鲁迅先生的光和热》发表于《朔方》第10期。

10月8日 由钟耀群陪同回母校南开中学参观。

10月10日 给美国汉学家葛浩文回信,感谢他把正在台湾《联合报》上连载的高阳小说《曹雪芹别传》剪报邮给自己。葛浩文为支持端木蕻良写小说《曹雪芹》,一直坚持邮寄高阳小说的剪报到1982年连载毕,让端木蕻良很感动。

11月14日 给在哈尔滨师范大学历史系即将毕业的侄子曹革成信,说明不同意在哈师大学报《北方论丛》上发表他1980年6月与美国学者葛浩文的谈话记录。

11月15日 香港《大拇指》杂志第141期,刊登胡文彬的文章《访作家端木蕻良》,称端木蕻良发表的短篇小说"具有深刻的时代意义，为赢得抗日战争的胜利做出了自己的贡献"。

11月　中篇小说集《江南风景》由江西人民出版社出版。

12月31日　画家赖少其夫妇和徐悲鸿夫人廖静文来寓所拜访。

年内　完成散文《旧京风俗入画图——〈旧京风土画集〉序》，发表于《读书》1983年第5期

1982年（70岁）

1月6日　回忆《关于诗钟》发表于《桂林日报》。

1月10日　完成散文《记竹刻艺术家徐孝穆》，发表于5月9日香港《文汇报》。

1月14日　端木蕻良侄子曹革成在哈尔滨师大历史系毕业分配北京工作，今天到京。

1月15日　七律《萧红逝世四十周年祭》发表于《北方论丛》1982年第1期。

2月23日　红学议论文《关于"黄叶村"》发表于《旅游报》。

2月25日　完成散文《题关山月绘赠墨牡丹》，发表于3月23日《澳门日报》。

2月　回忆《我的第一本书》发表于《书讯》第51期。

3月4日　完成散文《人才》，发表于《昆仑》第2期。

3月28日　去陶然亭散步。碰上公园举办风筝会，回来写散文《风筝》。

3月29日　完成散文《画廊的夜晚》，发表于《福建文学》第7期。

3月　短篇小说集《端木蕻良小说选》由湖南人民出版社出版。完成红学序跋《〈红楼识小录〉先睹记》，发表于10月18日《羊城晚报》。完成散文《回报》，发表于6月23日《解放日报》。

4月25日　曹革成陪同吉林学者沙金成来访。沙金成介绍他前不

久去昌图找到曹家老宅的经过和现状。端木蕻良已有40年不知老宅情况，听后很是兴奋。应沙金成编纂端木蕻良年表的需要，端木蕻良较系统地回忆了自己1949年以前的经历。

4月27日　散文《老鞋匠》发表于《人民日报》。

4月　完成散文《不要忘记种树》，发表于5月30日《福州晚报》。完成散文《蚌壳》，发表于6月13日《福州晚报》。散文《人力、耐力》发表于《昆仑》第2期。

5月2日　散文《风筝》发表于《福州晚报》。

5月9日　曹革成陪同端木蕻良去中国美术馆参观美国哈默的藏画展。

5月27日　完成红学议论文《雀金裘和澳门——〈红楼梦〉夜记》，发表于6月5日《澳门时报》。

6月1日　杨纤如夫妇来访。

6月8日　夜，完成散文《诗的夭折——为青年诗人李满红逝世四十周年作》，发表于12月《东北现代文学史料》。

6月14日　夜，与亲友去天桥剧场看海军政治部话剧团的话剧《郑和下西洋》。

6月　完成红学议论文《曹雪芹和戴震》，发表于7月《江淮学刊》第4期。

7月4日　出席雷加、骆宾基等人入党转正会。

7月10日　红学议论文《曹雪芹和孔夫子》发表于《江淮学刊》第4期。

7月13日　诗歌《相会》发表于《人民日报》。

7月24日　夜，完成散文《武星的"命运"》，发表于10月13日《天津日报》。

夏　端木蕻良夫妇与刘文去承德避暑山庄考察两天。

8月2日　夜，完成散文《沉思小集》，发表于1983年《文汇月刊》第1期。

8月6日　散文《圆明园片石》发表于《人民日报》。

9月12日　完成散文《笔谈随笔》，发表于1983年《随笔》第1期。

9月29日　散文《寒山寺钟声》发表于《旅游》第9期。

9月　完成散文《文艺断想的断想》初稿，1983年3月18日夜改写，发表于《柳泉》第4期。完成散文《挽方殷同志》，发表于10月30日《团结报》。

10月19日　中午，端木蕻良夫妇乘飞机去上海出席在上海师范学院举办的红楼梦研讨会。

10月22日—30日　在上海出席红楼梦研讨会。

10月24日　上海《新民晚报》登载端木蕻良与冯其庸、周汝昌、张毕来、吴晓铃的合影照片。

10月25日　上海《文汇报》登载端木蕻良两篇书信形式的文章。

10月26日　在研讨会上做主题发言，回忆了周恩来总理20世纪50年代一次关于曹雪芹的讲话。

10月31日　与杜宣等上海戏剧界老朋友聚会。

10月　散文《一把金钥匙——草叶集丛》发表于《随笔》第10期。散文《背影》发表于《人民文学》第10期。红学议论文《〈红楼梦学刊〉发行十期座谈会发言》发表于《红楼梦学刊》第3期。

11月4日　散文《"我是中国人"》发表于《解放日报》。

11月8日　关山月夫妇来访。

11月15日　给美国汉学家葛浩文信。依据他邮来的史沫特莱早年回忆文章片段，回忆了20世纪40年代，自己和萧红与史沫特莱的交往和友谊。

11月　散文《樱桃沟拾野》发表于《旅伴》第11、12期合刊。完成回忆《忆鲁彦》，发表于1983年6月北京《新文学史料》季刊。

同月　去医院看病后去参观老友关山月的画展。

12月13日　红学议论文《关于〈曹雪芹〉》发表于《深圳特区

报》。

12月25日　出席在人民大学举办的满族颁金节。

12月27日　姚雪垠夫妇来访。

12月28日　南开中学来采访，端木蕻良回忆20世纪30年代在南开的学运及同学张敬载烈士的事迹。

12月　由中国对外友协安排，去北京饭店与日本友人鹿地亘的女儿见面。介绍鹿地亘和夫人池田幸子在中国抗战期间的一些情况。

同月　散文《樱桃沟拾野》发表于《旅伴》第12期。完成序言《海的浪花——为单复散文集〈玫瑰香〉作序》。

1983年（71岁）

1月2日　完成红学序跋《为胡文彬著〈红边脞语〉序》。

1月10日　散文《沉思小集》发表于《文汇月刊》第1期；七绝《访青浦"大观园"途中作》《重九刘旦宅招饮》以《诗二首》为题发表于《人民日报》。

1月24日　美国学者葛浩文来信。信中提到他随信邮来他的英译本《萧红小说选》，对使用端木蕻良当年为萧红小说《小城三月》的一幅插图用作此书的封面向端木蕻良表示感谢。

1月　散文集《端木蕻良近作》由花城出版社1983年1月出版；完成红学议论文《曹雪芹的"皮里阳秋"》，发表于《随笔》第3期；完成散文《芽》，收入散文集《绿》，北京出版社1983年6月出版。

2月4日　晚上，天津南开中学校友会负责人孙正恕来访。

2月15日　散文《新春插话》发表于《北京日报》。

2月中旬　辽宁春风文艺出版社来约出版《端木蕻良文集》。之前，广东花城出版社已口头约定出版《端木蕻良文集》，再做决定。

2月　回忆《我们的老校长——有关张伯苓校长的片断回忆》发表于《南开校友通讯》复刊第2期。

3月21日　散文《长城》发表于《人民日报》。

3月22日　完成散文《前景在召唤》，发表于铁岭《龙首山》第3期。

3月26日　散文《乡土》发表于《铁岭日报》。

3月29日　完成在南开中学与张敬载烈士参加学运的回忆《别后悠悠君何处》，发表于4月10日《天津日报》。

3月　受柳亚子文集编辑委员会委托校对柳亚子部分诗稿手迹。

4月2日　回忆《难以忘怀的中学生活》发表于《天津青年报》。

4月3日　去圆明园考察。

4月19日　散文《一支歌》发表于《人民日报》。

夏　完成散文《亲人——读青林小说〈送阿姨〉》，发表于1984年《随笔》第2期。

5月　序《旧京风俗入画图——〈旧京风土画集〉序》发表于《读书》第5期。

6月3日　散文《试说〈司棋〉》发表于《北京晚报》。

同日　《人民日报》刊登消息《〈艺文志〉出版》，消息称："以端木蕻良、舒芜、曾敏之、黄苗子、顾学颉、罗继长、张友鸾、周绍良、李易为编委、陈迩冬为主编的《艺文志》第一辑，已由山西人民出版社出版。"

6月12日　完成散文《艺术·社会·生活》，发表于《花城》第6期。

6月24日　上午，美国学者夏志清来访，中午离去。晚上，夏志清与吴晓铃来赴晚餐，21时离去。下午，出席北方左联联谊会，与当年北方左联的李正文、王定坤、孙席珍等相聚。

6月30日　曹革成代端木蕻良去看望唐弢，将散文集《端木蕻良近作》和香港林真分送的钢笔带给他，唐弢送端木蕻良《唐弢近作选》。

6月　花城出版社决定两年内出齐10卷本《端木蕻良文集》。

7月11日　回忆《山的回忆》发表于《吉林日报》。

7月12日　下午，曹社成去钓鱼台取回端木蕻良约刘海粟题字"苦芹亭"。

7月17日　完成散文《文艺语丝》，发表于9月17日《天津青年报》。

7月24日　散文《野花的芳香——读苏晨〈野芳集〉》发表于《湖北日报》。

7月　广东花城出版社又决定出版6卷本《端木蕻良文集》。

8月12日　给辽宁红学家马国权信。告之《曹雪芹》中卷已"在溽夏季节抢工脱稿，最近已交出版社"。

8月　《曹雪芹》中卷脱稿，交北京出版社印刷出版。

9月6日　完成散文《文苑随笔》，发表于《个旧文艺》第6期。

9月17日　议论文《文艺语丝》发表于《天津青年报》。

同日　业余画家董可玉携带她的《百美图》中金陵十二钗来宅请教。

9月28日　散文《雄狮》发表于《光明日报》。

10月20日　完成序言《我喜爱屠格涅夫——黄伟经译〈贵族之家〉序》，发表于1984年2月9日《羊城晚报》。

10月　河南少林寺来人请端木蕻良为《少林诗词》题签。端木蕻良觉得请赵朴初题签更合适，给赵朴初表弟赵洛写信，转请赵朴初题签。

同月　散文《艺术·社会·生活》发表于《随笔》第5期。

11月14日　曹革成陪同赵洛来访，赵洛转交赵朴初为《少林诗词》的题签及给端木蕻良的信。

12月18日　与周扬、周汝昌、吴世昌、胡德平等出席在北京香山卧佛寺举行的中国曹雪芹研究会成立大会。

12月中旬　珠江电影制片厂的导演来谈把《曹雪芹》改编成上、下两集电影。端木蕻良夫妇表示到3卷完成再议。

同期　散文《古诗源流片言》发表于《光明日报》。

12月24日　给楼适夷信，转去吉林省桦甸八中3位教师写的文章。文章提议把世界语作为中国第二语言。

1984年（72岁）

1月11日　夜，完成回忆《我的第一篇小说》，发表于《山西文学》第3期。

1月16日　给葛浩文信。对葛浩文提议由他来把萧红的《马伯乐》下篇续完表示"这很好！中外合作完成一部小说，也是文坛一大佳话也"。信中应葛浩文要求，简单介绍了《马伯乐》内容的时代大背景。

红学论文《〈红楼梦〉和〈源氏物语〉》发表于《羊城晚报》。

1月17日　完成回忆《我开始走上文学道路》，发表于1991年《中华英才》第4期。

1月18日　《曹雪芹》中卷在香港《文汇报·百花》开始连载，每周一期。

1月21日　134字贺春长联发表于《人民日报》。

2月19日　完成红学论文《喜读〈红楼梦人物论〉》，发表于2月29日《人民政协报》。

2月22日　散文《茶外茶》发表于《光明日报》。

2月29日　《人民日报》刊登新闻《用历史唯物主义来指导创作 北京作家学习讨论胡乔木重要文章》，新闻称："老作家端木蕻良说，这篇文章运用历史唯物主义，紧密联系当前我国思想战线和社会实际，分析和回答问题，使人心悦诚服地理解和接受。我一读再读，越读越明白。"

2月　散文《人参》发表于《关东文学》第2期。完成序言《〈李汝珍的传说〉序》。

3月9日　下午，吉林学者沙金成来访。傍晚，日本学者田中裕子女士来访，送来她的硕士论文《论端木蕻良与托尔斯泰的影响》。

3月中旬　开封学者沈卫威来访，送来他写的《端木蕻良评传》初稿。

3月11日　完成散文《西湖掠影》。

3月12日　完成散文《南湖之忆——写在植树节》，发表于3月22日《长春日报》。

3月14日　散文《红姑娘》发表于《北京晚报》。

3月15日　为河北花山出版社推出《长篇小说》刊物，应约写开场文章。

3月16日　邹荻帆陪同一位加拿大华裔年轻女学者来访。她表示回国后要研究端木蕻良的作品。

3月19日　晚上，端木蕻良向开封学者沈卫威等人结合沈卫威《端木蕻良评传》初稿，回忆自己当年与萧红、胡风等人相识交往过程，以及参与创办《七月》杂志等情况。

3月26日　散文《红楼梦醒黄叶村》发表于《滇池》第3期。

3月　回忆《怀念万美》发表于《解放日报》。

4月1日　散文《花椒木》发表于《太原日报》。

4月7日　日本女学者田中裕子来寓所采访。

4月10日　回忆《〈草鞋脚〉的道路》发表于《读书》第4期。

4月22日　出席香山曹雪芹纪念馆开馆典礼。

4月23日　散文《黍谷回春》发表于《人民日报》。

4月28日　给辽宁红学家马国权信。解释自己撰写的红楼诗。并透露"后四十回是否为高（鹗）氏所续，我至今怀疑，他不过背黑锅而已"。

6月2日　完成散文《越冬的小草》，发表于《十月》第5期。

6月8日　散文《有感于〈常砺集〉》发表于《南方日报》。

6月21日　散文《绿色的歌——读晏明诗集〈春天的竖琴〉有

感》发表于《文学报》。

6月　完成散文《藏腰子》，发表于《民族文学》第10期。

7月5日　给辽宁红学家马国权信。告之《曹雪芹》中卷年底可出版，《曹雪芹》下卷正在创作中。

7月22日　完成红学议论文《曹雪芹和〈女才子书〉》，发表于1986年5月《曹学论丛》。

7月25日　散文《致邓友梅》发表于辽宁《当代作家评论》第4期。

7月　完成回忆《〈方殷诗选〉思绪》，发表于11月8日《文学报》。散文《我和书》发表于《文艺欣赏》第7期。完成散文《芦苇的记忆》，发表于《新港》第11期。

8月1日　回忆《梅汤》发表于《天津日报》。

8月15日　散文《提个醒儿》发表于《北京晚报》。

8月20日　完成序言《以简代序——为陈绍著〈红楼梦谈艺录〉序》。

9月初　萧红的弟弟张秀珂的遗孀李性菊和萧红同父异母的妹妹来访。她们希望端木蕻良能写文章批驳有人恶意散布萧红的"养父说"，让萧红生父无端成了杀人凶手。并表示明年在呼兰修建好萧红故居，请端木蕻良过去参观。

9月5日　议论文《关于李凤姐》发表于《北京晚报》。

9月22日　与方蒙出席在人民大会堂举行的为纪念美国友人斯诺、史沫特莱等三S中国研究会成立大会。邓颖超为名誉会长，黄华为会长，端木蕻良、丁玲、舒群等为顾问。

9月　议论文《作家的自白》发表于《花城》第9期。

10月6日　散文《新的起飞》发表于《北京日报》。

10月14日　与夫人钟耀群乘火车离京去锦州出席辽宁红学会议。

10月15日—21日　在锦州出席辽宁省第五次红学研讨会。会议期间游览医巫闾山、兴城海滨疗养区的景区。

10月27日　完成散文《赵淑侠的执着》，发表于12月2日《文汇报》。

11月14日　雨夜，完成散文《青埂峰》，发表于1995年深圳《海石花》第1期。

11月20日　《满江红·金仲华同志逝世十五周年纪念》发表于《人民日报》。

11月27日　散文《几档子新鲜事儿》发表于《北京晚报》。

11月30日　议论文《不算迟到的信息》发表于上海《政治学信息报》。

11月底　出席在新侨饭店举行的丁玲、舒群主编的《中国文学》创刊招待会。

12月2日　北京出版社总编田耕、刘文陪同端木蕻良夫妇去西陵考察雍正墓。

12月4日　散文《略谈继承和创新》发表于《光明日报》。

12月9日　中国作家协会第四次会员代表大会在北京召开，端木蕻良当选为理事。

12月27日　出席张之《红楼梦新补》出版座谈会，端木蕻良发言认为小说语言缺乏京味。

12月29日　因重感冒未能出席第五届文代会开幕式。

12月31日　散文《作文是创造》发表于《学作文报》。

12月　散文《红姑娘》收入《科技夜话》，天津科技出版社1984年12月出版。

1985年（73岁）

1月5日　散文《文艺腾飞》发表于《北京日报》。

1月6日　《人民日报》刊登中国作家协会第四届理事会理事名单，端木蕻良为236名理事之一。

225

同日　《光明日报》登载贺兴中《端木蕻良的小白楼》，呼吁改善端木蕻良的居住条件。

1月8日　北京市委领导在市委218会议室接见将出席全国作家代表大会的北京代表，端木蕻良与曹禺、杨沫、苏予等发言。《北京晚报》登发端木蕻良会上发言照片。

同日　夜，完成散文《红楼一家言》，发表于1月28日《美洲华侨时报》。

1月20日　去天桥剧场观看湖北武汉话剧团来京演出《九歌》。演出后与全体演出人员合影留念。

1月23日　给上海华东师大施蛰存信。信中谈论自己对文学的现实主义和现代主义关系的看法，认为"我们的现实主义应该包括现代主义文学，这样现实主义文学才有生命力"。

2月4日　完成序言《〈努尔哈赤传奇〉序》。

2月19日　散文《节日》发表于《北京日报》。

2月24日　致哈师大钟汝霖信。提到昨天有人来谈及如何采访新型农民问题时，端木蕻良想到钟汝霖1982年对报告文学提出"新闻性、文学性、政论性"的观点是正确的，已经被广泛承认。并表示钟老师的萧红研究，尤其《萧红的十年文艺道路》一文"是萧红逝世四十年来，国内外第一篇研究较全面的有关萧红创作思想、创作道路的文章。受到国内外萧红研究者的重视"。提到香港刘以鬯先生"也给予高度评价"。

3月5日　回忆《怀念丁玲》发表于《北京日报》。

3月10日　散文《年月历拉话》发表于《三月风》。

3月12日　萧红弟弟张秀珂的儿子张抗第一次来信，邮来论他姑姑萧红的毕业论文请端木蕻良先生指教。

3月20日　对张抗论文提出修改意见，叫曹革成给张抗回信，建立联系。后知张抗和曹革成是同一中学的校友。

3月28日　上午参加北京市文联整党活动。

3月　小说《火腿》和《附言》发表于金华《艺术馆》第3期。

4月3日　完成序言《生命的册页——高敏夫〈战地日记〉代序》。

4月27日—5月11日　由钟耀群陪同去武汉参加"黄鹤楼笔会"。笔会期间，在汉口寻找到当年与萧红举办婚礼的大同酒家，登上二楼回忆当年情景。又乘"扬子江号"船，沿长江至重庆。沿途上岸，参观葛洲坝及白帝城、荆州、宜昌等古城。

4月　散文《也算忽然想到》发表于广州《家庭》第4期，回忆《开明书店和我》发表于《古旧书讯》第4期。

5月14日　端木蕻良夫妇由侄子曹革成、曹社成等陪同去阜外医院看望重病的大哥曹京哲。

5月18日　中午，端木蕻良大哥曹京哲病逝。

5月20日　未及办理大哥后事，二哥曹京实又在哈尔滨报病危，后转安。端木蕻良情绪低落，创作几近停顿。

5月21日　完成序言《马名通、曾保泉著〈晶晶游北京〉序》。

5月　与钟耀群合著的《曹雪芹》中卷，由北京出版社出版。

6月　红学家周雷要创办《红楼世界》杂志，来请端木蕻良题词。端木蕻良题了一首七绝。

同月　田耕、刘文陪同端木蕻良夫妇去刚开放的北京大观园参观。

7月29日　剧评《泯灭不了的信仰——看电视连续剧〈四世同堂〉》发表于《人民日报》。

7月30日　铁岭市作协主席王国兴来家看望端木蕻良夫妇。

7月　由钟蕻陪同去阜新参加新宾满族自治县成立活动。在永陵题词"同歌同庆月团圆"。

8月14日　为陈迩冬《闲话三分》完成序言《外行话〈三分〉》。

8月23日　完成序言《为刘北汜著〈雪霁集〉作序》。

8月29日　完成散文《向老师们致敬》，发表于9月《今晚报》。

8月底　散文《愿它长命百岁》发表于《文学自由谈》第4期。

完成散文《第一颗星》，发表于1986年《随笔》第3期。

9月2日—10日　由钟耀群陪同去丹东参加鸭绿江笔会。与马加夫妇、关山复等老友相聚。参观大孤山、望海亭、凤凰山等景点。

9月下旬　秦牧来京出席党代会，其间到端木蕻良寓所来访。

10月　端木蕻良发起，与曹禺、臧克家在北京晋阳饭庄为胡絜青八十寿诞祝寿。

10月13日—19日　在贵阳举行的第五次全国红学会议上，增聘端木蕻良、吴组缃、周绍良、王利器为中国红楼梦学会顾问。

10月15日　陈如真陪同柬埔寨王国首相宋双的公子宋真尼来寓所拜访。

10月中旬　下午至晚上，日本学者、红学家伊藤树平夫妇来访。

10月23日　曹革成陪同萧红侄子张抗来访，谈呼兰县成立萧红研究会等情况。

10月25日　刘文陪同端木蕻良夫妇去参观白云观。

10月27日　夜，完成序言《李克非著〈京华感旧录〉序言》。

10月　为朱眉叔完成序言《写在〈红楼梦的背景与人物〉出版前》。

11月初　黑龙江电视台来家拍有关萧红的资料，录下端木蕻良写条幅的镜头。端木蕻良题词："我和萧红是志趣相投，情投意合的结合。任何流言蜚语都将在时间的流逝中分化。"

同期　呼兰县文化局局长和呼兰萧红研究会会长来访。表示因县领导班子在变动，端木蕻良为修复萧红故居的捐款一事可以暂缓。

11月　为廖钺诗集作序《〈芜草集〉序》

12月21日　《题赖少其画展》发表于《人民日报》。

12月　散文《坚持真理论红楼——挽王昆仑同志》发表于《红楼梦学刊》第4期。散文《黄鹤归来》发表于《旅游》第12期。

1986年（74岁）

1月2日　搬家至朝阳区西坝河东里5号楼1门301室、302室。

1月6日　当选中国作家协会第四届理事会理事。

2月26日　受聘为《历史人物》杂志顾问。

3月　散文《女神的复苏》和《剪不断的丝》发表于《随笔》第3期。

4月6日　由钟耀群陪同与北京出版社编辑刘文去张家湾考察曹雪芹家族的遗迹。

4月14日　从丹东专程到北京的路地，为《满族文学》创刊，由关纪新引见请端木蕻良当杂志顾问并题词。

4月16日　为《消费者报》撰写《消费观念的变化》。

5月1日　为王冷斋诗集写序言《〈卢沟桥抗战纪事〉序》。

5月31日　上午，曹革成陪同萧红侄子张抗来宅拜访，端木蕻良回忆萧红当年告诉他在上海向鲁迅提出入党想法的情况。

6月　在北京饭店接受德国学者艾克勒本夫妇采访。

6月7日　散文《文学·个性·时代感》发表于《文艺报》。

6月12日　上午由钟耀群陪同乘飞机去哈尔滨出席第二届国际红学会议。曹革成也同日回到哈市。下午4时，端木蕻良夫妇来哈师大看望二哥曹京实夫妇，表示这次要去呼兰看看萧红故居。晚9时回友谊宫宾馆。

6月13日—19日　出席在哈尔滨举办的第二届国际红学会议。提交议论文《宝玉新释》。同时出席哈尔滨市举办的红楼梦艺术节、红楼梦博览会、红楼梦研讨会讲习班等活动。

6月13日　夜，曹革成、哈师大中文系教师钟汝霖在萧红侄子张抗家中商议端木蕻良夫妇去呼兰事宜。

6月14日　上午，与徐宝骙去哈师大组织的"中国文化讲习班"

讲课。端木蕻良结合小说《曹雪芹》的写作谈到作家要像皇帝统领全局那样来审视自己的作品。下午端木蕻良夫妇与与会代表去博物馆参观红学书籍版本。5时左右回宾馆。曹革成、钟汝霖、张抗向端木蕻良夫妇汇报去呼兰的安排设想。

6月15日　夜，曹革成去端木蕻良夫妇住处。汇报要去呼兰的人员和呼兰方面安排的活动内容。

6月17日　与当年牵牛坊成员任震英，《人民日报》老记者、诗人徐放，萧红研究学者钟汝霖、铁峰、王伯英等，萧红侄子张抗，金剑啸烈士女婿李汝栋，牵牛坊后人冯羽，曹京实的儿子曹革成、曹建成，以及黑龙江日报社、哈尔滨日报社、哈尔滨画报社等记者20余人去呼兰参观萧红故居。在与县委领导座谈中，端木蕻良回忆介绍萧红和他当年的创作和社会活动等情况。端木蕻良为萧红故居题词"黑龙江之光"等。下午去呼兰师专参观，与师生合影留念。

6月19日　出席第二届国际红学大会闭幕式。

6月20日　上午，端木蕻良夫妇到曹京实家休息。下午，钟汝霖、张抗、冯羽来家里看望端木蕻良夫妇。晚上，端木蕻良夫妇离哈去沈阳参加明清小说研讨会，曹革成、曹建成、钟汝霖送站。

6月26日　端木蕻良夫妇与老友单复从沈阳到铁岭。当天由铁岭市副市长及作协主席王国兴等陪同回到阔别50多年的家乡昌图，来到出生地鹭鸶树乡，受到当地乡亲和小学师生热烈欢迎。由于身体原因，当晚回到沈阳。

6月28日　从东北回京。

7月　完成回忆《两代友谊一江春水》，发表于8月31日《哈尔滨日报》。

7、8月间　翻译家杨宪益夫妇陪同英国女学者玛格丽特来寓所拜访。

8月　完成红学议论文《红楼梦与食疗》，发表于1987年2月《中国烹饪》第2期。

8月5日　回忆《北京是我的一本大书》发表于《学习与研究》第2期。

8月24日　与汪曾祺、林斤澜等出席《北京文艺》和《光明日报》文艺部召开的纪念老舍逝世20周年座谈会。

8月31日　中顾委副主任宋任穷来寓所拜访。

10月4日　下午5时25分，端木蕻良二哥曹京实先生在哈尔滨病逝。半夜钟耀群接到电报，一直未敢告诉端木蕻良。

10月6日　上午出席中国作协在国际俱乐部举行的纪念鲁迅先生逝世50周年座谈会。

10月23日　曹革成陪母倪美生办理完丧事回京。

10月24日　晚上，钟耀群来曹革成家看望端木蕻良二嫂倪美生，说至今还未敢让端木蕻良知晓他二哥病逝消息。

11月4日　夜，给铁岭初中生冯扬同学回信。鼓励她要"多写所见所闻，做日记也不失为好办法"。

11月5日　端木蕻良从上海朋友的信中得知二哥曹京实病逝，当时便痛哭不已。

11月9日　曹革成陪母去端木蕻良家看望。端木蕻良和二哥曹京实的好友袁东衣正在一起，回忆当年在地下党领导下他们和曹京实为迎接上海解放冒着生命危险所做的工作。

11月30日　议论文《不该将兄吊起来》发表于《黑龙江日报》。

12月5日　散文《绿色的云》发表于《香港文学》第24期。

12月8日　致苏晨信。信中透露，争取明年把小说《曹雪芹》全部完成。另外，北京市作协在安排老作家春节前去珠海休假，端木蕻良夫妇准备去。后另有安排，此行未成。

12月　回忆《东不压桥胡同，你在哪里?》收入画册《胡同九十九》，北京出版社1986年12月出版。完成回忆《和戴望舒最初的会晤》，发表于1987年4月香港《八方》第5期。

1987年（75岁）

1月30日　初二，昌图曹家十一奶（端木蕻良十一叔的老伴）的儿子曹钢、女儿曹锋来拜年。

2月　完成序言《彭炎著〈烟波吟稿〉诗集》。

同月　长春电影制片厂来信商议拍摄电影《科尔沁旗草原》。

3月18日　红学议论文《晴雯撕扇小析》发表于香港《文学家》第1期。

同日　关山复陪同专程从丹东过来的路地来宅造访，与端木蕻良商讨"满族文学基金会"会长人选。

3月　回忆《思念妈妈片断》收入《我的母亲》，由香港中国文化馆编辑出版。序言《〈阮波作品选〉序》收入《阮波作品选》。

4月1日　致信日本学者冈田英树，信中说："我是1932年由徐突微介绍，加入北平左联的。徐突微当时在北大文学系读书，是左联组织部部长，经常出入我们待考的学生住的公寓。我暑期考取清华大学后，便由北大红楼附近的公寓移居清华园校中老斋。……徐突微日文很好，他曾为《科学新闻》译稿，在他被捕前不久，曾对我说，要我兼任组织部部长。我说我住在西郊，来往不便。所以我未同意。……他和我谈话时，曾告诉我有几个学校要去发展，但未说出具体人名。……有一天，我从清华园进城。在西单人行道上，看见徐突微在人力车上，迎面而来，我刚想喊他，他对我急忙做了个眼色，我便发现有个骑自行车的人紧紧跟着他车后，我便警惕起来。因为我知道，那时特务抓人，常常使其在公共场所露面，只要有人和他打招呼，这人一定马上被捕。我便没有和他打招呼，急忙赶到北大宿舍。宿舍的老门房和我关系极好，见我去了，便告我徐突微已被捕。让我不要进去，我便连忙走了。既未返清华，也没到我母亲处，到一个朋友那里住了两天，之后就逃往天津我二哥曹京实家中，写长篇小说《科尔沁旗草原》了。从此，我和徐突微也再无联系了。"

5月20日　诗词《鱼游春水——纪念延安文艺座谈会讲话四十五周年》发表于《人民日报》。

5月28日　陈迩冬在《人民日报》发表《一代风骚——谈柳亚子诗事以纪念先生百年诞辰》，文中说："闻端木蕻良兄亦曾受柳无垢之托，写她父亲传记。端木与我，同是病夫，倘不同死，愿同完成此业。"

6月10日　杂文《美女索玛》发表于《人民日报》。

6月　完成红学论文《〈红楼梦〉食品絮谈》，发表于《中国食品》第10期。

夏　端木蕻良看到著名雕塑家曾竹韶为武训先生雕塑的胸像，不由得想起郭沫若先生在纪念武训先生107周年诞辰时的题字：武训是中国的裴士托洛齐（今译为裴斯泰洛齐），中国人民应当到处为他立铜像。端木蕻良题诗《题武训先生铜像》。

8月24日　完成序言《我们时代需要科学诗人——为黎先耀〈观音水仙〉序》。

8月　完成红学文论《谈电视剧〈红楼梦〉》，收入《说不完的红楼梦》，上海书店出版社1993年8月出版。

9月　完成回忆《方殷五周年祭》，发表于9月13日《光明日报》。

9月16日　被聘为中国通俗小说研究会名誉会长。

10月3日　出席中央电视台举办的《红楼梦》文艺晚会。

10月4日　二哥曹京实逝世周年日写词《金缕曲·二哥汉奇周年祭》。

10月6日　聘为中华诗词学会顾问。

10月9日　与钟耀群到广州。

10月11日　上午到深圳。与柯灵夫妇、西戎夫妇、刘知侠夫妇等住西丽湖麒麟山疗养院创作之家。其间与香港文学社社长刘以鬯夫妇相聚，参观蛇口工业区、珠海等地。

10月22日　在深圳致广州苏晨信，告之在深圳期间部分活动情况和行程安排。

10月27日　诗歌《红梅颂——为"十三大"献礼而作》发表于《人民日报》，关山月作画。

10月　红学议论文《"大观园"的艺术构思》发表于贵州《红楼》第3期。

11月　完成散文《酒呵！酒！》，发表于1990年8月11日《中国时报》。

11月8日　红学议论文《从〈警幻仙姑赋〉说到〈洛神赋〉》发表于《解放日报》。

11月2日　回到广州。

11月4日　在广州市作协和黄力父女陪同下，与钟耀群去广州银河公墓祭扫萧红墓。时离当年在香港埋葬萧红已经47年。

11月5日　乘火车离广州回北京。

11月19日　完成散文《时间呵！时间！》，发表于1988年3月《随笔》第3期。

12月24日　杂文《一笔糊涂账》发表于《人民日报》。

12月30日　杂文《向龙年问候》发表于《人民日报》。

12月　序言《龙年说"龙"》收入《北京的龙》，北京旅游出版社1987年12月版。

1988年（76岁）

3月7日　完成序言《为梅方著〈中国烹饪原理〉作序》。

3月20日　散文《"缩脖子老等"》发表于《人民日报》。

4月4日　北京市文联党组确定北京老舍文艺基金会会长曹禺，副会长于是之、端木蕻良等11人的领导机构，并向北京市委宣传部报批。

4月23日　范泉为编辑出版《中国近代文学大系》来访。

5月16日　与曹禺等百余人出席在新侨饭店召开的北京老舍文艺基金会成立大会。北京市委、市政府主要领导与会。

5月下旬　由钟耀群陪同出席在安徽师范大学举办的第六届全国红学会。

5月底　游览黄山。端木蕻良坚持用拐杖登上景点北海。

5月　完成散文《蚂蚱》，发表于6月3日台湾《联合报》；完成序言《为戴临风著〈临风集〉序》。

6月3日　台湾《联合报》发起"海峡两岸首次同时登载三十年代作家文章"活动。当天登出端木蕻良特地为此活动写的散文《蚂蚱》，并附有作者介绍。

6月8日　从安徽回到北京。

6月21日　曹革成和张抗去看望德国籍华人胡隽吟女士。胡女士对张抗说，20世纪40年代萧红在香港期间，曾给在北平疗养骨结核病的端木蕻良二哥曹京实去信，表示想来北平疗养肺病。

6月22日　萧军病逝，北京市文联成立治丧委员会，给端木蕻良打电话希望他为成员之一，端木蕻良表示可以，这是应该的。后还写了挽联"八月乡村应传世，三郎文字早擅名"。之前，端木蕻良与钟耀群曾去海军医院看望重病中的萧军。

6月30日　冯羽（其父是当年萧红等左翼作家在哈活动中心——牵牛坊的主人冯咏秋，与曹京实是南开大学校友）来京。曹革成陪同他来宅看望端木蕻良夫妇。他给端木蕻良看他自己制作的一套与哈尔滨有关的东北老作家肖像木刻。

7月1日　上海《中国近代文学大系》聘端木蕻良、吴组缃、时萌为《小说集》主编。

同日　评论《尽量全面而又不失于芜杂》发表于《〈中国近代文学大系〉编辑工作信息》第16号。

7月9日　钟耀群代表端木蕻良出席萧军追悼会。

7月　回忆《山西，有我的心印》收入《在燃烧的土地上》，北岳文艺出版社1988年7月出版。

8月24日　杂文《释"官"》发表于《人民日报》。

8月25日　评论《广泛收集编目存档》发表于《〈中国近代文学大系〉编辑工作信息》第20号。

9月6日　与吴组缃、时萌提出的《〈小说集〉编写设想》《〈小说集〉选目初稿》发表于《〈中国近代文学大系〉编辑工作信息》第21号。

10月　回忆《萧红和创作》发表于香港《龙之渊》第10期。

11月　完成散文《曹雪芹游陶然亭臆记》。

12月9日　完成散文《大海的女儿——〈盐丁儿〉读后》，发表于1989年1月28日《文艺报》。

12月10日　评论《要看出时代发展的脉络》发表于《〈中国近代文学大系〉编辑工作信息》第29号。

12月25日　与吴组缃、时萌撰写《诚恳的答复》《〈小说集〉分卷目录》（选目二稿）发表于《〈中国近代文学大系〉编辑工作信息》第30号。

1989年（77岁）

1月1日　散文《报春》发表于台湾《联合报》。

1月7日　女儿钟蓁下午离京赴澳大利亚悉尼留学。

1月13日　下午因有人上门求字画至晚上，夜半身体感到不适跌落床下。

1月14日　晨送同仁医院诊断轻度脑血栓。因无床位转送中日友好医院，住院50天。

1月16日　下午，精神见好。与陪床的曹革成谈《曹雪芹》下卷的设想。晚上，又谈4月要去香港讲演的题目和内容。住院期间，香港方面来信，希望端木蕻良去香港的讲演，一要谈谈20世纪40年代香港文坛和他所办的刊物，二是谈谈他与萧红的情况。

3月2日　红学文论《我看〈红楼梦〉》发表于台湾《联合报》。

3月5日　聘为铁岭书画会顾问。

4月17日　《挽荒烟诗二首》发表于《人民日报》。

4月19日　上午，为胡耀邦同志逝世写挽联："一字千金成绝响，万民寸草筑丰碑。"下午，由曹革成送到胡宅，并代表端木蕻良夫妇向胡德平同志表示哀悼。

4月　香港之行因端木蕻良身体原因未能成行。

同月　文论《释"官"》收入人民日报出版社《阿Q真的阔了起来——风华杂文征文选》4月版；完成回忆《阳太阳七十年艺术追求》，发表于12月7日《桂林日报》。

5月7日　被聘为北京史地民俗学会顾问。

5月9日　《编辑工作信息》第36号报道，端木蕻良等为上海《中国近代文学大系》的《小说集》完成导言之一的初稿《导言一：中国近代小说鸟瞰》。

5月25日　回忆《〈红拂传〉前前后后》发表于《桂林日报》。

5月29日　《编辑工作信息》第37号报道，端木蕻良为上海《中国近代文学大系》的《小说集》完成的导言之一初稿《导言一：中国近代小说鸟瞰》已修改完成，全文9000余字。所撰《小说集·导言一》（节录）发表于《〈中国近代文学大系〉编辑工作信息》第37号。

7月20日　完成序言《孙日成著诗集〈在你面前〉序》。

7月　完成序言《为姚士奇的〈玉宝和中国文化〉序》。

8月　完成议论文《高龙的艺术追求》，收入《高龙现代形拓艺术作品选》，中国广播电视出版社1990年8月出版。

9月　完成序言《杨光汉著〈红楼梦：一次历史的轮回〉序》。

10月11日　近期端木蕻良左半身行动不便，中日友好医院医生来家办起半个月的家庭病床。

11月4日　聘为中国俗文学学会顾问。

12月初　因几天感冒咳嗽，同仁医院诊断为非典型性肺炎。住进中日友好医院，又近50天。为了明年1月10日去香港，端木蕻良在住院期间，开始详细回忆自己和萧红相识、结婚、日常生活、创作、交往等诸方面情况，钟耀群做了详细记录，后成为钟耀群写作《端木与萧红》的依据和素材。

12月22日　钟耀群执笔给辽宁红学家马国权信，告之端木蕻良一年的病情。透露香港机票已经邮来，但明年1月10日的香港之行要推迟了。

12月25日　散文发表于《〈中国近代文学大系〉编辑工作信息》第37号。

12月　在中日友好医院住院期间完成《尹瘦石书画合璧〈尹瘦石书画集〉序》。

1990年（78岁）

1月4日　《人民日报》刊登《说画集》前言《文人说画》，为方成、端木蕻良合作。

1月10日　因需继续住院，香港未能成行。

1月21日　端木蕻良出院。

1月　完成散文《梅》，发表于1月26日台湾《联合报》。

2月　完成回忆《统照先生和我》，发表于4月7日《文艺报》。

3月　为纪念萧红八十诞辰呼兰县编辑出版的《纪念萧红诗集》作序《流动的河》；完成序言《〈方殷诗文选〉序》；为金秉英小说《京华女儿行》完成序言《一曲动人的京城娇女恨》。

4月6日　散文《马年浮想》发表于台湾《联合报》。

4月　为王国兴完成序言《序家乡寄来的散文集〈龙首寻秋〉》。

5月　完成散文《化为桃林》，发表于7月16日台湾《联合报》。

6月9日　评论《我看〈纽曼太太〉》、散文《乱点梅花及其他》发表于台湾《联合报》。

7月　为李重华主编的《呼兰学人说萧红》一书写序。

9月8日　散文《鸟鸣》发表于台湾《联合报》。

10月　完成散文《海骆驼——为〈香港文学〉创刊六周年》，发表于《香港文学》第11期；完成红学议论文《访"十七间半房"》，发表于《北京政协》1991年第1期；完成散文《谈"笑"》，发表于11月6日台湾《联合报》。

11月24日　完成议论文《创作杂谈》，发表于1991年《北京文学》第1期。

11月25日　回忆《方殷的声音》发表于《光明日报》。

12月　应邀为呼兰县萧红纪念馆馆长孙延林夫妇所编诗集《怀念你——萧红》题写书名并完成序言，该书于1991年6月由哈尔滨出版社出版；完成散文《向冰灯致敬》，发表于1991年1月《黑龙江日报》。

1991年（79岁）

1月　台湾东吴大学教授赵淑敏来家采访，后成为端木蕻良夫妇好友。

同月　完成散文《为好事说几句话》，发表于2月2日《今晚报》。红学议论文《宝玉不肖》发表于《文艺生活》第1期。

2月5日—13日　台湾东吴大学教授赵淑敏连续每天上午来家采访。

2月13日　散文《曹寅题梅诗》发表于黑龙江《老年报》。

2月23日　散文《为好书说几句话》发表于《〈中国近代文学大系〉编辑工作信息》第65号。

4月16日　散文《雍正"掉包"》发表于《北京晚报》。

4月　完成散文《又是清明——祭萧红》，发表于《传记文学》第

4期；完成散文《石头记胜》，发表于《随笔》第5期。

5月9日　散文《大观园与伊甸园》发表于《解放日报》。

5月31日　获北京市文联颁发的在北京市文联工作三十余年为繁荣社会主义文艺做出贡献的荣誉证书。

5月　完成回忆《天津体育传统》，发表于7月6日《今晚报》。

夏　完成回忆《两种美国人》，发表于《随笔》1992年第2期。

6月5日　散文《忙里偷闲话老年》发表于《〈文化老人话老年〉编辑工作情况》简报第2号。

6月　李重华主编的《呼兰学人说萧红》由哈尔滨出版社出版。端木蕻良题写书名并作序。

7月1日　获国务院颁发的从1991年7月始享受国务院政府特殊津贴的证书。

7月2日　议论文《书法艺术小谈》发表于《今晚报》。

7月17日　红学议论文《曹雪芹的情欲观》发表于台湾《中华日报》，又载于1993年8月《红楼梦学刊》第3期。

8月4日　从事桂林抗战文化研究的学者李建平从桂林来京宅拜访，为他的研究专著《大地之子的眷恋身影——端木蕻良论》收集资料。当天，老报人史安林（柳苏）也来宅造访。

同日　散文《普及〈红楼梦〉的创举》发表于《新民晚报》。

8月20日　散文《荒烟的木刻》发表于《光明日报》。

8月　完成回忆《不能忘记》，发表于9月11日《光明日报》。

9月12日　搬家至宣武区前门西大街97号304室。呼兰县萧红纪念馆馆长孙延林来访。

9月16日　散文《笔架山子》发表于《今晚报》。

9月20日　给曹革成看在新居完成的第一篇文章《茶可乐》。又完成散文《曹雪芹与曹寅》。

9月26日　散文《凉山茶》发表于《今晚报》。

9月　完成散文《石谱碎金》，发表于《随笔》1992年第1期。

同月　为王正湘小说集作序《一片绿叶——〈聚散何匆匆〉序》。

10月15—16日　坐轮椅出席纪念《红楼梦学刊》创刊50期座谈会，并在会上发言，发言内容登载在《红楼梦学刊》1992年第2期。

10月28日　回忆《我的邻居》发表于《北京晚报》。

10月　完成散文《东北的手工业》，发表于1992年1月3日《辽宁政协报》。完成散文《南极石》，发表于12月6日《北京晚报》。

11月21日　回忆《读〈何凤元集〉补志》，发表于《光明日报》；散文《可爱的石头》发表于《今晚报》。

12月19日　散文《"七月流火"直解》发表于《新民晚报》。

12月28日　散文《科学头脑浮想》发表于《今晚报》。

12月　完成回忆《我的中学生活》，发表于《中国校园文学》1992年第2期；完成散文《曹寅剪影》，发表于1992年1月19日《解放日报》；完成散文《说"穿"》，发表于1992年4月28日台湾《联合报》。

年底　完成散文《祝愿》，发表于《香港文学》1992年第1期。

1992年（80岁）

1月1日　新年日以炒饭过年，小保姆称"真够清贫"。端木蕻良口吟诗曰："以茶当酒过新年，清贫如此意悠然。滚滚红尘长安夜，助我诗思似响泉。"

1月21日　议论文《"弦歌声"的价值观》发表于《今晚报》。

1月　完成散文《旅游年和"红楼文化"》。

2月　完成回忆《怀念舒模》，发表于4月17日《光明日报》。

2月4日　散文《双喜双喜》发表于《新民晚报》。

2月6日　完成序言《为李望如著〈六十载文坛流火〉序》。

2月8日　散文《闲趣》发表于《光明日报》。

2月19日　回忆《"生物学会"在南开》发表于《今晚报》。

2月22日　散文《夜半钟声》发表于《新民晚报》。

2月23日　回忆《我脑中的早期好莱坞》发表于《戏剧电影报》。

2月27日　议论文《一个高峰》发表于《文汇报》。

3月13日　散文《绿色天使》发表于《绿叶》。

3月24日　散文《北国牡丹》发表于《广州日报》。

3月　完成议论文《警惕历史重演》，发表于3月23日《新民晚报》。完成议论文《看电视连续剧〈联林珍奇〉联想》，发表于《民间对联故事》第4期。完成回忆《金受申的市文联》，发表于3月30日《北京晚报》。为自己散文集作序《〈友情的丝〉序》。

4月　呼兰县文化局局长欧阳新国和萧红故居纪念馆馆长孙延林为呼兰修建萧红墓，到北京拜访端木蕻良。端木蕻良献出保存50年的萧红遗发，并且应约为萧红墓碑题写"萧红之墓"。

4月3日　散文《桥》发表于《今晚报》。

4月　完成回忆《答客问——谈我的笔名和出生地》，发表于7月18日《济南日报》。散文《说咸扯淡话曹寅》发表于5月10日《北京晚报》。完成散文《不借天风自展旗——介绍残疾人发明家韩颐和》，发表于7月18日《济南日报》。

5月17日　上海书店范泉收到端木蕻良寄来的书稿《红楼梦探》，内有文章40篇，约13万字。后压缩到10万字，改书名为《说不完的红楼梦》，由上海书店出版社1993年8月出版。

5月20日　被聘为"金利来"杯"祖国和平统一"主题征联组委会顾问。

5月26日　散文《昙花》发表于台湾《联合报》。

5月28日　"首届中国满族文学奖"评比结果在北京揭晓并召开颁奖大会。端木蕻良、马加、颜一烟、关沫南等8位满族老作家被授予最高奖"荣誉奖"。

夏　完成散文《九龙醉——介绍丰宁满族自治县女厂长范庆

云》，发表于8月27日《北京晚报》。

6月5日 散文《酱油》发表于《今晚报》。

7月 完成议论文《红泥煮雪录》，为《说不完的红楼梦》一书的序。该书由上海书店出版社1993年8月出版。

8月23日 完成回忆《走出草原》，发表于《外国文学评论》第4期。

8月 完成回忆《怀念药眠》，发表于11月29日《羊城晚报》；红学议论文《曹雪芹生辰探寻》发表于《红楼梦学刊》第3期。

9月7日 聘为东方文化馆顾问。

9月11日 端木蕻良八十诞辰。上午，北京市文联和北京市作协领导和老作家赵金九、林斤澜、邓友梅、赵大年、陈建功等到寓所祝寿。

10月初 端木蕻良夫妇出席北京市满族联谊会颁金节期间在炎黄美食苑为他举办的八十诞辰祝寿活动。出席的还有季羡林、关山复、王钟翰、王蒙、赵大年、于岱岩、单复、舒乙夫妇等百余位。

10月18日—10月22日 由钟耀群陪同出席中国艺术研究院和中国红学会在扬州举办的以"《红楼梦》与中国文化"为中心议题的国际红楼梦研讨会，并被大会聘为顾问。

10月 完成散文《贵在发现》，发表于1993年6月2日香港《大公报》。

11月6日 萧红墓在呼兰县西岗公园落成。墓中摆放的是端木蕻良保存的萧红遗发，墓碑上雕刻的是端木蕻良题写的"萧红之墓"。

11月14日 回忆《以文代简寄马耳》发表于《新民晚报》。

11月 完成散文《商战钩沉》，发表于12月19日《新民晚报》；完成序言《为李克英著〈祖砚斋杂吟〉序》。

12月 端木蕻良题写书名的《舒群纪念文集》由辽宁民族出版社出版，内收端木蕻良"1989年秋日病中于西坝河"创作的诗词《悼舒群同志——调寄〈苏幕遮〉》；完成散文《春天，你好！》，发表于1993

年1月1日《光明日报》；完成散文《有今天才有明天》，发表于1993年1月11日《沈阳日报》。

1993年（81岁）

1月1日　散文《戏说"流杯亭"》发表于《北京日报》。

1月4日　散文《春雨》发表于台湾《联合报》。

1月5日　散文《〈香港文学〉创刊八周年寄语》发表于《香港文学》第97期。

1月8日　散文《友声》发表于辽宁《友报》。

1月18日　复旅日东北同乡王良第一次来信。遵他来信要求，将寄去端木蕻良作品《江南风景》。其他《科尔沁前史》《梁山伯与祝英台》《戚继光斩子》等待找出后复印给他。

1月23日　散文《鸡年"斗鸡"》发表于《新民晚报》。

1月26日　散文《银屏联想》发表于辽宁《友报》。

2月26日　复旅日同乡王良1月28日来信，告诉他20世纪40年代他在昌图认识的曹京哲是自己的大哥，已于1984年病逝及其他情况。

2月　完成散文《保护眼睛》，发表于2月22日《沈阳日报》。

3月3日　议论文《〈王森然画集〉的启示》发表于《人民日报》（海外版）。

3月17日　《"仪态万方"一议》发表于《北京晚报》。

3月29日　完成序言《万里风云关山月——〈关山月画集〉作序》。

3月　完成议论文《罗丹在沉思》。议论文《琵琶乱弹》收入《友情的丝》，花城出版社1993年3月出版。故事《王大虎的传说》发表于《满族文学》第4期。完成散文《砚癖》，发表于4月24日《济南周末》。

4月3日　与钟耀群合写议论文《广告应使人产生高尚美好的情操》，发表于《新民晚报》。

4月28日　散文《立鸡蛋》发表于《沈阳日报》。

4月　北京市文化局局长要率队带北京京剧团赴台湾演出，约端木蕻良为张学良题词，端木蕻良题"复土喜酬将军志，乡亲齐唱彩云还"。

同月　完成议论文《一位有"大法"有"大笔"的画家》，发表于5月21日《光明日报》。完成回忆《"五四"和我》，发表于5月4日《新民晚报》。完成散文《小文赘语》，发表于8月6日《北京晚报》。完成序言《写在前面——〈端木蕻良小说选〉序》。

5月　完成议论文《红学与女性》，发表于6月13日《解放日报》。完成散文《停车坐爱枫林晚》，发表于香港《明报月刊》第9期。散文《印纽艺术》发表于《散文天地》第5期。

5月23日　北京京剧团访台演出团团长周述曾和杨燕宏拜访张学良先生，把端木蕻良的题词赠送张学良。周述曾后来撰文提到：张学良看到题词"不由得激动起来，连连说：'这位作家我知道的，我是知道的，谢谢他。'"

6月19日　议论文《文人画》发表于《文艺报》。

6月　完成回忆《打屁股》，发表于《作品》第10期。完成回忆《我和笔》，发表于1994年4月香港《明报月刊》第4期。

7月9日　中共昌图县委做出《关于建立端木蕻良文学馆的决定》。准备投资100万元，"力争今秋奠基，明年完工，一九九四年末开馆"。后因故拖延。

7月16日　散文《信息》发表于《南方周末》。

7月21日　在家画漫画。

7月23日　收到昌图县委同意修建端木蕻良文学馆的正式文件。

7月　完成议论文《保护创作》，发表于10月7日《武汉晚报》。

8月2日　上午，尹瘦石来看望端木蕻良夫妇，要端木蕻良为宜兴家乡要给他建的绘画馆题字。

8月6日　呼兰萧红故居纪念馆馆长孙延林来宅拜访，并送9月6日至8日在呼兰举办萧红文化节和萧红文学研究国际研讨会的请柬。

8月7日　《辽宁日报》刊登《昌图将建端木蕻良文学馆》，报道预计1994年年底开馆的消息。

8月8日　苏州女作家肖静来宅拜访。端木蕻良送她散文集《友情的丝》。

8月11日　大庆学者李重华来宅拜访，请端木蕻良为他的萧红传题写书名。

8月14日　辽宁省图书馆领导来宅谈建立辽宁籍名作家资料馆事宜。

8月18日　致昌图县委和端木蕻良文学馆筹建领导小组信，对建馆一举表示由衷感谢。

8月19日　铁岭市作协主席王国兴来信，表示铁岭和昌图将派代表出席呼兰萧红文化节和国际研讨会，欢迎曹革成与会后回家乡寻访曹家住址，汇报端木蕻良的文学生涯和成就。端木蕻良给曹革成画在昌图老城的宅子和周围环境的平面图。

8月21日　武汉张慕辛（又名张庭珍）给端木蕻良信。回忆1941年太平洋战争爆发前按端木蕻良要求如何接待骆宾基，以及战争爆发后，端木蕻良如何带着萧红找到他们避难的情况。此信后收入曹革成主编《端木蕻良和萧红在香港》一书中。

8月22日　散文《天堂音像馆》发表于《今晚报》。

8月　红学议论文《浅谈曹雪芹的风貌》收入《说不完的红楼梦》，上海书店出版社1993年8月出版；红学议论文《谜中识谜》收入《说不完的红楼梦》，上海书店出版社1993年8月出版。

9月1日　曹革成去宅取端木蕻良给呼兰萧红文化节的贺信。

9月2日　曹革成代表端木蕻良夫妇离京赴哈参加呼兰萧红文化节和国际研讨会。

9月9日　承端木蕻良嘱托，曹革成与铁岭王国兴、昌图文化局郑国良局长和刘桂森离哈，乘火车下午4时到端木蕻良家乡昌图。与县政协、县文化局领导见面。

9月10日　上午，曹革成找到并考察了端木蕻良少年时与父母在老城镇的老宅子。通过走访周围老邻居，发现端木蕻良凭记忆所绘平面图非常准确。下午，又去寻找端木蕻良兄弟出生地苏家屯和曹家祖居地，未获结果。晚上，与王副县长、宣传部部长见面。

9月11日　上午，曹革成与县政协领导座谈，商议出版端木蕻良资料集等事宜，并去北山公园考察端木蕻良文学馆基址。下午，开会为县里领导及有关干部、老同志介绍端木蕻良生平及文学成就。晚饭后与王国兴坐车来到铁岭，住市委招待宾馆。

9月12日　曹革成在铁岭市游览一天。

9月13日　下午，由市政协副主席王水等陪同去铁岭师专，曹革成向师生做报告"端木蕻良文学生涯"。

9月14日　上午曹革成去清河水库参观。下午，与市政府李瑞清秘书长、市文教局李处长等座谈。晚上，与阎市长见面。市长谈家乡对端木蕻良先生的敬仰，希望端木蕻良能回来好好看看家乡变化。

9月15日　上午，梁副市长来宾馆看望曹革成。之后曹革成与铁岭市作协同人聚会。中午离开铁岭乘火车回京。

9月16日　中午到京。曹革成去端木蕻良家向他汇报此次呼兰萧红纪念会和昌图家乡寻访情况。

9月18日　回忆《衷心的希望》发表于《新民晚报》。

9月29日　散文《冲向世界》发表于《沈阳日报》。

9月　完成散文《致老友》，发表于11月12日《友报》。

10月3日　议论文《"款"的联想》发表于《今晚报》。

10月8日　傍晚，昌图年轻作家孙一寒、王德文来宅看望端木蕻良。

10月9日　晚上，从沈阳刚来京的单复约方成来宅看望端木蕻良

247

夫妇。

10月10日　议论文《窗外一瞥》发表于《羊城晚报》。

10月24日　昌图县政协副主席王永年同郑国良、刘桂森来宅介绍修建文学馆事宜。

11月2日　完成回忆《一对缅茄》,发表于1994年2月《中华散文》第2期。

11月10日　散文《我愿做个牧鹅人》发表于《沈阳日报》。

11月　完成回忆《追念姚奔》,发表于12月28日《解放日报》。完成序言《〈启笛手书毛泽东诗词四十首〉序言》,收入《启笛手书毛泽东诗词四十首》,中国劳动出版社1993年11月出版。为巴根小说作序《〈僧格林沁亲王〉开篇》。红学议论文《林黛玉之死》《"铁门槛"与"一刀两断"》发表于《红楼梦学刊》第4期。

12月4日　散文《出海〈红楼梦〉》发表于《济南周末》。

12月8日　散文《说猫》发表于《沈阳晚报》。

12月26日　红学议论文《毛泽东推重〈红楼梦〉》发表于《光明日报》。

1994年（82岁）

年初　与骆宾基通信,并且互有赠书。

1月1日　书写毛泽东词句"一万年太久,只争朝夕"寄给昌图,勉励家乡人"大进步,大丰收"!

1月5日　向曹革成谈论萧红和曹雪芹的意象写作风格,并解释曹雪芹的意象主义观点。

1月17日　写散文《迎接21世纪》。

1月20日　夜,完成回忆《挽陈大远同志》,发表于2月2日《北京晚报》。

1月　散文《〈红楼梦〉茶叙》发表于台湾《幼狮文艺》第1期。

完成自己散文集序言《〈车轮草〉散文集序》。

2月　完成散文《新春说狗》。

3月15日　看到3月11日《作家文摘》长文转载福建《港台信息报》发表的香港李家的一篇污蔑丑化萧红、端木蕻良等人的文章，表示要向中国作协党组写信表明态度。

3月17日　收到昌图县邮来的端木蕻良文学馆平面图。

同日　议论文《关山月新作〈尼亚加拉大瀑布〉观后》发表于《光明日报》。

3月26日　回忆《追思巨赞法师》发表于《羊城晚报》。

3月27日、29日　台湾东吴大学教授赵淑敏与丈夫傅光野先生来家拜访。

3月　完成散文《尾气》。

4月8日　散文《拾穗进言》发表于《友报》。

4月18日　尹瘦石艺术馆在宜兴开馆，端木蕻良发贺信。

4月　完成回忆《老学长高承志》，发表于6月5日《今晚报》。

5月27日　回忆杨骚的《难忘的一次会面》发表于《南方周末》。

5月　完成议论文《我的创作追求》，发表于《文学自由谈》第3期。完成回忆《忆老舍先生二三事》，发表于《北京文学》第8期。完成回忆孔罗荪夫人周玉屏《玉屏箫声咽》，发表于6月20日《哈尔滨日报》。

6月10日　回忆《女儿名字的由来》发表于《南方周末》。

6月20日　骆宾基遗体火化。本来钟耀群要代表端木蕻良参加告别仪式，之前向作协定车时，对方误传骆家提出不搞任何活动，文联、作协不去人参加，故端木蕻良夫妇委托单位送去花圈。

6月28日　上午，《北京晚报》记者来宅采访端木蕻良夫妇几次用稿费向昌图县鴜鹭树镇中心小学捐款一事。

同日　收到广州中山大学邮来的江苏师专《教学参考》杂志，杂志收入萧红短篇小说《梧桐》和周鲸文的《忆萧红》。

7月5日　回忆《看不见的线》发表于《天津日报》。

8月18日　上午，北京电视台来录像采访，请端木蕻良谈对希望工程的看法。9月2日晚上由北京电视台播出。

8月20日　大庆电视台记者杜娟来宅采访。端木蕻良畅谈对中国文学家和评论家的看法及对鲁迅、中国女作家、东北作家评价问题。

8月　完成散文《酷暑有感》。

9月　完成散文《东北风味》。

秋　完成议论文《廖钺书画展记》。

10月21日　散文《有一个青年》发表于《南方周末》。

10月24日　萧军女儿萧耘约钟耀群去中宣部图书司反映3月《作家文摘》刊登香港李家写的污蔑萧红、端木蕻良、萧军的文章一事。钟耀群转交端木蕻良向中国作协党组表明自己对此文态度的信件。图书司领导表示此事将交由中国作协党组出面处理。

11月7日　完成散文《随想》，发表于《随笔》1995年第2期。

12月　完成回忆《"大江"副刊琐忆》，发表于北京《新文学史料》季刊1996年第1期。

年内　完成回忆《记王采二三事》，发表于北京《新文学史料》季刊1996年第4期。

1995年（83岁）

1月14日　散文《执着追求艺术的人》发表于《人民日报》（海外版）。

1月16日　上午，曹革成、张抗陪同黑龙江省新闻出版局局长潘恒祥来宅看望端木蕻良夫妇，商定在黑龙江省出版《端木蕻良评论集》。

1月　散文《〈三国演义〉随想》发表于《文学自由谈》第1期。完成序言《为阮波作〈蔷薇青青〉序》

2月10日　午后,韩文敏研究员来宅商议撰写《端木蕻良传》。

2月　回忆《当爸爸》发表于《沈阳妇女》第2期。回忆《忆老师》发表于《民主》第2期。

3月19日　几天前香港城市大学校长的夫人苏珊娜·浩女士邮来香港圣士提反女校20世纪40年代的地形平面图复制件,希望端木蕻良能指认出当年埋葬萧红部分骨灰的确切地点。

3月31日　完成议论文《"败兴"一题》,发表于4月12日《中国文化报》。

3月　散文《大自然和小品文》发表于《文学自由谈》第3期。

4月4日　由钟耀群执笔回香港苏珊娜·浩女士信。信中较详细回忆了1942年1月在香港圣士提反女校埋葬萧红部分骨灰的经过。由于地形平面图复制件模糊不清,加之年代久远,端木蕻良已无法在图上辨认埋葬地点。

4月30日　收到人民教育出版社通知,端木蕻良的散文《红姑娘》收入初中第四册语文课本,散文《鱼》收入初中第六册语文课本。

4月　散文《事在人为》发表于《中国食品》第4期。完成散文《绿色的花环》。

5月21日　散文《刘海粟和青年一例》发表于《人民日报》(海外版)。

5月　钟耀群的妹妹钟耀美来京小住。

同月　完成议论文《诺贝尔文学奖》,发表于《中外交流月刊》第8期。完成回忆《投枪掷向日寇》,发表于5月25日《武汉晚报》。

6月3日　中国作协等单位向读者推荐抗战文学名作百篇。其中有端木蕻良的短篇小说《螺蛳谷》。

6月9日　萧红传记作者丁言昭与周扬之子周艾若来宅拜访。

6月12日　完成回忆《一生工作如一日——纪念金肇野同志》,发表于7月18日《光明日报》。

6月15日　为当年哈尔滨牵牛坊主人、端木蕻良兄弟校友冯咏秋的后人冯羽题写寓名"凌羽轩"。

6月22日　上午，香港学者苏珊娜·浩女士来宅拜访，她将准备9月出席北京举办国际妇女大会的英文发言稿《史沫特莱与萧红》请端木蕻良指正。下午，铁岭青年作家戴宝军来宅拜访。

6月24日　孔罗荪的儿子美籍华人学者孔海立为写《端木蕻良传》来宅拜访。

6月25日　上午，孔海立来宅继续采访。傍晚，又来拍照。

6月　完成散文《噪音》，发表于8月16日香港《大公报》。

7月1日　孔海立夫妇来宅拜访，表示译完巴金的《第四病房》后就译端木蕻良的代表作《科尔沁旗草原》。曹革成送他15件有关端木蕻良和萧红的资料。

7月8日　议论文《我喜欢的文艺》发表于《羊城晚报》。

7月11日　在写《我与茅盾》，同时在写《我与"文协"》，后发表于8月23日《北京晚报》。下午，《中国日报》记者来拍照片，为8月14日曹革成发表于该报的《拿笔战斗的作家》（英文）配照片。

7月21日　辽宁电视台来宅拍资料片。

7月22日　北京市文联等单位在人民大会堂召开抗战文协纪念大会。钟耀群代表端木蕻良出席并宣读端木蕻良的书面发言《我与"文协"》。

7月　完成散文《躲开胃病》，发表于1996年《祝你健康》第3期。

8月10日　周述曾在《人民政协报》发表文章《造访张学良将军——访台笔记》。文中提到去台前特地请端木蕻良先生书赠一幅书法送张学良将军，端木蕻良题字："复土喜酬将军志，乡亲齐唱彩云还。"

8月15日　香港刘济昆乘飞机到京后即约方成来家拜访，刘请端木蕻良为香港女作家李若梅小说集题签。

8月18日　钟耀美离京回昆明。端木蕻良挥泪作别。

8月20日　完成序言《为王一桃著〈香港艺术之窗〉小序》。

9月1日　与雷加、管桦等11位北京作家获中国作协为抗日战争期间解放区和敌后从事抗战文学活动老作家颁发的纪念牌。

9月9日　台湾东吴大学教授赵淑敏由丈夫傅光野先生陪同来家拜访。她这次要去郑州大学和华中师大讲学，课题是《中国历史与端木蕻良小说》，并举办自己作品座谈会，端木蕻良答应为此会写条幅祝贺。

9月11日　端木蕻良为香港女作家李若梅小说集题签"人比黄花秀"并给刘济昆题字"弦上说相思"，寄到香港刘济昆处。

9月25日　回忆《民办教育》发表于《民办教育》第5期。

10月1日　完成回忆马加夫人申蔚的《开不败的花朵》，发表于10月30日《沈阳日报》。

10月19日　散文《故乡之恋》发表于《武汉晚报》。

10月　完成回忆《小学一页》，发表于12月13日香港《大公报》。

11月16日　《人民日报》"大地书讯"报道：钟耀群主编的《中国现代作家选集：端木蕻良》由人民文学出版社与三联书店（香港）有限公司联合出版。

11月22日　散文《"夕阳红"岔曲》发表于《新民晚报》。

12月11日　《人民日报》简讯报道：由冯其庸、周汝昌、端木蕻良及黄宗汉先生担任顾问的5集电视专题片《红楼寻踪》完成了东北和北京段的拍摄，并将继续循着曹雪芹及其家族发迹、兴盛、衰败的踪迹，深入上海、南京、苏州、扬州等地拍摄。

12月28日　序言《〈刘国龙抄本红楼梦〉序》发表于《光明日报》。

12月　回忆《自传》收入《璀璨的星辰》，辽宁人民出版社1995年12月出版。完成散文《一大于一》，发表于1996年1月29日《沈阳日报》。

1996年（84岁）

1月7日　美国学者葛浩文与一位在华美国博士生来家看望端木蕻良。端木蕻良已更加行走困难，说话不清，但思维很清楚。亲笔题字赠书并合影留念。

1月26日　中央电视台来宅拍摄端木蕻良及家人向海外华人春节拜年小片。

1月28日　前应山东郓城县郭屯镇林集村端木子贡后人的来信请求，已经写文呼吁当地保护子贡祠。今又在写《子贡祠应该建立》一文。

1月　完成回忆《鼠年说鼠》，发表于2月19日《新民晚报》。

2月6日　口水不能控制去同仁医院看病。诊断为脑血管硬化所致，取药回来发现针剂结块未能打针。另外一口牙已经全坏，约定29日拔牙。

2月7日　钟耀群早晨发现端木蕻良口眼㖞斜，从北京军区要车送进同仁医院观察室。端木蕻良告诉妻子这次可能挺不过去。

2月8日　下午转送中日友好医院，认为是脑血栓复发，开始点滴治疗。

2月24日　散文《一条谜语所得的内证》发表于《北京日报》。

2月27日　下午4时，曹革成到中日友好医院。端木蕻良刚刚点滴结束在吸氧气。钟耀群在校对即将出版的端木蕻良散文集《车轮草》。曹革成拿北京出版社出版的图书《抗战时期的文化教育》中有关1941年香港沦陷时期的内容与端木蕻良经历对证，获得两点重要认证：1. 书上写日本特务机关在报刊上以内山完造名义刊登启事，约请文化界知名人士去谈话。端木蕻良回忆说，是的，当时真以为内山完造到了香港，我在开明书店两个人陪同下，到处找他，希望能借他的力量，帮助萧红治病。当时就是想内山完造怎么也会领鲁迅的情谊，挽救萧红的，所以什么也没顾上想，去探听他的住址，发现他根本就没有来香港，完全是日本人的骗局。2.书上写12月18日，廖承志在哥罗斯它（达）大酒店分组分批召见民主文化人士，安排他们出逃。曹革成问他那天去了没有。端木蕻良回忆说，那时萧红哪里能够离开人，我根本走不开。是于毅夫来告诉我们，他已经安排王福时等我们，由王陪我们出逃。

2月29日　下午4时后，曹革成去中日友好医院看望端木蕻良夫妇。傍晚，画家王挥春来访。王走后给端木蕻良洗完澡，他对曹革成说，这次"我感觉不好"。医生晚上查房，同意家属提出的面部麻痹增加针灸治疗建议。

2月　散文《我眼中的清王朝》发表于《民族团结》第2期。

3月8日　在医院病房口述，完成散文《炒鼠》，发表于4月15日《沈阳日报》。

3月18日　在医院口述，完成序言《席小平著〈天湖的男人女人〉序》。

3月22日　钟耀群执笔给广州黄伟经夫妇信，谈及花城出版社准备出版端木蕻良文集事宜。信中提到："端木已经进入第二疗程，十几天结束输液后即可出院。"

3月26日　上海鲁迅纪念馆馆长等同志来医院病房看望、采访端木蕻良并录像。

3月27日　大连出版社总编辑邢富钧来医院看望端木蕻良，商议出版三卷本《端木蕻良文集》。约定4月来京谈稿，后未果。

4月　议论文《吹尽狂沙始到金》发表于《文学自由谈》第4期。回忆《烽火连天文学路》发表于《中华儿女》第6期。

4月19日　出院。

5月　为自己小说集作序《对作品说几句话——〈鴛鷺湖的忧郁：端木蕻良自选集〉代序》收入《鴛鷺湖的忧郁：端木蕻良自选集》，辽宁古籍出版社1997年8月出版。

5月15日　红学议论文《曹雪芹·南京·"红学大观园"》发表于《中国文化报》。

6月1日　散文《〈无倦沧桑〉浮想——又一次〈天问〉》发表于《光明日报》。

6月4日　散文《南京筹建"红学大观园"》发表于《解放日报》。

6月28日　散文《"可人"哪里去了》发表于《生活时报》。

6月29日　散文《悼念蒋何森》发表于《北京晚报》。

6月30日　完成散文《清流和浊流》，发表于7月15日《沈阳日报》。

6月　《记陈迩冬为〈陈迩冬诗文选〉作序》收入《陈迩冬诗文选》，漓江出版社1996年6月出版。

7月1日　完成回忆《我和"来今雨轩"》，发表于11月2日《光明日报》。

7月19日　回忆《茅盾和我》发表于《文艺报》。

7月25日　书评《我读〈金兰散文〉》发表于《人民日报》。

8月2日　美国学者孔海立来家采访端木蕻良。

8月10日　散文《时间差》发表于《文艺报》。

8月13日　散文《迎接21世纪》发表于美国《世界日报》。

8月31日　曹革成去端木蕻良家，给端木蕻良夫妇过目所编的《端木蕻良评论集》定稿，获得认可。

9月5日　黑龙江省北方文艺出版社宋歌副社长等同志来看望端木蕻良。应文艺社要求，题写书名"萧红全集""吴趼人全集"。来访人员取走《端木蕻良评论集》一稿。

9月6日　书评《真诚执着为文》发表于《人民日报》。

9月10日　完成散文《记石可先生》。

9月11日　夜，端木蕻良洗浴后着凉发烧。

9月12日　住进北京市急救中心。

9月15日　退烧。食道麻痹无法进食，靠鼻饲维持。

9月17日　肺部几处炎症，高烧又起，痰涌。

9月18日　转院住进同仁医院12楼10号病房。当天重病中的端木蕻良闻知武训先生故乡隆重举行武训先生逝世一百周年纪念大会，特口述一信致贺。

9月22日　又发高烧39摄氏度。痰液极多吐不出来，喉咙被吸痰器戳烂。

9月23日　闵捷在美国《世界日报》刊发报道《作家端木蕻良病重住院》。

同日　香港《大公报》登载新华社记者23日报道端木蕻良病重住院的消息《端木蕻良病重住院　因肺部炎症再度住院》。香港《商报》刊发《端木蕻良病重再度住院》。

9月24日　病重的端木蕻良要求回家。

同日　香港《经济日报》刊发《端木蕻良病重住院》。

9月27日　虚岁85岁诞辰，亲友到病房给他祝寿。上午和晚上退烧。开始服用中药。

9月28日　夜，又发高烧，浑身发抖，抢救后平稳。

9月29日　下午，烧退，神志清楚。

近期　香港、美国不少家报纸陆续报道端木蕻良病重住院消息。

10月　散文《故乡永远是我的》发表于辽宁《文学少年》第10期。这可能是端木蕻良生前发表的最后一篇文章。

10月1日　因痰涌出现心衰，瞳孔也散了，经吸痰抢救后平稳。

在上海住院的赵清阁，给端木蕻良邮寄她的新书《不堪回首》。附信称自己已经住院4个多月，问端木蕻良"好否"。

10月2日　医院发出病危通知书。

10月3日　上午同仁医院请北京医院专家会诊，认为肺部感染严重，已无法抢救。下午，医院再次发出病危通知书。端木蕻良本人神志清楚，体温正常，大夫认为不烧反而更危险。通过手机听到远在澳大利亚的女儿钟蕻的关切和出生十几天的外孙女牙牙奶声。亲属准备后事，端木蕻良夫人钟耀群表示，她与端木蕻良早就决定，他们死后，不开追悼会、不搞任何仪式、火化后不保存骨灰。因此死后要穿平日的睡衣，如同长眠。骨灰分成4份，一份留给家乡、一份撒到西山与曹雪芹做伴、一份撒到香港圣士提反女校与萧红做伴、一份埋到作家陵园。

10月4日　是端木蕻良二哥病逝10周年忌日。白天，没有高烧，大夫表示病情很危险。夜，病情反复，几经抢救。

10月5日　上午下雨，看到在澳大利亚女儿和出生十几天的外孙女照片流泪。护士输液时，端木蕻良向夫人钟耀群要笔和纸，留下4个字"支持不了"。然后自己把呼吸管拔了，伸手示意和在场每个人握手拥抱一下，和妻子最后用力拥抱后，中午12时，在亲人围护中于北京同仁医院病逝。享年84周岁。

晚上　北京市文联和作家协会负责人赵金久来家商议追悼会等事宜。钟耀群表示按端木蕻良生前意愿，不开追悼会，完全由亲人办理后事。

10月6日　上午，在家里大厅布置灵堂。端木蕻良遗像两侧挂上胡絜青送来的挽联：著作等身身不死，亲朋吊君君长存。

下午　闻讯前来吊唁的有北京市委宣传部副部长李牧、原北京军区政委许志奋、穆欣夫妇、阮章竞、黎丁、古立高等。

香港《大公报》报道《著名作家端木蕻良病逝　享年八十四　部分骨灰将运香港撒海中》。

10月7日　上午，北京市委副书记李志坚来家吊唁并送花。话剧艺术家朱琳率新中国剧社（人艺前身之一）一批战友来慰问钟耀群。北京市文联送来花圈。中国作协来电话，转达上海巴金的慰问并说明巴金托作协送花圈，并且了解端木蕻良后事如何办理。北京市文联和作协成立治丧委员会。

香港《文汇报》报道端木蕻良病逝消息。

10月8日　陆续来人悼念，花圈花篮已经摆放到门外几十米远的电梯口。晚上，受北京文联作协治丧委员会委托，曹革成起草端木蕻良的讣告和生平介绍。

香港曾敏之撰写诗词《悼端木蕻良兄》十首，后在香港《文汇报》发表。

《新民晚报》报道《端木蕻良在京逝世》。

记者严欣文在《文汇报》报道《著名作家端木蕻良在京逝世》。

澳大利亚《澳洲新报》刊发消息《名作家端木蕻良5日在北京逝世》。

10月9日　上午10时，北京市文联来人取走讣告和生平介绍。下午给钟耀群来电话，表示同意讣告和生平的文字，马上安排去印刷。

《北京晚报》报道《著名作家端木蕻良病逝》。

《中国文化报》报道《作家端木蕻良病逝》。

安徽《新安晚报》报道《端木蕻良在京逝世》。

香港《明报》报道《作家端木蕻良在北京病逝》。

南开老同学唐宝心在《清华校友通讯》第34期发表《哀悼端木蕻良兄》。

10月10日　《北京青年报》报道《笔耕七十载　留字千万言　端木蕻良在京逝世》。

《文学报》报道《著名作家端木蕻良在京病逝》，记者茅杭在《南京日报》报道《作家端木蕻良去世》。

10月11日　昌图县副县长董仁、政协主席王永年、老干部刘桂森代表昌图县委、县政府、县人大、县政协参加端木蕻良丧事，并带来悼文《陨落了，一颗文坛的巨星》。

《文艺报》报道《著名作家端木蕻良逝世》。

10月12日　在亲属围护下，送端木蕻良最后一程到八宝山。午前遗体火化。

臧克家在《北京晚报》发表悼诗《哭端木》。

10月13日　方蒙夫人刘诚在香港《文汇报》发表《悼念端木

蕻良》。

美国学者夏志清在台湾《联合报》13—16日四期连载《端木、海立与我》。

10月14日　端木蕻良遗稿《钻浪》发表于台湾《联合报》。

10月15日　署名铃的记者在天津《新晚报》报道《著名作家端木蕻良逝世》。

10月16日　辛言在《中华读书报》报道《著名作家端木蕻良逝世》。

10月17日　辛言在香港《新晚报》发表《端木蕻良最后的日子》。

10月18日　到今天钟耀群已经收到唁电200多封。

魏巍在《北京晚报》发表诗《怀念端木蕻良》。

日本《朝日新闻》报道《中国著名作家端木蕻良逝世》。

10月19日　《光明日报》发消息《端木蕻良逝世》。

10月20日　辛言在《北京青年报》发表《端木蕻良写到生命最后一刻》。

10月22日　端木蕻良遗稿《杨椒山遗影》发表于《人民日报》（海外版）。

张金丰在天津《今晚报》发表《怀念端木蕻良》。

日籍华人、南开老同学张宗植在福建《南方》发表《悼念端木蕻良学长》。

10月23日　闵捷在香港《大公报》发表《斯人虽渺典范长存——悼著名作家端木蕻良先生》。

10月24日　端木蕻良的讣告和生平介绍由北京市作协印刷出来。北京市文联、作协负责邮寄国内部分。

10月25日　钟耀群向海外亲朋好友邮寄讣告。

周汝昌在《文艺报》发表悼诗《敬挽端木蕻良先生》。

单复夫人康秀芳在辽宁《友报》发表悼诗《寒烟终古在潇湘——悼念端木蕻良先生》。

10月26日　朱健在《文汇读书周报》发表《端木杂忆》。

10月27日　香港老诗人王一桃在香港《新晚报》发表《永恒的悲哀——追悼端木蕻良先生》。

王一桃在香港《星岛日报》发表《然而这一次，这一次……》。

香港作家刘济昆在香港《新晚报》发表《端木蕻良绝笔》。

10月28日　刘桂森在《昌图县报》报道《端木蕻良在京逝世》。

10月29日　红学家严中在《南京日报》发表《我与端木蕻良先生的交往》。

殷燕勤在《北京晚报》发表《端木蕻良的最后时刻》。

10月30日　红楼梦学刊编辑委员会撰写《沉痛哀悼端木蕻良先生》，发表在《红楼梦学刊》1997年第1辑。

《铁岭日报》总编辑孙日成在《铁岭日报》发表《怀念端木蕻良先生》。

作家解到利在《铁岭日报》发表《那年的四月》。

马来西亚胡永伟在马来西亚《东方文化报》第28期发表悼诗《悼〈红楼梦〉研究专家》。

11月　美国著名学者夏志清和孔海立主编的端木蕻良作品集《大时代：端木蕻良四十年代作品选》，由台湾立绪文化事业有限公司出版。

周汝珍在北京《南学通讯》11—12月合刊发表《沉痛悼念本会理事端木蕻良逝世》。

季刊《新文学史料》第4期刊发《端木蕻良同志逝世》。

《世界》杂志第11期报道《端木蕻良同志逝世》。

11月1日　香港《作家报》报道《端木部分骨灰将撒香港海中》。

程启乾在《承德日报》发表《悼端木蕻良》。

11月2日　钟耀美在《光明日报》发表《送亲人》。

关山月在《光明日报》发表悼诗《遥悼端木蕻良仙逝》。

11月4日　胡中惠在《沈阳日报》发表《雪梦——悼念老作家端木蕻良》。

11月5日　方成在《文艺报》发表《我和端木》。

11月6日　赵晏彪在《北京日报》发表《梦里依然笑》。

11月8日　管桦在《文艺报》发表《端木蕻良》。

苏晨撰写《送端木远行》。

11月9日　赵大年在《北京晚报》发表《嘉陵江上》,又发表在《随笔》1996年2期。

台湾东吴大学教授赵淑敏在台湾《联合报》发表《他酷,他不冷酷》。

11月10日　石瑛在《大连晚报》发表《生命的承诺》。

11月14日　陈诏在《书城》发表《端木蕻良诗画传情》。

11月20日　郑梅在《北京晚报》发表《怀念端木蕻良兄》。

郑苏伊在《光明日报》发表《半个世纪的友情——端木蕻良与臧克家》。

11月22日　布尼阿林在《承德日报》发表《文坛之星,热河挚友》。

11月23日　方蒙在《人民日报》发表《送端木蕻良远行》。

11月24日　曹革成在《北京晚报》发表《又是星期六》。

11月27日　王国兴在《辽沈晚报》发表《春蚕到死丝无尽》。

11月28日　汪曾祺撰写《哲人其萎——悼端木蕻良同志》,发表于《北京文学》1997年第3期。

11月29日　曹革成在《文艺报》发表《山和水同一弦章——端木蕻良与萧红在香港的创作与生活》。

12月　倪美生在《名人》第12期发表《此日年年看窗晚——忆端木蕻良对萧红的怀念》。

12月9日　钟耀美在《新民晚报》发表《端木蕻良的泪》。

白岩在《北京晚报》发表《难忘的记忆》。

12月13日　单复在《人民日报》发表《九曲红楼梦魂中——哀悼端木蕻良》。

12月14日　张茂荣在《人民日报》(海外版)发表《端木蕻良

的字》。

12月16日　孔海立在台湾《联合报·读书人》发表《映照时代，也超越时代：〈大时代〉》。

12月18日　彦火在香港《星岛日报》发表《端木蕻良为何情系香江》。

12月20日　赵晏彪在《北京晚报》发表《我的三境轩》。

苏策在云南《当代文学》第12期发表《沉痛悼念端木蕻良》。

台湾东吴大学教授赵淑敏在台湾《传记文学》第69卷第6期发表《端木蕻良情感世界》。

12月21日　由中国红楼梦学会、红楼梦研究所和红楼梦学刊杂志社联合举办"端木蕻良学术研讨会"。冯其庸、王利器、刘世德、蔡义江、胡文彬等20多位在京著名红学家与会。钟耀群及亲友钟耀美、曹革成、方蒙、刘诚等也应邀出席。

身后大事辑补

1997年

1月7日　辽宁省图书馆举办端木蕻良等辽宁籍老作家生平展。

2月　钟耀群、曹革成主编的《大地诗篇——端木蕻良作品评论集》由黑龙江省北方文艺出版社出版。这是有关端木蕻良作品的第一部评论集。

5月13日　钟耀群在香港学者曾敏之、刘济昆、罗承勋、卢玮銮等友陪同下，来到香港圣士提反女校。在女校校长苏国珍女士指点下，在当年端木蕻良埋葬萧红部分骨灰的地方，把带来的端木蕻良部分骨灰撒在一棵树下，完成了端木蕻良生前嘱托死后把自己部分骨灰埋在萧红骨灰旁做伴的心愿。

10月3日　钟耀群率子女亲戚到西山樱桃沟撒下端木蕻良部分骨灰，完成他与曹雪芹做伴的心愿。

1998年

1月　钟耀群的《端木与萧红》由中国文联出版公司出版。

6月　钟耀群主编的《端木蕻良文集》1卷由北京出版社出版。

昌图县委宣传部主编的《端木蕻良纪念集》出版。封面题签由昌图籍人士、时任台湾海峡两岸和平统一促进会会长梁肃戎题写。

7月8日—10日　端木蕻良文学生涯70周年国际学术研讨会在北京召开。钟耀群和曹革成与钱理群、吴福辉、王福仁、孔海立、赵淑敏、王一桃、秦弓、王培元、孔庆东、逄增玉等30多位专家学者出席。

7月11日—12日　学术研讨会后应昌图县委邀请，钟耀群和曹革成，与钱理群、吴福辉、王福仁、孔海立、赵淑敏、王一桃、秦弓、王培元、孔庆东等部分学者去昌图县寻访了端木蕻良的鸳鸯树湖、老城故居，体验了何为"大地的海"，并且在曹革成陪同下，参加了钟耀群到张家屯第一次与端木蕻良奶奶黄家后人的相聚活动。

1999年

5月　钟耀群主编的《端木蕻良文集》2—4卷由北京出版社出版。

2006年

9月28日—10月7日　为纪念端木蕻良逝世10周年，中国现代文学馆举办端木蕻良书画展。

2002年

6月22日—7月24日　中国文学馆参加香港第四届文学节，其间将端木蕻良、丁玲、萧军三人的"书房"布置展出，引起轰动。

2008年

11月23日　辽宁省铁岭市端木蕻良研究会成立。曹革成代表钟耀群出席。选出铁岭师专刘玉洁教授为会长，聘请钟耀群、曹革成、辽宁师范大学王卫平教授、辽海出版社副总编于景祥为顾问。

2009年

6月　钟耀群主编的《端木蕻良文集》5—8卷由北京出版社出版。至此端木蕻良文集8卷9册出齐。

2012年

2月14日　钟耀群在北京病逝，享年89岁。依其遗愿，丧事从简。

7月　铁岭市政协和昌图县政协主编的40万字《永远的怀念——纪念端木蕻良诞辰一百周年专辑》出版。

9月　曹革成执行主编的画册《百年端木蕻良》由黑龙江大学出版社出版。

9月11日　钟蕻带女儿和曹革成去昌图县太阳山名人墓园，参加端木蕻良、钟耀群夫妇骨灰下葬仪式。昌图县委宣传部部长檀宏利等30余人出席。昌图县民政局局长王斌主持。昌图县委宣传部副部长林爽读悼词，钟蕻和曹革成安放骨灰。然后曹革成与檀宏利给刻有端木夫妇雕像和诗的石碑揭幕。

9月21日　中国作家协会在北京召开端木蕻良诞辰百年纪念座谈会。铁凝、李冰、陈建功、李敬泽、赵大年、吴福辉、孙玉石、张庆善、胡文彬、张中良，以及端木蕻良的女儿钟蕻、侄子曹革成等近百人出席。李冰主持。铁凝致辞，称端木蕻良是"杰出的艺术探索者，也是执着的文化传播者和创造者。他是中国较早接受西方现代派影响的作家"，是"一位跨越了现当代文学的大家""他一生淡泊名利，正直无私，勤奋创作，真正做到了文品与人品的高度统一，先生之风，永远值得后人追怀效仿"。

9月24—27日　昌图县委、县政府先后召开"纪念端木蕻良诞辰百年文学和红学研讨会"和"端木蕻良诞辰一百周年纪念大会"。参加研讨会的正式代表76位,其中包括:文学评论家张中良、杨剑龙、逄增玉、孔海立、刘大先、马宏柏、陈悦等40余位;红学家张庆善、胡文彬、吕启祥、张书才、段启明、梁归智、关四平、孙伟科等20余位;辽宁方面的专家学者有王充闾、王卫平、白长青、王科、于景祥、刘玉洁、陈皓等。

9月25日　上午,各界代表与与会专家参观老城的端木蕻良故居。又去太阳山名人墓园举办悼念端木蕻良、钟耀群活动。

下午研讨会开幕。是文学评论专场。

9月26日　上午,文学评论专场。下午,红学评论专场。傍晚,研讨会结束。

9月27日　上午,举行"端木蕻良诞辰一百周年纪念大会"。各界代表百余人出席。全国政协常务委员会委员胡德平特地赶来参加。大会由县政协主席主持,胡德平、铁岭市委书记潘利国、昌图县委书记王悦、端木蕻良先生的女儿钟蕻、中国红学会会长张庆善等先后发言。会后,全体代表参观新建的端木蕻良纪念馆。整个活动结束。

下午,钟蕻和曹革成等端木蕻良亲属去东头道沟、苏家屯拜谒祖居地和端木蕻良及他兄长的出生地。又去毛家店张家屯看望端木蕻良奶奶黄家的后人。

2014年

6月　檀宏利、孙晓东主编的67万字《端木蕻良诞辰百年研讨会论文集》由辽海出版社出版。

10月　钟耀群的《端木与萧红》由华文出版社出版,增加多篇附录。

2018年

7月　著名学者王富仁学术遗著《端木蕻良》出版。